Environnements numériques et interactions
en langue étrangère : du formel à l'informel,
du réel à la réalité virtuelle

Fremdsprachliches Handeln in digitalen
Umgebungen: vom formellen zum
informellen Lernen, real und virtuell

Digital Environments and Foreign Language
Interaction: Formal and Informal Learning
in Real and Virtual Worlds

MEHRSPRACHIGKEIT IN EUROPA
MULTILINGUALISM IN EUROPE   12

Collection dirigée par Demeter Michael Ikonomu,
Ernst Kretschmer & Gérald Schlemminger

Conseil scientifique:
Roberto Bertozzi (Pescara), Kurt Braunmüller (Hamburg),
Hans Drumbl (Bozen), Guus Extra (Tilburg),
Csaba Földes (Veszprém), Antonie Hornung (Modena),
Gérald Schlemminger (Karlsruhe), Rosemarie Tracy (Mannheim),
Iwar Werlen (Bern)

PETER LANG
Bern · Berlin · Bruxelles · Frankfurt am Main · New York · Oxford · Wien

Mickaël Roy, Meryl Kusyk, Gérald Schlemminger &
Dominique Bechmann (éds.)

Environnements numériques et interactions
en langue étrangère : du formel à l'informel,
du réel à la réalité virtuelle

Fremdsprachliches Handeln in digitalen
Umgebungen: vom formellen zum
informellen Lernen, real und virtuell

Digital Environments and Foreign Language
Interaction: Formal and Informal Learning
in Real and Virtual Worlds

PETER LANG
Bern · Berlin · Bruxelles · Frankfurt am Main · New York · Oxford · Wien

Bibliografische Information der Deutschen Nationalbibliothek
«Die Deutsche Nationalbibliothek» répertorie cette publication dans la «Deutsche Nationalbibliografie»; les données bibliographiques détaillées sont disponibles sur Internet sous ‹http://dnb.d-nb.de›.

Publié avec le soutien de l'Université Franco-Allemande, et du Fond Européen de Développement Régional via le programme INTERREG IV Rhin supérieur.

Réalisation de la couverture: Thomas Jaberg, Peter Lang AG, Bern

ISSN 1662-7792 br.
ISBN 978-3-0343-2028-3 br.
ISBN 978-3-0343-2432-8 MOBI

ISSN 2235-6541 eBook
ISBN 978-3-0343-2430-4 eBook
ISBN 978-3-0343-2431-1 EPUB

Cette publication a fait l'objet d'une évaluation par les pairs.

© Peter Lang SA, Editions scientifiques internationales, Berne 2016
Wabernstrasse 40, CH-3007 Berne, Suisse
info@peterlang.com, www.peterlang.com

Tous droits réservés.
Cette publication est protégée dans sa totalité par copyright.
Toute utilisation en dehors des strictes limites de la loi sur le copyright est interdite et punissable sans le consentement explicite de la maison d'édition. Ceci s'applique en particulier pour les reproductions, traductions, microfilms, ainsi que le stockage et le traitement sous forme électronique.

Table des matières

MICKAËL ROY / MERYL KUSYK / GÉRALD SCHLEMMINGER
Préface 7

Première partie : Projet EVEIL-3D, environnement numérique pour une immersion en langue cible

LAURENCE SCHMOLL
Entrer dans l'univers des jeux numériques 19

GÉRALD SCHLEMMINGER / ANEMONE GEIGER-JAILLET /
PERRINE COLLAS
Architecte 2015, un jeu sérieux en réalité alternée
et son intégration didactique dans un cours de langue 27

LAURENCE SCHMOLL
Scénarisation d'un *learning game* en environnement immersif
tridimensionnel 43

ANTONIO CAPOBIANCO / MANUEL VEIT
Évaluation technologique du dispositif EVEIL-3D 65

MICKAËL ROY
L'entretien, un outil pour appréhender la subjectivité
de l'expérience en réalité virtuelle 87

JOSHUA WINEBARGER / MOHAMMED MEDIANI / SEBASTIAN STÜKER /
ALEXANDER WAIBEL
Challenges for automatic speech recognition of non-native
adolescent speech 97

Hans W. Giessen
Serious Games und Sprachenlernen: Eine kurze Darstellung
des *State-of-the-Art* 125

*Deuxième partie : Dispositifs d'apprentissage
et environnements numériques*

Laurent Perrot
Le Tableau Blanc Interactif en cours de langue :
quels usages pour quelles interactivités ? 139

Kossi Seto Yibokou
L'ergonomie pour l'apprentissage en ligne, le cas d'un centre
de langues.. 157

Stéfanie Witzigmann
Zur Nutzung von Unterrichtsvideos bei netzbasierten
Lehrerfort- und Weiterbildungen: Umsetzungen und
Konzeptionen 185

Meryl Kusyk
An introduction to the online informal learning of English:
Perspectives on second language development through leisure
habits 205

Martin Remmele / Andreas Martens
Stereoscopic 3D visualizations as templates to pictorially
represent a human organ 217

Yecheng Gu / Carsten Ullrich
Intelligent virtual reality tutoring for child pedestrians 235

Présentation des auteurs 251

Mickaël Roy / Meryl Kusyk / Gérald Schlemminger

Préface

Avant d'aborder les raisons qui nous ont motivés à éditer cet ouvrage et avant de présenter et de situer les différents articles, une remarque préliminaire sur les trois langues utilisées dans cet ouvrage s'impose.

Le titre français aborde le terrain d'application de la plupart des articles – l'apprentissage des langues étrangères – de façon implicite avec « interaction en langue étrangère », là où, en allemand et en anglais, nous parlerons plus explicitement d'apprentissage, formel ou informel (« formelles und informelles Lernen », « Formal and Informal Learning »).

Dans les articles de cet ouvrage, la langue de rédaction reflète aussi une vision culturelle spécifique d'un domaine scientifique. Des termes non équivalents dans les trois langues désignent les différents types de réalité par rapport au degré de virtualité qu'elles intègrent (écologique, virtuelle, augmentée…), chaque culture a, parfois, sa manière de l'exprimer. Le terme français de 'réalité augmentée' correspond en anglais à *Augmented Reality* ; l'allemand reprend l'anglais ou le traduit : *erweiterte Realität*. Les trois langues se rejoignent sur l'expression 'réalité virtuelle' / *Virtual Reality* / *virtuelle Realität*, perçue comme une simulation entièrement numérique, souvent interactive, visuelle, sonore, etc. La question de la dénomination du 'réel' en opposition au 'virtuel' est cependant beaucoup plus fondamentale, voire philosophique. Le français utilise l'appellation 'réalité écologique' pour désigner le monde réel, notion inconnue aux langues allemande et anglaise. Les mêmes questions se posent autour de la notion du jeu sérieux et éducatif, comme nous le verrons dans les chapitres qui suivent. Dans les trois langues, l'apprentissage des langues en ligne hors contexte scolaire est désigné comme 'informel', en opposition à l'apprentissage 'formel'. Les langues utilisées dans ce livre manifestent ainsi la richesse de la réflexion, de la conceptualisation et des pratiques des nouveaux outils technologiques.

Cet ouvrage a comme cadre géographique la Région métropolitaine trinationale du Rhin supérieur (RMT). Il s'agit d'un territoire européen transfrontalier, pépinière de projets de coopérations scientifiques entre la France (Alsace), la Suisse (les cantons frontaliers) et l'Allemagne (le Pays de Bade et le Palatinat du sud). Dans ce cadre très propice aux innovations, deux manifestations ont eu lieu en 2014 pour approfondir une réflexion scientifique sur l'usage des technologies numériques pour l'apprentissage et l'éducation.

Dans un premier temps, le projet EVEIL-3D (Environnement Virtuel pour l'Enseignement Immersif 3D des Langues étrangères dans la RMT) a organisé un colloque « Eurographics 2014 – Immersion pour l'apprentissage et l'éducation » en avril 2014. Cofinancé par le Fonds Européen de Développement Régional via le programme INTERREG IV Rhin supérieur, ce projet est le fruit d'une coopération entre ingénieurs, linguistes et didacticiens des langues dans la région du Rhin Supérieur, de 2012 à 2014. Il a permis de développer et diffuser le jeu vidéo d'apprentissage ou *learning game Architecte 2015*, dont le but est de placer les apprenants du français ou de l'allemand dans un environnement virtuel tridimensionnel avec immersion corporelle et reconnaissance de la parole. À l'occasion du millénaire de la Cathédrale de Strasbourg en 2015, c'est ce monument qui a été choisi comme environnement pour l'immersion virtuelle.

Dans un deuxième temps, l'atelier de recherche franco-allemand, « L'apprentissage médiatisé des langues dans la région transfrontalière du Rhin Supérieur : état des lieux et perspectives », a apporté sa contribution aux échanges scientifiques sur le numérique pour l'apprentissage des langues. Cet atelier, organisé conjointement en juillet 2014 par le département de français de l'École Supérieure de Pédagogie de Karlsruhe et l'unité de recherche Linguistique, Langues, Parole (LILPA) de l'Université de Strasbourg, avec le soutien de l'Université franco-allemande, a permis d'élargir le champ d'étude en interrogeant les pratiques d'enseignement-apprentissage des langues via différents médias.

La problématique commune à ces deux événements était celle de la place des technologies numériques émergentes ou déjà démocratisées dans un continuum qui va de l'apprentissage formel à l'informel, dans et hors de la classe.

Le présent ouvrage regroupe des articles issus de ces deux manifestations. Ceux-ci rendent d'abord compte de la diversité des outils technologiques utilisés, de leurs potentialités et de leurs limites : par exemple le Tableau Blanc Interactif dans la salle de classe, la plateforme d'apprentissage, les réseaux sociaux sur Internet ou encore la réalité virtuelle qui plonge l'apprenant dans un monde entièrement créé par ordinateur. Les contributions recueillies interrogent également l'adaptation technique et surtout les apports didactiques de ces outils pour l'apprentissage en général et pour l'apprentissage des langues en particulier.

Dans une première partie, plusieurs articles rendent compte de la réflexion à la fois technologique et didactique menée dans la cadre du projet EVEIL-3D.

Dans son article introductif « Entrer dans l'univers des jeux numériques », Laurence Schmoll, enseignante de didactique des langues à l'Université de Strasbourg et doctorante du Laboratoire LiLPa pendant le projet EVEIL-3D, précise les différents concepts de jeux sérieux et présente le projet EVEIL-3D qui constitue le contexte des articles suivants. La réflexion de l'auteure apporte donc une précision notionnelle très utile pour la suite des discussions.

Avec leur article « *Architecte 2015*, un jeu sérieux en réalité alternée et son intégration didactique dans un cours de langue », Gérald Schlemminger, Perrine Collas (École supérieure de pédagogie de Karlsruhe) et Anemone Geiger-Jaillet (Université de Strasbourg) montrent comment la réalité alternée permet l'organisation d'un cours de langue autour d'un jeu sérieux. Aujourd'hui, le jeu est présent dans la classe de langue, mais il n'est pas encore le pivot d'un concept d'apprentissage. Les auteurs présentent ainsi, grâce à la notion de réalité alternée, une proposition permettant de faire du jeu sérieux la ligne directrice d'une didactique invisible, concept présenté par Laurence Schmoll dans son second article. La réflexion de Schlemminger, Geiger-Jaillet et Collas pose ainsi la question très actuelle de la place de l'enseignant et des supports didactiques en regard de la méthodologie d'un cours de langue.

Dans « Scénarisation d'un *learning game* en environnement immersif tridimensionnel », Laurence Schmoll examine comment les dialogues et le scénario d'un jeu sérieux peuvent être conçus pour participer à l'émergence d'une attitude ludique pendant l'apprentissage. En effet, la logique linéaire des dialogues (artificiels) des manuels de langue actuels peut être dépassée au profit d'une approche interactionnelle. Il s'agit ainsi, à travers le jeu vidéo intégré à un dispositif tridimensionnel de proposer des dialogues, voire une véritable interaction multidirectionnelle entre l'apprenant et l'avatar 3D. Ce progrès méthodologique est en cours de devenir possible grâce à la reconnaissance de la parole et un bon moteur de jeu.

Manuel Veit, ingénieur à l'entreprise HOLO3 au moment du développement technologique et Antonio Capobianco, enseignant-chercheur au laboratoire d'ICube de l'Université de Strasbourg, présentent ensuite leur article « Évaluation technologique du dispositif EVEIL-3D ». Ils y expliquent, du point de vue de l'ingénieur, le choix du moteur de jeu, ainsi que les décisions relatives à la gestion de l'environnement immersif pour le jeu *Architecte 2015*, en fonction d'impératifs liés à l'apprentissage des langues et aux caractéristiques des apprenants. Leur défi se concentre, entre autres, sur la programmation d'un moteur de jeu dont le code source soit libre de droit et sur la maîtrise du coût d'un tel moteur compatible avec les exigences budgétaires du projet EVEIL-3D.

Avec « L'entretien, un outil pour appréhender la subjectivité de l'expérience en réalité virtuelle », Mickaël Roy, doctorant en cotutelle à l'École supérieur de pédagogie de Karlsruhe et à l'Université de Strasbourg (laboratoire LiLPa), propose ensuite une méthodologie de recherche permettant d'interroger la subjectivité de l'expérience en réalité virtuelle, pour mieux comprendre les apports et les limites de cette dernière pour l'apprentissage.

Dans « Challenges for Automatic Speech Recognition of Non-Native Adolescent Speech », Joshua Winebarger, Mohammed Mediani, Sebastian Stüker et Alexander Waibel de l'Institut d'Anthropomatique et de robotique du *Karlsruhe Institute of Technology* (*KIT*) rendent compte des défis technologiques liés à l'utilisation de la reconnaissance de la parole avec des locuteurs adolescents, non natifs et ayant un niveau de compétence « A2 / B1 » en langue cible.

Pour conclure cette série d'articles se rapportant au projet EVEIL-3D, Hans Giessen, enseignant-chercheur à l'Université de la Sarre à Sarrebruck, propose, dans « Serious Games und Sprachenlernen: eine kurze Darstellung des State-of-the-Art », un bref état de l'art sur le jeu sérieux pour l'apprentissage des langues. Il s'agit d'un élargissement utile de la discussion autour de ce nouvel outil qu'est le jeu sérieux.

Une seconde série d'articles ouvre la réflexion à d'autres outils et contenus d'apprentissage. Tous liés par le rôle central que jouent les nouvelles technologies, les articles de cette deuxième partie traitent de plusieurs thématiques : l'élaboration et l'utilisation des dispositifs numériques en cours de langue étrangère, la formation des enseignants de langues étrangères, l'apprentissage et l'usage langagiers en contexte informel et les apports de la 3D à l'apprentissage scolaire des sciences de la vie et de la terre ainsi que de la sécurité routière.

Dans l'article « Le Tableau Blanc Interactif [TBI] en cours de langue : quels usages pour quelles interactivités ? », Laurent Perrot, enseignant d'anglais à l'Université de Strasbourg et doctorant à l'Université de Paris Descartes, présente un regard critique sur une innovation technologique de plus en plus présente dans les établissements scolaires et qui est souvent considérée comme synonyme d'une pédagogie moderne et interactive. L'auteur souligne que les avantages éventuels à tirer du TBI nécessitent d'abord une maîtrise technique de l'outil ainsi qu'une réflexion didactique de la part des enseignants de langue. Ces constats le conduisent à interroger la foi parfois aveugle que nous plaçons dans le progrès technologique qui mène à une utilisation de l'outil sans véritable réflexion au préalable. Cette mise en garde rappelle celles effectuées pour d'anciennes innovations technologiques, comme les laboratoires de langues introduits dans les années 1970 et qui reste pourtant toujours d'actualité.

Depuis une quinzaine d'années, les plateformes ou environnements numériques d'apprentissage sont de plus en plus intégrés dans l'enseignement formel (en présentiel et à distance) pour gérer tout type d'apprentissage sous forme d'e-learning, comme la plateforme Moodle qui a vu le jour en 2002. Kossi Seto Yibokou, doctorant en linguistique à l'Université de Strasbourg, interroge les conditions ergonomiques nécessaires pour une utilisation pertinente d'une plateforme d'apprentissage en ligne avec son article « L'ergonomie pour l'apprentissage en ligne, le cas d'un centre de langues ». En consultant à la fois les étudiants, auxquels la plateforme est destinée, et les concepteurs des cours en ligne, l'auteur élabore plusieurs propositions pour l'amélioration ergonomique de la plateforme d'apprentissage en question.

Ensuite Stéfanie Witzigmann, chercheure en enseignement / apprentissage bilingue à l'École Supérieure de Pédagogie de Heidelberg, poursuit la thématique de l'élaboration des dispositifs numériques au service de l'apprentissage en ligne avec son article « Zur Nutzung von Unterrichtsvideos bei netzbasierten Lehrerfort- und Weiterbildungen: Umsetzungen und Konzeptionen ». Elle interroge la formation des enseignants de langue à partir de vidéos de cours utilisées via une plateforme d'apprentissage en ligne. Elle présente un compte rendu des recherches dans le domaine, soulignant à la fois le potentiel positif ainsi que les défis liés à ce type de formation, et propose, en guise de conclusion, une nouvelle conception de formation continue des enseignants de langue étrangère.

Dans « An introduction to the online informal learning of English: Perspectives on second language development through leisure habits », Meryl Kusyk, doctorante en cotutelle à l'École supérieur de pédagogie de Karlsruhe et à l'Université de Strasbourg (laboratoire LISEC), amène les lecteurs en dehors de l'établissement scolaire pour traiter des questions pédagogiques et méthodologiques liées à l'apprentissage *informel* des langues sur Internet. Elle propose un état de l'art succinct du champ de recherche naissant, *apprentissage informel de l'anglais en ligne (AIAL)*, discutant à la fois des résultats des études récentes ainsi que des projets en cours, avant d'aborder trois questions fondamentales du domaine : le défi méthodologique, la réconciliation avec la sphère formelle et l'apprentissage informel d'*autres* langues étrangères en ligne.

Enfin, deux articles illustrent comment la réflexion sur l'utilisation de la réalité virtuelle pour l'apprentissage est menée dans d'autres domaines. En sciences de la vie et de la terre d'abord, avec « Stereoscopic 3D visualizations as templates to pictorially represent a human organ », Martin Remmele et Andreas Martens, respectivement doctorant et professeur à l'École supérieure de pédagogie de Karlsruhe, y démontrent la plus-value de la réalité virtuelle pour apprendre le fonctionnement de la cloison nasale. Les résultats de leur étude soulignent l'apport bénéfique des visualisations 3D vis-à-vis des visualisations 2D pour des élèves de collège.

Ensuite les ingénieurs Yecheng Gu et Carsten Ullrich, du *Deutsche Forschungszentrum für Künstliche Intelligenz GmbH*, interrogent, dans « Intelligent Virtual Reality Tutoring for Child Pedestrians », l'utilisation d'un dispositif de réalité virtuelle pour l'apprentissage de la sécurité routière. Ils expliquent d'abord les avantages du logiciel conçu, *SafeChild*, sa mise en œuvre et méthode d'entraînement, avant de présenter quelques pistes relatives à son efficacité auprès des enfants.

Preface

Résumé en anglais

The different themes presented in this book are examined within a specific geographic context: the Trinational Metropolitan Region (TMR) of the Upper Rhine. This area spans the Alsatian region of France, the border cantons of Switzerland and southwest territories (Baden and southern Rhineland-Palatinate) of Germany. In 2014 two research gatherings aimed at investigating learning, education, language learning and technology took place in the TMR, sparking discussions amongst the events' organizers on how these subjects are dealt with on a regional level.

First, the conference "Eurographics 2014: Immersive Learning and Education" took place at the University of Strasbourg in April 2014 and emphasized immersive and 3D environments, serious games and gaming, learning scenarios and language education. This event was partnered with the EVEIL-3D project, which over the course of two years created a bilingual 3D serious game aimed at developing language skills for French and German middle school students. The first half of this book features articles that describe and evaluate multiple aspects of the EVEIL-3D project. Secondly, the scientific workshop "L'apprentissage médiatisé des langues dans la region transfrontalière du Rhin Supérieur" / "Multimediales Fremdsprachen-lernen in der grenzüberschreitenden Oberrheinregion: Stand und Perspektive", organized jointly by the University of Education Karlsruhe and the University of Strasbourg took place in July 2014 and focused more specifically on the role of technology in foreign language learning.

The articles in this book are largely based on contributions made at each of these events and address a range of topics surrounding the diversity, potentials and limits of learning technologies such as the Interactive Whiteboard, learning platforms, social networks and virtual reality. In addition, the authors investigate the pertinence of such tools, their level of technical and didactic adaption and their overall contribution to the teaching and learning environment.

Chapters 1–7 concentrate on the technical and didactic aspects of the EVEIL-3D project and resulting serious game, concluding with a state of the art on serious games and language learning. Chapters 8–13 feature a series of articles on various topics, including different technologies used in foreign language classrooms, teacher training, language learning in informal contexts and the use of 3D in additional learning environments.

Préface

Vorwort

Résumé en allemand

Die verschiedenen in diesem Buch vorgestellten Themen haben alle einen geografischen Bezug: die Trinationale Metropolregion Oberrhein (TMO). Es handelt sich in Deutschland um Baden und die Südpfalz, in Frankreich um das Elsass und um die Grenzkantone der Nordwestschweiz.

In der TMO fanden 2014 zwei wissenschaftliche Veranstaltungen über digitale Lernumgebungen statt. Bei der ersten handelt es sich um *Eurographics 2014: Immersive Learning and Education* mit Fokus auf immersive 3D-Ungebungen, Serious Games und deren Einsatz für das Lernen. Diese Tagung wurde im Rahnen des dreijährigen Projekts EVEIL-3D „Virtuelle Umgebung für 3D-immersives Fremd-sprachenlehren in der Trinationalen Metropolregion Oberrhein" organisiert, das von einem deutschen-französischen Konsortium aus Hochschulen und Unternehmen durchgeführt und im Rahmen des INTERREG IV-Programms vom Europäischen Fond für regionale Entwicklung (EFRE) finanziert wurde. Ziel dieses Projekts war es, im Rahmen eines Serious Games, das die immersiven Technologien der Virtuellen Realität und der Sprach- und Gestenerkennung ausnutzt, neue Formen des schulischen Fremdsprachenlernens, hier Deutsch und Französisch, zu entwickeln.

Die zweite Veranstaltung ist das im Juli 2014 von der Pädagogischen Hochschule Karlsruhe und der Universität Straßburg gemeinsam organisierte und von der deutsch-französischen Universität unterstützte Forschungsatelier „Multimediales Fremd-sprachenlernen in der grenzüberschreitenden Oberrheinregion: Stand und Perspektive". Auf dieser Tagung wurden die neusten Ergebnisse junger Nachwuchsforscher und -forscherinnen zu den Möglichkeiten und Grenzen neuer Technologien wie interaktive *Whiteboards*, Lernplattformen, soziale Netzwerke und die virtuelle Realität sowie ihre technologische und pädagogische Eignung in Lehr- und Lernszenarien diskutiert.

Die Beiträge dieses Buches sind Ergebnisse dieser beiden Veranstaltungen und diskutieren den Einsatz von digitalen Umgebungen. Die Autoren befragen die technologische und didaktische Relevanz dieser Umgebungen.

Première partie :
Projet EVEIL-3D, environnement numérique
pour une immersion en langue cible

LAURENCE SCHMOLL

Entrer dans l'univers des jeux numériques

Résumé
Les jeux numériques commencent à être utilisés en classe au même titre que les jeux dits traditionnels (jeux de cartes, de plateau, etc.). Ces supports innovants se retrouvent sous différentes dénominations et selon de nombreuses déclinaisons. De ce fait, il est parfois difficile de s'orienter dans la masse d'informations et de nouveautés qu'apporte cet objet de recherche émergent. Cette introduction se propose de préciser certains concepts de ce domaine. Nous y présenterons également le projet EVEIL-3D qui constitue le contexte de recherche et d'analyse des chapitres suivants.

Mots-clés
Jeu sérieux / *serious game*, *learning game*, réalité alternée, scénario, dispositif immersif tridimensionnel

1. Jeu numérique et apprentissage des langues

Avec la perspective actionnelle, l'action est devenue l'élément central de l'enseignement-apprentissage des langues étrangères. Le jeu vidéo, du fait de sa capacité à proposer un univers virtuel et interactif, représente un espace potentiellement intéressant pour y effectuer des tâches en langue-cible.

> La perspective actionnelle, largement diffusée par le *Cadre européen commun de référence pour les langues* (Conseil de l'Europe, 2000), envisage l'apprenant comme un acteur social ayant à accomplir des tâches dans des circonstances et un environnement donnés. Pour la réalisation de la tâche, l'apprenant a recours à des activités de communication langagières et au non verbal. Ainsi, la langue apprise constitue un outil au service de l'action et bénéficie de l'action comme support d'apprentissage. [...] Contrairement à la classe de langue classique, la langue apprise n'est plus l'objet principal d'étude, mais devient un outil fonctionnel pour des interactions centrées sur le contenu d'apprentissage et l'acquisition

de nouveaux concepts. Ici, la focalisation sur les formes de la langue laisse place à la construction de savoirs adaptés au niveau des apprenants. (Schlemminger *et al.*, 2013 : 35–36)

Quand il est question de jeu vidéo dont l'objectif est sérieux (comme un objectif d'apprentissage par exemple) et non pas uniquement ludique, deux modalités sont possibles. La première consiste à utiliser un jeu vidéo ludique, disponible gratuitement ou dans le commerce, avec un objectif dit sérieux. Nous parlons alors de *serious gaming* (Alvarez, 2007). Un enseignant peut, par exemple, parallèlement à la pratique d'un jeu qui implique l'évolution de personnages non joueurs (gestion d'une famille comme dans *Les Sims 2*, élevage d'un animal de compagnie comme dans *Nintendogs*), demander à ses apprenants de tenir un journal de bord qui raconte les événements marquants du personnage qu'ils ont pris en charge ou encore de décrire ce dernier à différentes étapes du jeu (Wastiau, 2009).

La deuxième modalité répond au qualificatif générique de *serious game* qui, selon la définition d'Alvarez, consiste en une « [...] application informatique, dont l'intention initiale est de combiner, avec cohérence, [...] des aspects sérieux (*Serious*) [...] avec des ressorts ludiques issus du jeu vidéo (*Game*) » (Alvarez, 2007 : 42). Il s'agit ainsi d'une catégorie de jeu vidéo, conçue spécifiquement dans un but sérieux et dont la particularité se situe dans l'implémentation d'un scénario pédagogique plutôt que ludique, autrement dit l'histoire, l'habillage sonore et graphique ainsi que les règles sont dédiés à un objectif sérieux dans le but de motiver le joueur à apprendre.

Les termes 'sérieux' / 'serious' sont suffisamment génériques pour permettre d'englober dans le concept de *serious game* des sous-catégories relativement éloignées du point de vue des valeurs, telles que notamment le jeu publicitaire qui permet la promotion d'un produit ou d'un événement, le jeu militant dont l'enjeu est la prise de conscience par ses utilisateurs d'un phénomène d'actualité (problèmes environnementaux, situation d'une catégorie de population, alcoolisme, etc.) ou encore le jeu éducatif dont l'ambition est un apprentissage dans une discipline spécifique ou à travers une approche pluridisciplinaire. C'est ce dernier type de support qui intéresse le projet EVEIL-3D et que nous qualifions de *learning game* ou jeu vidéo d'apprentissage.

Le *learning game*, comme tout jeu vidéo, peut se décliner en fonction des genres auxquels il se rapporte. Ces derniers sont nombreux et il est difficile, voire non pertinent, d'en proposer une taxonomie. Nous n'évoquerons par conséquent que ceux qui présentent un intérêt pour comprendre les réflexions qui ont présidé au projet EVEIL-3D ou qui l'ont accompagné. En effet, si le jeu vidéo peut prendre la forme de puzzles, à la façon du célèbre *Tétris* ou plus récemment de *Candy Crush Saga*, les jeux vidéo qui nous semblent présenter un véritable intérêt pour l'apprentissage des langues sont ceux qui proposent un univers ouvert dans lequel le joueur peut agir et interagir avec d'autres personnages (joueurs ou non joueurs). Proposer un espace d'exploration est susceptible de permettre au sujet de dépasser sa posture d'apprenant pour devenir un véritable usager de la langue-cible, notamment en accomplissant des tâches, certes virtuelles, mais porteuses de sens. À ce titre, les jeux d'aventure et les MMOG (*Massively Multiplayers Online Game*) sont donc particulièrement intéressants.

Les MMOG sont des jeux dans lesquels les joueurs sont en ligne et communiquent entre eux ou avec des personnages non joueurs dans un univers artificiel. Ils se déclinent également par genre : jeu de rôle, jeu de stratégie, etc. De nombreux travaux de recherche portant, par exemple, sur *World Of Warcraft*, mettent en avant la plus-value de ce genre de jeu pour l'apprentissage informel de l'anglais (Thorne / Fischer, 2012). Non seulement l'immersion ludique permet une exposition longue à la langue et nourrit une certaine motivation à interagir dans le but de progresser dans le jeu, mais en plus, de nombreux joueurs continuent à communiquer dans la langue étrangère hors du jeu, via des forums. Des projets de *learning games* exploitant les potentialités du MMOG existent, comme *Thélème* pour le Français Langue Étrangère (FLE). Cependant, ces dispositifs nécessitent des moyens logistiques importants, tant en termes de temps que de matériel. Par ailleurs, l'accueil de la part des enseignants et des apprenants est souvent mitigé parce que ces derniers éprouvent des difficultés à trouver leur place dans le concept et à savoir ce qu'ils doivent y faire (Schmoll, 2011).

Les jeux vidéo d'aventure, à l'image d'*Assassin's Creed*, peuvent alors représenter une alternative intéressante en proposant un univers plus fermé dans lequel le joueur se voit attribuer des missions spécifiques. La possibilité de communiquer en ligne avec d'autres joueurs disparaît au profit d'un univers plus cadré et donc a priori plus rassurant pour les utilisateurs. Là aussi, des *learning games* d'aventure pour l'apprentissage des langues ont vu le jour, comme *Les Éonautes* pour le

FLE. Ce genre de jeu semble plus adapté à l'utilisation en classe mais, à l'inverse des MMOG trop ouverts, risque de restreindre les possibilités des utilisateurs.

Une dernière déclinaison du jeu, qui n'est pas un genre de jeu vidéo en soi, mais plutôt un complément ou un encadrement pour ce dernier, est le jeu en réalité alternée. Le principe de la réalité alternée est de maintenir une incertitude entre la réalité et le jeu en se reposant sur la narration transmédia, autrement dit sur une narration qui combine différents média, comme les courriers électroniques, les sites Internet, la télévision, le jeu vidéo, le téléphone, etc. Ce concept est intéressant dans le cadre de l'enseignement-apprentissage car il offre un scénario encadrant durant lequel les apprenants peuvent consulter différentes ressources pour s'approprier les informations langagières et scénaristiques nécessaires à la réussite du jeu qui constitue le récit encadré (Schmoll / Perrot, 2016).

2. Le projet EVEIL-3D

EVEIL-3D (Environnement Virtuel pour l'Enseignement Immersif des Langues étrangères dans la Région Trinationale Métropolitaine du Rhin Supérieur) s'inscrit dans le cadre du programme INTERREG IV[1]. Il a pour objectif d'étudier la plus-value de l'environnement immersif 3D pour l'apprentissage des langues à travers un *learning game*. Les scénarii développés, d'une part pour le FLE et d'autre part pour le DaF (*Deutsch als Fremdsprache*), sont destinés aux élèves de collège-lycée de niveau A2. Ils ont pour ambition de les impliquer davantage dans leur apprentissage en les plaçant dans un univers 3D hautement immersif, afin de les faire communiquer, mais aussi agir en langue-cible.

Le dispositif technique utilisé est composé d'une TV stéréoscopique 3D, d'une paire de lunettes de stéréovision, d'une capture de mou-

---

[1] Programme INTERREG IV. Nom : EVEIL 3D, 2012–2014. Porteur du projet : Pädagogische Hochschule Karlsruhe / Institut für Fremdsprachen und Sprachlernforschung ; Prof. Dr. Gérald Schlemminger <http://www.eveil-3d.eu/>.

vement, d'un micro-casque et d'un *smartphone*. Il intègre également la reconnaissance de la parole pour permettre aux apprenants d'interagir à l'oral.

Le jeu, de genre aventure, se nomme *Architecte 2015* et se trouve en réalité alternée. Une partie du jeu se fait par conséquent dans le monde réel (dans la classe) et l'autre partie dans le dispositif. Le joueur reçoit un courriel d'une architecte, Céline Steinbach, qui lui demande de l'aide pour porter secours à son père, Arthur, enfermé dans la Cathédrale numérique de Strasbourg et aux prises avec un virus informatique qui détruit peu à peu l'édifice virtuel. Après quelques échanges par courriel avec Céline et la visite d'un site Internet, le joueur découvre que, pour sauver Arthur, il doit lui-même s'immerger dans l'environnement numérique et réparer les dégâts causés par le virus. Dans un premier temps, le joueur se situe dans la crypte de la Cathédrale et doit réparer des colonnes abimées en retrouvant les pierres qui leur correspondent. Pour chaque colonne reconstruite, il obtient un chiffre. La combinaison des quatre chiffres réceptionnés forme la date à laquelle a été montée la grande rosace. Le joueur est alors envoyé dans un second temps en 1318, dans la nef, où il assiste à l'absorption des couleurs de la rosace par le virus. Il doit répondre aux énigmes du virus pour récupérer les couleurs et les disposer sur la rosace en fonction de leur symbolique. C'est seulement au terme de ces réparations que le virus, affaiblit, laissera échapper son prisonnier. Le jeu se termine avec la possibilité pour les apprenants et leur enseignant d'effectuer une quête dans la véritable Cathédrale de Strasbourg au cours d'une sortie scolaire.

Les articles, dans les pages suivantes, ont pour ambition de présenter plus en détail le projet EVEIL-3D selon des axes spécifiques :

Schlemminger, Geiger-Jaillet et Collas abordent dans cet ouvrage la question du scénario encadrant à travers la conception du guide de l'enseignant nécessaire à une utilisation optimale d'un jeu vidéo destiné à l'apprentissage.

L'article de Schmoll, quant à lui, présente le cheminement réflexif nécessaire à la scénarisation du scénario encadré d'*Architecte 2015* et à la rédaction des dialogues attenants.

Capobiano et Veit se centrent sur l'évaluation technique du dispositif immersif tridimensionnel.

L'article de Roy s'intéresse à la façon d'appréhender le sentiment de présence que la réalité virtuelle est sensée engendrer chez l'utilisateur.

Enfin, Winebarger *et al.* traitent de la problématique de la reconnaissance de la parole permettant aux utilisateurs d'interagir avec les Personnages Non Joueurs.

Bibliographie

Alvarez, Julian. 2007. *Du jeu vidéo au Serious game. Approches culturelle, pragmatique et formelle.* Toulouse, Université de Toulouse II et III (Thèse de Doctorat en Science de la communication et de l'information, non publiée).

Conseil de l'Europe. 2001. *Un cadre européen commun de référence pour les langues : apprendre, enseigner, évaluer.* Strasbourg, Division des Politiques Linguistiques.

Schlemminger, Gérald / Roy, Mickaël / Veit, Manuel / Capobianco, Antonio / Noeppel, Gilles. 2013. « Réalité virtuelle et jeux : de nouveaux outils pour des apprentissages plurilingues ? ». *Éducation et société plurilingues*, 34, 29–42.

Schmoll, Laurence. 2011. « Usages éducatifs des jeux en ligne : l'exemple de l'apprentissage des langues ». *Revue des sciences sociales*, 45, 148–157.

Schmoll, Laurence / Perrot, Laurent. 2016. « Le *learning game* : espace d'entente entre apprentissages formels et informels ? ». *Le Français dans le monde, Recherches et applications* : Jeu(x) et langue(s) : avatars du ludique dans l'enseignement/apprentissage des langues, 59, 161–171.

Thorne, Steven L. / Fischer, Ingrid. 2012. « Online gaming as sociable media ». *Apprentissage des langues et systèmes d'information et de communication, Alsic*, 15/1 : <http://alsic.revues.org/2450> (consulté le 19 avril 2015).

Wastiau, Patricia. 2009. *How are digital games used in schools?* Bruxelles, European Schoolnet.

Jeux cités

Architecte 2015, 2014, Programme INTERREG IV.
Assassin's Creed, 2007, Ubisoft.
Candy Crush Saga, 2012, King.
Les Éonautes, 2012, Almédia.
Les Sims 2, 2004, Electronic Arts.
Nintendogs, 2005, Nintendo.
Tétris, 1984, Nintendo / 1996, The Tetris Company.
Thélème, 2010, Almédia.
World Of Warcraft, 2004, Blizzard Entertainment.

GÉRALD SCHLEMMINGER / ANEMONE GEIGER-JAILLET /
PERRINE COLLAS

Architecte 2015, un jeu sérieux en réalité alternée et son intégration didactique dans un cours de langue

Résumé

Le jeu sérieux *Architecte 2015* a pour ambition d'exploiter la 3D immersive pour favoriser l'apprentissage des langues étrangères. Il constitue un élément d'une démarche pédagogique plus large. *Architecte 2015* n'est pas seulement une innovation technologique mais demande également une réflexion sur son intégration appropriée dans une séquence de cours de langue. Nous présenterons dans cet article la conception pédagogique du projet[1].

Mots-clés

Jeu sérieux / *serious game*, didactisation, immersion, démarche pédagogique et didactique

1. Jeu sérieux en réalité alternée et démarche pédagogique : un nouveau défi

Aujourd'hui, le jeu fait partie des procédés et techniques de toute didactique des langues vivantes (*cf.* par exemple Sauvé / Kaufman, 2010). Il n'y a plus lieu de le justifier, ou d'expliquer de quelle manière il faudrait intégrer le jeu dans une séquence pédagogique. Il en va tout autrement lorsque le jeu constitue l'élément central autour duquel les autres actes pédagogiques sont intégrés. C'était le cas pour l'approche de la 'simulation globale'[2]. Depuis, les nouvelles technologies de l'information et de la communication ont fait leur entrée en classe de langue vivante ; elles sont parfois au cœur même d'un dispositif pédagogique. Ainsi, des

---

1 Ce texte prend appui sur le travail de Collas (2014).
2 *Cf.* Debeyser, 1986 ; Yaiche, 1996 ; Caré, 1997 ; Schlemminger, 2002 ; Mutet, 2003.

jeux sérieux comme élément principal d'un cours posent des défis à différents niveaux, technologiques et pédagogiques à la fois. Le didacticien et l'enseignant seront confrontés aux tâches suivantes :

- situer le jeu sérieux dans le cadre d'une séquence d'apprentissage en fixant les objectifs à atteindre,
- concevoir et organiser des activités pédagogiques en amont et en aval de la phase du jeu sérieux même,
- tenir compte de la complexité organisationnelle et pédagogique de cette nouvelle démarche,
- permettre une utilisation facile des outils technologiques du jeu.

Dans le cadre de cet article, nous aborderons ces différentes questions.

Dans le jeu sérieux *Architecte 2015*, nous distinguons trois parties :

- phase 1 : préparation au jeu vidéo,
- phase 2 : le jeu vidéo 3D immersif en réalité virtuelle[3],
- phase 3 : transfert et application dans un jeu de piste en réalité écologique (c'est-à-dire dans la cathédrale de Strasbourg même).

Nous discuterons plus particulièrement des phases 1 et 3.

L'objectif pédagogique du jeu sérieux est de conserver une forme de continuité scénaristique entre ces différentes phases. Cet agencement nous permet de parler pour *Architecte 2015* d'un scénario global en réalité alternée impliquant un déroulement interactif en réalité écologique (la préparation au jeu vidéo et la visite de la cathédrale après le jeu vidéo) et en réalité virtuelle (le jeu vidéo lui-même). C'est cette scénarisation qui donne du sens et une cohérence aux tâches comme le montrent Ortiz / Denorme (2009 : 94).

Rappelons au lecteur que le jeu sérieux *Architecte 2015* dispose de deux versions linguistiques distinctes : il s'adresse à des apprenants de l'allemand ou du français de niveau A2 du Cadre européen commun de référence pour les langues (Conseil de l'Europe, 2001). Les auteurs du jeu sérieux visent des élèves qui se trouvent en fin de collège ou dans les premières classes de lycée (*cf.* aussi Schlemminger, 2013).

---

[3] En ce qui concerne la scénarisation du jeu vidéo même, nous renvoyons à l'article de L. Schmoll (dans ce livre) : « Scénarisation d'un learning game en environnement immersif tridimensionnel ».

2. Approche didactique du jeu en réalité alternée

L'objectif des activités préparatoires au jeu vidéo est de mettre à la disposition des apprenants des outils linguistiques appropriés, de leur faire acquérir des connaissances sur le thème de la cathédrale de Strasbourg leur permettant, lors du jeu vidéo, d'interagir de façon autonome dans la réalité virtuelle[4]. Afin d'aider l'enseignant à l'organisation pédagogique et didactique de cette séquence, il a à sa disposition un *Guide pédagogique* (Collas *et al.*, 2014a, 2014b).

2.1 Contenus

Pour déterminer comment les informations devaient être présentées dans les activités préparatoires, les auteurs du *Guide pédagogique* (Collas *et al.*, 2014a) ont pris exemple sur les simulations globales et l'« approche basée sur scénario » (Durietz / Jérôme, 2009). Les deux principes fondamentaux des simulations globales sont le « lieu-thème » et les « identités fictives » (Lehuen / Kitlinska, 2006). Dans l'approche basée sur scénario, il est recommandé d'expliciter le « rôle » de chacun, le « cadre » et le « produit à fournir » (Durietz / Jérôme, 2009). Le cadre regroupe à la fois les « acteurs concernés », en dehors des apprenants, les « lieux géographiques impliqués » et d'autres éléments qui pourraient aider à définir le contexte ou l'environnement du scénario (Durietz / Jérôme, 2009).

Dans ce sens, les auteurs du *Guide pédagogique* donnent des informations sur le lieu et les personnages impliqués dans le scénario du jeu sérieux *Architecte 2015*. Les activités préparatoires permettront alors aux apprenants de découvrir que la cathédrale de Strasbourg est le lieu-thème au centre du scénario, de prendre connaissance de Céline et d'Arthur Steinbach ainsi que du virus informatique et de leurs rôles respectifs dans cette histoire : Céline Steinbach a créé un logiciel de visite en 3D de la cathédrale, Arthur Steinbach[5] a voulu le tester mais est resté bloqué dans l'environnement virtuel à cause d'un virus informatique.

---

[4] *Cf.* aussi Schlemminger, 2012 ; Schlemminger *et al.*, 2012 ; Bernert-Rehaber / Schlemminger, 2013 ; Schlemminger, 2014 ; Schmoll / Roy, 2014 ; Roy, 2014 ; Roy / Schlemminger, 2014.

[5] Ce personnage rappelle une figure historique car le premier maître d'œuvre attesté du chantier de la cathédrale est un certain Erwin von Steinbach (1244–1318).

Le rôle des apprenants est défini par ce que Durietz et Jérôme (2009) appellent le « produit à fournir », c'est-à-dire le résultat attendu en fin de tâche et qui donne un sens à toutes les activités qui peuvent avoir lieu entre le moment où ils vont découvrir cet objectif et le moment où ils devront le réaliser. Dans le scénario d'*Architecte 2015*, il ne s'agit pas exactement d'un « produit » mais plutôt d'une mission : le rôle de l'apprenant sera de libérer Arthur Steinbach en se connectant au logiciel créé par Céline Steinbach.

Malgré l'importance de cette phase préparatoire, toutes les informations du jeu sérieux ne seront pas dévoilées. L'apprenant est amené à s'adresser en langue cible aux personnages non joueurs pour savoir tout ce qu'il doit accomplir pour sauver Arthur Steinbach.

2.2 Dimension culturelle

Dans le jeu vidéo, les apprenants se retrouveront immergés dans la cathédrale Notre Dame de Strasbourg à différentes étapes de sa construction. La première scène se déroule dans la crypte qui correspond à la période romane (XIe siècle), tandis que l'environnement de la seconde scène est la nef, avec la rosace, symbole de l'architecture gothique du XIIIe siècle.

Rappelons que l'étude de monuments religieux chrétiens du Moyen-Age et de l'époque romane fait partie, en Allemagne et en France, des programmes d'histoire, d'histoire des arts et des arts plastiques des classes antérieures à celles visées par le jeu sérieux. De plus, les savoirs qu'apportera le jeu sérieux coïncident avec une partie des objectifs des arts plastiques fixés pour la classe 10 (dernière classe du collège) dans le *Land* de Bade-Würtemberg (Allemagne) (Ministerium für Kultus, Jugend und Sport Baden-Württemberg, 2004). Il s'agit donc de savoirs disciplinaires auxquels les élèves sont déjà sensibilisés. L'étude de l'histoire et de la construction de la cathédrale de Strasbourg constitue pour ces apprenants une réactivation ou un approfondissement de connaissances[6].

---

6   Au niveau didactique, cette démarche correspond à l'enseignement d'une DEL2 (Discipline enseignée en langue 2) développé par exemple dans : Schlemminger, 2008 ; Geiger-Jaillet / Schlemminger / Le Pape Racine, 2011.

2.3 Contenus linguistiques

Le développement de compétences orales constitue l'objectif langagier principal du jeu sérieux *Architecte 2015*. Le jeu sérieux a été conçu de façon à encourager les apprenants à prendre la parole en langue cible. La préparation au jeu (phase 1) préparera donc les élèves-joueurs plus particulièrement à l'expression orale.

La progression langagière dépend en partie du contenu du scénario global du jeu sérieux, mais elle doit également être cohérente par rapport au niveau des apprenants. Les notions langagières abordées lors des premières activités seront réutilisées ultérieurement puisque des sujets abordés en début de scénario reviendront plus tard. Nous parlerons d'une progression spiralaire.

Afin de conserver la cohérence et la continuité des activités apportées par le scénario global, les auteurs du *Guide pédagogique* ont préféré ne pas faire de point spécifique sur la langue. Ils suivent l'approche de la « didactique invisible » :

> [C]'est développer des tâches [...] avec des objectifs d'enseignement / apprentissage clairement définis et, ensuite, lors de la création du site, gommer toute trace de la didactique sous-jacente. (Ollivier, 2012 : 27)

Dans cette optique, la grammaire, le lexique et les stratégies de communication sont utilisés dans les activités comme des outils, des « compétences [...] à étudier dans la perspective de la réalisation d'une tâche déterminée préalablement » (Durietz / Jérôme, 2009 : 67).

3. Activités préparatoires au jeu vidéo 3D

Les auteurs du *Guide pédagogique* (Collas *et al.*, 2014a : 4) notent que

> [l]a progression proposée prévoit 14 activités réparties en 6 cours. Ces activités scénarisées intègrent des phases de découverte des outils langagiers mais aussi des activités d'évaluation ou de préparation des devoirs à la maison. La progression est adaptable aux contraintes organisationnelles et aux besoins des élèves.

Nous présenterons par la suite quelques exercices-types de *Guide pédagogique*.

3.1 Introduction à l'art sacré : le passage du roman au gothique

L'activité 1 consiste en la « construction d'une voute romane et d'une voute gothique ». Cette activité permet de faire le point sur les notions culturelles abordées dans le jeu sérieux tout en faisant acquérir quelques mots et concepts nécessaires au jeu vidéo, et ce sans alourdir le scénario des activités. Les auteurs du *Guide pédagogique* conseillent de mener cette activité en collaboration avec un enseignant d'histoire ou des arts plastiques.

Cette activité suit une approche ludique. Elle s'inspire de « La cathédrale de sucre » (Chéron, 2004) et de « La cathédrale en carton » (Chéron, 2006). Les apprenants construisent eux-mêmes une voute romane en sucre et une voûte gothique en carton pour prendre conscience de la différence entre les deux styles architecturaux (voir figure 1).

2ème essai : construire un arc en berceau
※ Tailler les sucres avec le papier de verre.

Clé de voute   Autres sucres

Illustration 3

※ Placer le demi-cercle, et poser les sucres dessus en commençant par le bas. La clé de voute se pose au sommet de la voute.
※ Retirer le demi-cercle quand tous les sucres sont posés.
⚠ Il ne faut pas casser l'arc en berceau au moment de retirer le demi-cercle

Illustration 4

3ème essai : construire un arc en berceau avec butées
※ Construire l'arc en berceau comme expliqué en 2.
※ Ajouter des murs comme sur la photo.
※ Retirer le demi-cercle quand tous les sucres sont posés.
⚠ Il ne faut pas casser l'arc en berceau au moment de retirer le demi-cercle.

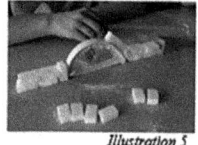

Illustration 5

Figure 1 : Extrait de la fiche élève 1, « La voûte romane » (Collas *et al.*, 2014 : 13).

3.2 Carte de visite de Céline Steinbach : personnages et lieu de la mission

L'activité 2 fait entrer les apprenants dans le scénario en commençant par le personnage principal. Les apprenants découvrent un nom, Céline

Steinbach, sans plus d'informations, en recevant une carte de visite. Les élèves vont enquêter sur cette personne. Ils sont chargés de faire des recherches sur le site internet de Céline Steinbach (dont l'adresse est notée sur la carte de visite) et de récolter un maximum d'informations sur cette personne pour pouvoir en discuter après. En s'informant sur Céline Steinbach, les apprenants devront comprendre qu'elle travaille sur une modélisation 3D de la cathédrale de Strasbourg. Cet élément permet de faire le lien avec l'activité suivante, la cyberquête (plus connue sous l'appelation *webquest*)[7]. La cyberquête est disponible sur le site de Céline Steinbach (*cf.* Equipe EVEIL-3D, 2014a) afin de tester les connaissances sur la cathédrale de Strasbourg (voir figure 2).

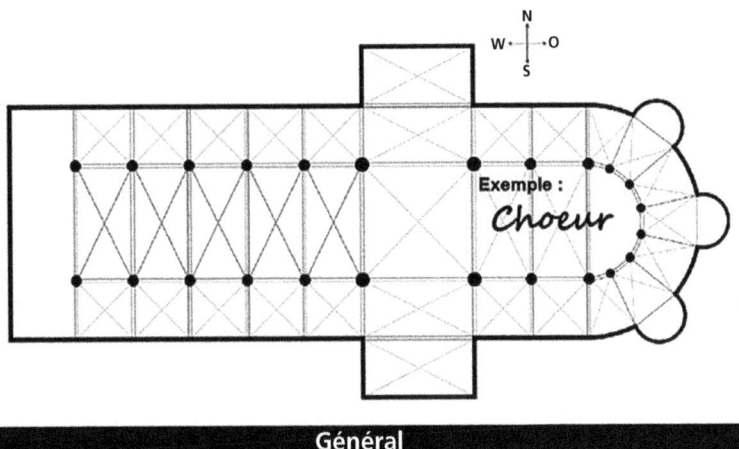

Figure 2 : Extrait de la cyberquête (Equipe EVEIL-3D, 2014a), activité 5.

---

7 A la lecture des publications (*cf.* par exemple Harth, 2014), on pourrait discuter pour savoir si ce site correspond réellement aux critères d'un *webquest*.

Le but de cette activité est double : culturel et linguistique. L'élève découvre la cathédrale de Strasbourg, son architecture, les espaces, les particularités, etc. tout en s'appropriant un vocabulaire spécifique dont il aura besoin dans le jeu vidéo. Il apprend les termes d'abord à travers la compréhension de l'écrit afin de pouvoir les réinvestir de façon active dans le jeu vidéo.

L'activité 7 « Rédaction du courriel à Céline Steinbach » (voir figure 3) permet de créer un contact avec ce personnage et de faire le point sur des informations utiles déjà collectionnées.

Contacter Céline Steinbach par courriel

➔ 1. Choisis tes formules de salutation pour le courriel à Céline Steinbach.
   Accueil : _____
   Prise de congé : _____

➔ 2. Écris le courriel à Céline Steinbach. Dans ton courriel, tu écris que :
- Tu t'appelles... *exemple : Je m'appelle ...*
- Tu as reçu sa carte de visite.
- Tu as vu son site internet.
- Tu voudrais savoir pourquoi elle a laissé sa carte de visite.

| À : |
| De : |
| Objet : |
| Message : |

Figure 3 : Extrait de la fiche élève 6, « Contacter Céline Steinbach » (Collas *et al.*, 2014 : 42).

L'envoi d'un courriel à l'adresse indiquée sur la carte de visite déclenche le renvoi automatique d'une réponse de Céline (à condition que certains mots clés soient présents dans le texte de l'élève). Le courriel-réponse contient l'explication que l'élève a demandée, en l'occurrence un appel à l'aide de Céline. Elle lui transmet le lien Internet vers un message audio où elle développe la mission qu'il devra accomplir (*cf.* Equipe EVEIL-3D, 2014b ; voir aussi figure 4).

> Bonjour, c'est Céline.
> Merci pour ton message. Je vais avoir besoin de toi !
> Mon site Internet a été attaqué par un virus informatique, mais il y a plus grave : le virus a aussi attaqué mon programme de réalité virtuelle. Nous avons testé le prototype de notre **environnement 3D** pour voyager dans le temps, dans la **cathédrale** de Strasbourg. Mon père l'a **testé** en premier mais il y a eu un problème. Il a pu **se connecter** et entrer dans la cathédrale mais n'a jamais pu en ressortir. Il est bloqué à cause du **virus informatique**. Il faut le sortir de là. J'ai essayé de détruire le virus mais rien ne fonctionne. Seule je n'y arriverai pas ; j'ai besoin d'un **architecte**. Tu dois m'aider à le sauver. Il faut d'abord entrer dans **la cathédrale virtuelle**, puis on va chercher mon père ensemble et enfin, on détruira le virus. Dans la cathédrale virtuelle, il faut bien faire attention au virus, il est **dangereux**. T'es d'accord pour cette mission, tu veux bien m'aider ? Envoie-moi vite un courriel et je te dirai quoi faire précisément.

Figure 4 : Transcription de l'appel à l'aide de Céline Steinbach
(Equipe EVEIL-3D, 2014b).

Cet échange courriel et le message audio permettent de créer une ambiguïté quant à l'existence de l'interlocutrice. Elle accentue le flou qui existe entre le réel et le jeu ; l'apprenant sera plus enclin à accomplir sa mission et à s'adresser à Céline pendant le jeu vidéo.

L'activité orale de compréhension du message de Céline prépare l'élève directement à l'interaction verbale (et non verbale) du jeu vidéo.

Lorsque les apprenants ont en mains toutes les informations nécessaires pour comprendre le scénario et ses enjeux, ils doivent envoyer un nouveau courriel à Céline Steinbach pour accepter leur mission. La réponse qu'ils reçoivent leur indique la dernière étape à effectuer avant d'aller sauver Arthur Steinbach, la lecture d'un message secret (voir figure 5) afin de pouvoir entrer dans le monde virtuel du jeu vidéo.

Les auteurs du jeu sérieux ont scénarisé cette contrainte technologique : pour améliorer considérablement la performance du module de la reconnaissance de la parole du jeu vidéo, la voix de chaque joueur, apprenant le français, doit être calibré au préalable[8]. En effet, ce texte contient tous les phonèmes de la langue française[9]. Au-delà de cet aspect phonologique, le texte de calibrage reprend également une partie du vocabulaire vu dans les activités et sert de support pour rappeler les notions culturelles et les informations scénaristiques qui pourront servir dans le jeu. Pour l'enseignant, c'est l'occasion de faire un bilan sur les cours qu'il a dispensés.

Bonjour.
Je suis architecte numérique.
Je veux voyager dans le temps, dans la cathédrale de Strasbourg.
Je souhaite entrer dans la cathédrale 3D « Architecte deux mille quinze ».

Il faut sauver Arthur Steinbach.
Je vais aider sa fille Céline.
Elle a besoin de moi pour retrouver son père.

Je veux gagner et détruire le virus informatique.
Il casse les colonnes dans la crypte. Je dois les réparer.
La rosace de la nef a perdu ses couleurs.
Je dois comprendre la signification de ses couleurs et peindre la rosace.

Je suis d'accord pour cette mission.
Je connais la cathédrale de Strasbourg.
Je sais aussi que le virus est dangereux.
En route pour l'année mille quinze !

Figure 5 : Fiche élève 9, « Message secret à lire pour entrer dans le monde virtuel de la cathédrale » (Collas *et al.*, 2014 : 51).

Nous signalons la proposition des auteurs du *Guide pédagogique* d'utiliser l'outil Web VOKI (*cf.* Oddcast Inc., 2015), trop peu connu par les

---

8   En ce qui concerne la reconnaissance de la parole du jeu vidéo, vous renvoyons également à l'article de Winebarger / Stuker / Waibel (dans ce livre) : « Challenges for Automatic Speech Recognition of Non-Native Adolescent Speech ».
9   Pour que la lecture du texte de calibrage soit proche d'une production authentique de l'apprenant et qu'il ne le découvre pas au moment de la lecture, ce texte doit avoir été étudié en amont.

Architecte 2015, un jeu sérieux en réalité alternée et son intégration didactique 37

enseignants (Fiche élève 10 in Collas *et al.*, 2014 : 52). Il permet de créer des avatars parlant dans la langue désirée. Les élèves peuvent y coller des phrases du message secret, puis les écouter dans le but de prononcer ensuite les phrases selon le modèle.

4. Retour à la réalité écologique : la visite de la cathédrale

A la fin du jeu sérieux, il est prévu qu'une visite de la cathédrale de Strasbourg soit organisée avec toute la classe pour faire le lien avec la réalité écologique. A travers un rallye photo, les élèves découvrent les lieux qu'ils ont, en partie, visités en monde virtuel lors du jeu vidéo (voir figure 6).

➔ **Prends une photo de l'objet souligné lorsque tu vois** 📷.

➔ **Complète les cases avec les nombres trouvés.**

Introduction à la visite : Erwin von Steinbach, le maître d'œuvre

Le portail sud de la cathédrale
- Va à l'endroit indiqué sur le plan.

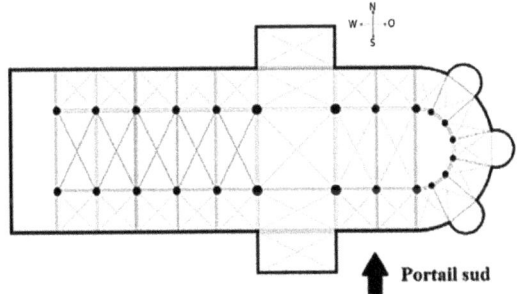

- Observe la façade. C'est le portail sud, le plus ancien de la cathédrale, il est de style roman.
- Trouve *un élément typique de l'art roman* 📷.
- Trouve *la statue d'Erwin von Steinbach* 📷.
  Indice : Il lève le doigt de la main gauche et il tient un plan dans l'autre main.

Figure 6 : Fiche élève 11, « Rallye photo : Visite de la cathédrale de Strasbourg » (Collas *et al.*, 2014 : 51).

A la fin de la visite, les élèves auront relevé cinq nombres. Mis les uns à la suite des autres, ces nombres forment un code qui leur permet de détruire le virus informatique de la cathédrale virtuelle. L'activité 16 clôt alors le jeu sérieux en réalité alternée : les élèves envoient un dernier courriel à Céline Steinbach pour lui donner le code trouvé dans la cathédrale. S'ils envoient le bon code, ils reçoivent la réponse suivante (voir figure 7) :

Bonjour,

J'ai bien reçu ton code. Je l'ai entré dans mon ordinateur et le virus est définitivement détruit.

C'est super, merci beaucoup pour ton aide !

Au revoir,

Céline Steinbach

Figure 7 : Activité 16, « Envoyer le code à Céline » (Collas *et al.*, 2014 : 55).

5. Conclusion

Cette réflexion autour d'un jeu en réalité alternée et son intégration didactique dans un cours de langue montre les multiples entraves auxquelles la didactique des langues vivantes doit faire face quand elle veut relever le défi de la réalité virtuelle en 3D comme élément pivot d'une séquence d'enseignement. Le plus grand obstacle est actuellement le coût financier. Mis à part ce fait, le travail de l'équipe des chercheurs en didactique et en sciences du langage autour de la réalisation de ce jeu sérieux ressemble, *grosso modo*, à celui d'une maison d'édition scolaire lorsqu'elle réalise une (nouvelle) méthode de langue. L'alternance des réalités et l'utilisation d'une multiplicité de médias complexifient néanmoins la tâche. La transposition didactique traditionnelle – la transformation des objets à enseigner en objets d'enseignement[10] – se retrouve évidemment dans la production des fiches élève ; cependant le « jeu » avec les différents niveaux de réalité crée un autre rapport aux objets, à l'environnement, d'autres types d'interaction. Le rôle de l'enseignant y évolue également : il n'est plus seulement celui qui transmet des savoirs et des savoir-faire ; il devient concepteur et créateur d'environnements pédagogiques, médiateur entre savoirs et apprenants. Par ailleurs, le lieu classe éclate ; ce n'est plus le seul endroit où les activités se déroulent. L'intégration des jeux sérieux comme support d'enseignement et d'apprentissage n'en est qu'à ses débuts...

Bibliographie

Bernert-Rehaber, Susanne / Schlemminger, Gérald. 2014. « Immersive 3D-Technologien optimieren das Fremdsprachenlernen: 'EVEIL-3D – Lernen in virtuellen Welten' ». *Babylonia*, 3/2013, 44–49.

Caré, Jean-Marc. 1997. *L'Île*. Paris, Hachette.

Chéron, Michel. 2004. « La Cathédrale de sucre ». <http://colleges.ac-rouen.fr/rimbaud/arts_plastiques/sucre.html> (consulté le 27/06/2015).

Chéron, Michel. 2006. « La Cathédrale en carton ». <http://colleges.ac-rouen.fr/rimbaud/arts_plastiques/carton.html> (consulté le 27/06/2015).

Collas, Perrine. 2014. *Un jeu en réalité alternée, le cas d'architecte 2015*. Grenoble, Université de Grenoble 3 (Mémoire de Master).

Collas, Perrine / Roy, Mickaël / Breugnot, Jacqueline / Casado, Sophie / Schlemminger, Gérald. 2014a. *Architecte 2015, un jeu sérieux en réalité virtuelle pour apprendre le français. Guide pédagogique*. Karlsruhe, KIT-Druck.

Collas, Perrine / Roy, Mickaël / Breugnot, Jacqueline / Casado, Sophie / Schlemminger, Gérald. 2014b. *Architekt 2015, Deutsch lernen mit*

---

10 *Cf.* à propos de la transposition didactique : Geiger-Jaillet / Schlemminger / Le Pape Racine (2011 : chap. 8).

einem Serious Game in der virtuellen Realität. Lehrerhandbuch. Karlsruhe, KIT-Druck.

Conseil de l'Europe. 2001. *Cadre européen commun de référence pour les langues*. Strasbourg, Conseil de l'Europe, Division des langues vivantes. <http://www.coe.int/t/dg4/linguistic/Source/Framework_fr.pdf> (consulté le 27/06/2015).

Debyser, Francis. 1986. *L'immeuble : créer, animer, raconter*. Paris, Hachette, B.E.L.C.

Durietz, Sébastien / Jérôme, Nicolas. 2009. « Perspective actionnelle et approche basée sur scénario. Un compte rendu d'expérience aux Nations-Unies ». *Le français dans le monde, Recherches et Applications*, 45, 62–70.

Equipe EVEIL-3D. 2014a. *Site Internet d'Architecte 2015*. <http://www.architecte2015.fr/> (consulté le 02/07/2015).

Equipe EVEIL-3D. 2014b. *Céline Steinach Architecte 2015 – Message sécurisé*. <https://soundcloud.com/celinesteinbach/message-securise> (consulté le 02/07/2015).

Geiger-Jaillet, Anemone / Schlemminger, Gérald / Le Pape Racine, Christine. 2011. *Enseigner une discipline dans une autre langue : méthodologie et pratiques professionnelles*. Frankfurt/M., Lang.

Harth, Thilo. 2014. *Die Methode Webquest: eine Einführung*. Münster, Fachhochschule.
<http://colleges.ac-rouen.fr/rimbaud/arts_plastiques/carton.html> (consulté le 10/07/2015).
<http://colleges.ac-rouen.fr/rimbaud/arts_plastiques/sucre.html> (consulté le 10/07/2015).
<http://sticef.univ-lemans.fr/num/vol2006/lehuen-06/sticef_2006_lehuen_06p.htm> (consulté le 02/07/2015).

Lehuen, Jérôme / Kitlinska, Sylwia. 2006. « Simulation Globale en Réseau pour le FLE ? La Plate-forme Informatique MEPA-2D ». *Revue STICEF*, 13.

Ministerium für Kultus, Jugend und Sport Baden-Württemberg. 2004. *Bildungsplan für die Realschule*. Stuttgart.

Mutet, Sylvie. 2003. *Simulation globale et formation des enseignants*. Tübingen, Narr.

Oddcast Inc. 2015. *Voki*. <http://www.voki.com/> (consulté le 10/07/2015).

Ollivier, Christian. 2012. « Approche interactionnelle et didactique invisible. Deux concepts pour la conception et la mise en œuvre de tâches sur le web social ». *Apprentissage des langues et systèmes d'information et de communication, Alsic*, 15/1, <http://alsic.revues.org/2402> (consulté le 10/07/2015).

Ortiz, Isabelle / Denorme, Marie. 2009. « L'intégration du CECR dans un dispositif autonomisant : l'exemple de « un semestre en France ». *Le français dans le monde, Recherches et Applications*, 45, 91–99.

Roy, Mickaël. 2014. « Sentiment de présence et réalité virtuelle pour les langues : une étude de l'émergence de la présence et de son influence sur la compréhension orale en allemand langue étrangère ». *Apprentissage des langues et systèmes d'information et de communication, Alsic*, 7, <http://alsic.revues.org/2709> (consulté le 10/07/2015).

Roy, Mickaël / Schlemminger, Gérald. 2014. « Immersion und Interaktion in Virtuellen Realitäten: der Faktor Präsenz als Optimierung des geleiteten Sprachenlernens ». *Zeitschrift für Interkulturellen Fremdsprachenunterricht*, 19/2, 187–201.

Sauvé, Louise / Kaufman, David. 2010. *Jeux et simulations éducatifs : études de cas et leçons apprises*. Québec, Presses de l'Université du Québec.

Schlemminger, Gérald. 2002. « L'écriture collaborative à distance sur le réseau Internet, l'exemple des 'Romans virtuels' du service éducatif de France Télécom ». In : Olaf Kühn / Oliver Mentz (éd.) *Zwischen Kreativität, Konstruktion und Emotion. Der etwas andere Fremdsprachenunterricht*. Herbolzheim, Centaurus Verlag, 88–103.

Schlemminger, Gérald. 2008. « Une approche didactique de l'enseignement bilingue : Le modèle rhénan ». *Synergies Pays germanophones*, 1, 97–111.

Schlemminger, Gérald. 2012. « Virtuelle Welten – Serious Games im Fremdsprachenunterricht ». <http://www.goethe.de/ges/spa/dos/daf/spr/de9538543.htm> (consulté le 10/07/2015).

Schlemminger, Gérald (éd.). 2013. *Eveil-3D. Environnements virtuels pour l'apprentissage / Lernen in virtuellen Welten*. Karlsruhe, KIT-Druck (Plaquette de présentation du projet).

Schlemminger, Gérald. 2014. « Mondes virtuels et jeux sérieux pour apprendre les langues : l'exemple du projet EVEIL-3D ». *Zeitschrift für Romanische Sprachen und ihre Didaktik*, 8/2, 71–85.

Schlemminger, Gérald / Roy, Mickaël / Manuel Veit / Capobianco, Antonio / Noeppel, Gilles. 2013. « Réalité virtuelle et jeux : de nouveaux outils pour des apprentissages plurilingues ? ». *Éducation et sociétés plurilingues*, 35, 29–42.

Schmoll, Laurence / Roy, Mickaël. 2014. « *Serious game* et apprentissage en réalité virtuelle : résultats d'une étude préliminaire sur la mémorisation en langue étrangère », *Synergies Pays germanophones*, 7.

Yaiche, Francis. 1996. *Les simulations globales. Mode d'emploi.* Paris, Hachette.

LAURENCE SCHMOLL

Scénarisation d'un *learning game* en environnement immersif tridimensionnel

Résumé
L'introduction du jeu vidéo et du *learning game* en classe repose la question du scénario pour l'apprentissage des langues, en combinant des notions issues du *game design* et des concepts propres à la didactique des langues. Pour cette raison, il est important de proposer une définition du 'scénario ludoéducatif' et d'en observer les apports. Ces derniers se centrent notamment sur, d'une part, un renouvellement de la conception et de l'utilisation des dialogues au sein du jeu entre joueurs et personnages non joueurs et, d'autre part, l'intérêt que le scénario et les dialogues peut générer chez les apprenants et qui se manifeste par une 'attitude ludique' qu'ils sont susceptibles ou non d''activer'. De ce point de vue, le concepteur de scénario doit réussir à se détacher d'une vision communicative du scénario pour embrasser pleinement une conception actionnelle et interactive des dialogues qui placera l'apprenant au centre de la tâche à accomplir.

Mots-clés
Learning game, jeu sérieux, scénario ludoéducatif, attitude ludique

1. Introduction

Le *learning game* est une modalité d'apprentissage qui présente un certain engouement depuis quelques années pour l'enseignement-apprentissage des langues. En plus de la motivation qu'il est susceptible de déclencher chez les apprenants, il représente un support privilégié pour la mise en place de tâches, telles qu'elles sont présentées par le Cadre européen commun de référence pour les langues (Conseil de l'Europe, 2001). Le passage du jeu de rôle à la tâche marque un tournant important car il inverse en quelque sorte la façon de concevoir l'enseignement. En effet, avec l'approche communicative, l'enseignant construit ses séances en fonction d'objectifs communicatifs et tous les supports, toutes les activités sont dédiés à la communication. Avec la perspective actionnelle, il faut dans un premier temps décider quelle va être la tâche à effectuer et dans quel contexte. C'est seulement dans un second temps, en fonction de l'action à faire, que l'enseignant va déterminer ce dont les apprenants vont avoir besoin langagièrement et stratégiquement pour la mener à bien.

Les jeux vidéo, tels que les jeux d'aventure, peuvent de ce point de vue rendre possible la mise en place des tâches, au sens de « visée actionnelle que l'acteur se représente comme devant parvenir à un résultat donné en fonction d'un problème à résoudre, d'une obligation à remplir, d'un but qu'on s'est fixé » (Conseil de l'Europe, 2001 : 16). En permettant aux apprenants d'incarner un avatar dans un monde virtuel, ils permettent à ceux-ci d'accomplir une ou plusieurs actions. Ces actions font sens pour eux du fait qu'elles les engagent au sein d'un univers et d'un contexte spécifiques dont ils sont partie prenante.

Cependant, parce qu'il s'agit d'un nouveau média, il faut réussir, qu'on soit enseignant, apprenant ou concepteur, à le penser en tant que tel sans reproduire les pratiques que nous pouvons avoir avec d'autres supports. Pour que le *learning game* soit à même d''activer'[1] une 'attitude ludique' (Henriot, 1989 / Genvo, 2008) chez l'apprenant et que son utilisation reste intéressante d'un point de vue actionnel, il faut ainsi pouvoir dépasser ses propres représentations. Cela constitue une difficulté majeure qui ne pourra être surmontée qu'au prix d'une réflexion de fond concernant les problématiques inhérentes au scénario et à l'écriture des dialogues. En effet, le *learning game* permet de réinterroger le scénario et les dialogues, tels qu'on les entend en pédagogie, à partir de l'angle de vue du jeu vidéo et de mettre ainsi

---

[1] Nous choisissons d'employer le terme 'activer' plutôt que l'expression « actualiser » employée par Genvo soulignant que « l'espace de médiation ludique se situe donc dans cet entre-deux qui se noue entre une structure jouable et l'attitude ludique que le joueur va adopter lors de l'actualisation de celle-ci » (2008 : 2). Le choix du mot 'actualisation' nous semble manquer de précision. Cette expression fait référence au concept de 'Lecteur modèle' d'Eco (1979) qui comble les non-dits du texte en les actualisant par une série de mouvements coopératifs. Il s'agit donc d'un investissement du texte par le lecteur. Sur ce principe, Genvo considère que le Joueur modèle actualise / investit la structure de jeu en adoptant une attitude ludique. Le choix du terme 'activer' nous semble plus adapté car il nous permet de montrer que, en plus d''adopter' une attitude ludique, le joueur la met en action, son attitude ayant une conséquence sur l'action de jeu.

en valeur la difficile prise de distance vis-à-vis de nos pratiques et de notre réflexion pédagogiques, dès lors qu'il s'agit de penser autrement l'apprentissage mais aussi de concevoir et d'employer un média auquel nous ne sommes pas habitués.

Dans le cadre de cet article, nous nous proposerons, dans un premier temps, d'aborder la question du scénario, ainsi que celle du dialogue pour l'apprentissage des langues à travers le prisme du jeu vidéo. Dans un second temps, nous prendrons l'exemple de la conception d'*Architecte 2015*, un *learning game* destiné à l'apprentissage de l'allemand et du français, afin d'illustrer la difficulté que constitue non seulement le fait de respecter les caractéristiques du jeu, dès qu'il s'agit de le détourner à des fins d'apprentissage, mais aussi d'envisager le support dans une perspective actionnelle, puisque telle est notre ambition[2].

2. Scénario, apprentissage des langues et *learning games*

Le terme 'scénario' peut être en soi considéré comme problématique car, non seulement il est employé dans plusieurs domaines, mais en plus il peut recouvrir différents sens au sein d'une même discipline.

L'usage le plus courant appartient au champ de la mise en scène (théâtre, puis cinéma) dont il est originaire. Qotb (2012) rappelle que son étymologie vient du latin 'scaena', autrement dit « scène ». Son premier sens (Nissen, 2004) réfère ainsi au canevas d'une pièce de théâtre. Par extension, il peut désigner en littérature le plan détaillé ou le résumé d'une histoire. Au cinéma, le scénario peut être assimilé à une trame écrite. Si la scénarisation correspond à la mise en scène d'un texte écrit, le scénario est le document transmettant les informations qui permettront la mise en scène de ce texte. Cependant, le scénario ne représente pas systématiquement une adaptation d'un texte préexistant et peut donc être original.

Le terme 'scénario' est également employé dans le domaine du jeu vidéo (*game studies*) pour parler du contenu narratif et de la structure

---

2 Ce jeu sérieux a été réalisé dans le cadre du projet EVEIL-3D. Il a été cofinancé par l'Union Européenne via le Fonds Européen de Développement Régional (FEDER), dans le cadre du programme INTERREG IV – Rhin Supérieur.

associés à l'interactivité du jeu vidéo (Kerbrat, 2005). Un *story teller* connaît et emploie les procédés de la narratologie et des techniques scénaristiques du cinéma pour créer son scénario. La différence fondamentale du scénario de jeu vidéo repose sur le fait qu'il devient interactif, autrement dit que le joueur ne se trouve plus dans la position passive du lecteur ou du spectateur mais qu'il agit dans le jeu en prenant des décisions. Par conséquent, les actions du joueur peuvent avoir un impact sur le déroulement du jeu, voire de l'histoire s'il s'agit d'un jeu orienté scénario, comme les jeux d'aventure par exemple. Le scénario est par ailleurs adossé à des règles qui gouvernent l'univers du jeu et qui décident ce que le joueur peut ou ne peut pas y faire. Ces dernières définissent également les conditions de la réussite ou de l'échec de telle action ou de telle décision. Ces éléments font partie du *gameplay*, le 'game' représentant les règles qui définissent l'objectif à atteindre par le joueur, tandis que le 'play' spécifie les moyens à disposition du joueur et les contraintes auxquelles il est soumis pour atteindre cet objectif, selon Alvarez (2007). Scénario et *gameplay* sont par conséquent étroitement associés et il est parfois difficile de faire la distinction entre les deux.

Le dernier emploi du terme 'scénario' qui nous intéresse appartient au champ de la didactique, en ce qui nous concerne, de la didactique des langues. L'expression est polysémique, selon Mangenot et Louveau (2006), et ces derniers distinguent trois sens.

Tout d'abord, elle peut faire référence à une simulation, grâce à Internet, d'activités que nous pourrions faire dans le monde réel, comme chercher les horaires de projection d'un film ou des informations sur le cinéma le plus proche.

Le scénario peut également être utilisé au sens de 'jeu de rôle'. Nous retrouvons de manière approximative ce sens du scénario dans le Cadre Européen Commun de Référence pour les Langues (CECRL) qui évoque les « scénarios ou [les] scripts d'échanges interactionnels » comme moyen d'entraînement à la compétence pragmatique (Conseil de l'Europe, 2001 : 18). C'est surtout la tâche, activité centrale de la Perspective Actionnelle, qui remet au goût du jour la mise en place d'un scénario pédagogique mêlant activités communicatives et mise en action située des apprenants. Le jeu de rôle de l'Approche Communicative ou encore le canevas de la Méthodologie Structuro-Globale Audio-Visuelle permettent également de travailler en classe, par le moyen de la simulation, le « schéma interactionnel » (Conseil de l'Europe, 2001 : 123) le plus approprié pour une situation donnée. Des dialogues, fabriqués ou authentiques, représentent de bons déclencheurs pour ce type d'activités, en présentant des modèles à suivre.

Plus couramment, le scénario est associé au domaine de la formation en ligne et réfère à la planification d'un cours ou d'un parcours. Dans ce sens, le scénario pédagogique « correspond à un parcours dans le dispositif proposé et qui contient des aides et des ressources de différentes sortes » (Nissen, 2004 : 4). Le scénario peut alors être représenté sous forme de fiche décrivant les différentes caractéristiques de la situation d'apprentissage comme le type de public, le niveau, les objectifs visés, le rôle du formateur ou du tuteur, ainsi que celui des apprenants, les ressources, les activités et les modalités d'évaluation (Qotb, 2012).

Dans le chapitre 8 du CECRL, il est question d'un quatrième sens, le 'scénario curriculaire'. Le 'curriculum' est un « dispositif permettant d'organiser l'apprentissage » ; il s'agit de « la planification et la mise en œuvre institutionnelle du parcours scolaire de l'individu afin de soutenir le développement de sa compétence plurilingue et interculturelle » (Conseil de l'Europe, 2010 : 13). Les scénarios curriculaires correspondent à des projections et des simulations pour faire son choix parmi les différents curricula.

Les différents acteurs de l'enseignement-apprentissage des langues n'ont d'autres choix que de jongler avec ces différentes façons d'envisager le scénario. Un seul exemple retiendra notre attention, le manuel de langue au titre évocateur, *Scénario* (Dubois / Lerolle, 2008). Le manuel présente un projet à la fin de chaque module. La combinaison de ces projets a pour ambition de mener les apprenants à la rédaction d'une fiction en cinq épisodes (un par module). Lors de chacun de ces modules, les apprenants sont amenés à effectuer des recherches, à prendre des décisions ensemble, à imaginer des personnages, des situations, des événements, le tout ponctué de jeux de rôles, de présentations orales et de productions écrites. Cet exemple est révélateur de l'amalgame auquel mène la polysémie du terme puisque cette façon d'envisager le scénario mêle la définition littéraire (un plan détaillé qui pourra aboutir à une rédaction), le sens de parcours d'apprentissage, d'étapes et d'activités par lesquelles les apprenants vont passer dans un objectif précis, et la simulation d'une situation fictive, à travers l'histoire mise en place et les jeux de rôle.

En prenant en considération ces difficultés définitoires, comment pouvons-nous envisager de définir le scénario d'un *learning game* ? Pouvons-nous parler de scénario pédagogique au risque de créer une confusion avec le scénario des parcours de formation en ligne ? En effet, ce type de scénario pédagogique ne peut correspondre à celui des jeux vidéo éducatifs qui va devoir intégrer les caractéristiques narratives et interactives spécifiques à ces derniers. Considérer le scénario du seul point de vue du jeu vidéo n'est cependant pas non plus suffisant. La composante éducative du *learning game* nécessite d'intégrer une planification pédagogique mettant en jeu des objectifs d'apprentissage précis. Ce que nous appelons le 'scénario ludoéducatif' emprunte ainsi un peu aux deux conceptions sans les combiner complètement. Nous proposons par conséquent une définition qui englobe de façon intégrée mais en évitant toute confusion à la fois :

- le canevas d'une histoire à raconter et à vivre (dans le cas des jeux orientés scénario) comprenant des caractéristiques interactives qui font du joueur un élément fondamental du déroulement,
- mais aussi le parcours planifié d'activités pour atteindre un ou des objectifs pédagogiques.

Parce que le scénario ludoéducatif reprend les caractéristiques scénaristiques et interactives du jeu vidéo, apprendre à l'aide d'un *learning game* présente un certain nombre d'intérêts. En effet, son aspect interactif fait du joueur-apprenant un acteur dont les choix ont un impact sur la réussite ou l'échec de la partie. Laisser à l'utilisateur une part de contrôle, un espace de décision dans le déroulement du jeu (et de son apprentissage) lui permet d'imprimer son rythme, de découvrir par lui-même et de s'approprier son apprentissage et peut avoir pour conséquence de renforcer son implication. Par ailleurs, le 'second degré' du jeu (Brougère, 2005), autrement dit son caractère fictif, fait entrer l'apprenant dans la simulation de situations et d'interactions langagières, tout en prenant des risques limités, l'échec étant rapporté à l'échelle du jeu et pas forcément relié à l'apprentissage. Enfin, le scénario, s'il est bien conçu, peut déclencher chez le joueur-apprenant une 'attitude ludique' (Henriot, 1989 / Genvo, 2008), source de motivation et d'engagement.

Cependant, une grande partie de la difficulté de conception du scénario ludoéducatif repose sur un équilibre à trouver entre ludique et apprentissage, afin que le joueur apprenne tout en s'amusant ou s'amuse en apprenant. Il s'agit avant tout de créer un univers de jeu cohérent permettant aux règles du jeu et aux objectifs d'apprentissage de cohabiter. Il faut également créer les conditions nécessaires pour déclencher chez l'apprenant une 'attitude ludique', faisant de lui un joueur-apprenant et non pas seulement un joueur ou seulement un apprenant. Pour ce faire, le jeu prend la forme de schémas interactionnels (puisqu'il s'agit, dans le cas de l'apprentissage des langues, de faire interagir les apprenants entre eux ou avec la machine). Il doit également laisser suffisamment de place au joueur pour que ses décisions influencent le déroulement du jeu. C'est pourquoi, une importance particulière est accordée aux dialogues dans la conception de *learning games* pour l'apprentissage des langues.

3. Dialogues pour l'enseignement des langues : du support papier au support numérique

Les dialogues en didactique des langues ont en effet pour fonction, entre autres, de présenter des schémas interactionnels qui, à force d'être travaillés, peuvent être automatisés ou au moins constituer un répertoire de scripts disponibles dans lequel l'apprenant peut puiser sans avoir à faire trop d'efforts cognitifs, lui laissant plus de liberté pour « faire face à d'autres aspects de la performance » (Conseil de l'Europe, 2001 : 123).

Ces dialogues avec l'Approche communicative (et avant elle, la Méthodologie Structuro-globale Audio-visuelle) présentent, dans un environnement fictif et situé, « un certain nombre de mots en rapport avec le centre d'intérêt de la leçon et des variations significatives des structures introduites » (Puren, 1988, 2012 : 216). Le résultat en est souvent peu naturel malgré la volonté de rendre les dialogues aussi vivants que possible, en montrant des personnages en action et dont les préoccupations rejoindraient celles du public-cible.

> **Leçon 1 :** Sur la plage de Fécamp
>
> *Charlotte et Elodie sont en train de regarder des garçons qui jouent au volley :*
>
> *Charlotte :* Regarde les deux garçons, à droite. Ils sont plus sportifs que les deux autres, tu ne trouves pas ?
> *Elodie :* Oui, c'est vrai. Surtout le mec avec le t-shirt blanc. C'est le plus fort du groupe et en plus, il est canon !
> *Charlotte :* Bon d'accord, il n'est pas mal. Mais moi, je préfère l'autre avec le t-shirt rouge et les lunettes de soleil les plus branchées. Il est peut-être moins beau que le premier mais il est aussi sportif que lui et il a l'air très gentil.
> *Elodie :* Bof ! Dis-moi, qu'est-ce que tu penses des deux autres garçons ?
> *Charlotte :* Alors, le garçon aux cheveux courts avec le short jaune, pour moi, c'est le beau mec. Je le trouve un peu timide mais très mignon. C'est vrai qu'il est le garçon le moins baraqué de l'équipe mais c'est le plus cool du groupe !
> *Elodie :* Ah, c'est déjà le coup de foudre ou quoi ?
> *Charlotte :* Attention, le ballon !
> *Laurent :* Salut, les filles...
>
> Alamargot, Gérard et al. 2011.
Découvertes 3, Baden-Württemberg.
Klett. Stuttgart. P. 11.

Figure 1 : *Découvertes 3*, leçon 1, extrait d'un dialogue.

L'exemple du dialogue ci-dessus, tiré de *Découvertes 3* (Alamargot *et al.*, 2011 : 11) à destination d'un public adolescent germanophone en troisième année de français, illustre les limites de ce type de support fabriqué, particulièrement présent dans les manuels de langue des premiers niveaux de l'apprentissage. Le dialogue semble en effet construit sur un modèle discursif calqué sur la réalité : deux jeunes filles à la plage qui observent des garçons en train de jouer au volley et qui essaient de déterminer lequel est le plus mignon. Elles mettent en place une comparaison à caractère légèrement argumentatif, ce qui devrait justifier l'apparition de structures comparatives et superlatives, ainsi que le champ lexical de la description physique. Si l'emploi du vocabulaire est justifié par le fait que les garçons sont nombreux et qu'il leur faut donc les caractériser par des commentaires physiques, l'authenticité des propos centrés sur une structure grammaticale est à questionner. En effet, dans une conversation réelle, la plupart des comparaisons seraient implicites et non marquées de la sorte. Nous constatons par conséquent que le dialogue communicatif garde un aspect très pédagogique, n'étant qu'un prétexte pour présenter des contenus lexicaux et grammaticaux enrobés dans un contexte de communication qui se veut proche de la réalité. Parce qu'il est construit sur des objectifs linguistiques, le dialogue prend un aspect figé, artificiel, linéaire et qui plus est, très stéréotypé.

Par ailleurs, dans cette configuration, le dialogue place l'apprenant dans une position de spectateur, nous pourrions même dire de voyeur, d'une situation de communication dont il est exclu. Tiers absent de l'interaction, il est difficile de se sentir alors impliqué, encore moins engagé par le contexte de communication.

Si ce manque d'implication dans la situation de communication est fortement lié aux dialogues présentés sur support papier dans les manuels, le changement de média pour un support numérique peut changer la donne. Grâce à l'interactivité, la notion de dialogue peut évoluer en faisant de l'apprenant un interlocuteur ou au moins un participant. L'interactivité renvoie en effet à l'activité de dialogue entre l'utilisateur d'un système informatique et la machine. Cette notion de dialogue implique l'existence « d'un dispositif capable de [générer des] réponses différenciées » (Lancien, 1998 : 30), et par ailleurs, la possibilité, pour l'utilisateur, d'agir sur le programme en faisant des choix, en proposant des réponses, en effectuant des transformations, etc.

La figure 2 provient d'un jeu de simulation qui se présente comme le « premier *serious game* pour l'anglais professionnel ». Le principe est de proposer à l'apprenant d'entrer dans une simulation professionnelle comme, par exemple, déjeuner avec un client. Au fur et à mesure de la conversation avec le client, l'utilisateur doit opérer un choix parmi plusieurs réponses possibles. En fonction de sa décision, le client réagit négativement ou positivement, permettant à l'apprenant de comprendre quelles sont les stratégies les plus efficaces pour mener à bien ce type d'entretien. Nous observons ici l'évolution du dialogue d'un support textuel à un support numérique. La principale fonction du support textuel est d'introduire du langagier selon un schéma interactionnel type ; le support numérique prend à partie l'apprenant et donne une dimension plus pragmatique au script communicatif.

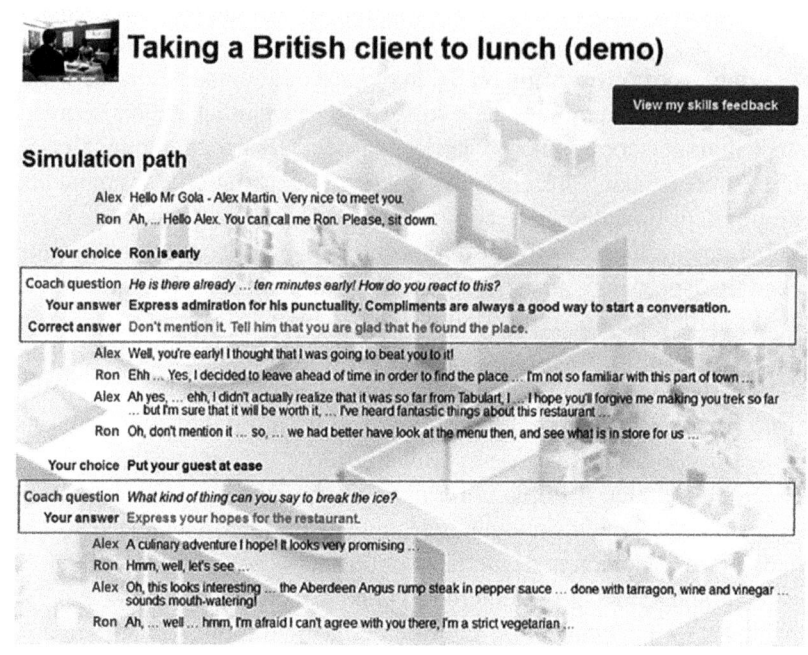

Figure 2 :   Extrait de dialogue tiré de *Simulang*.

Cependant, deux observations peuvent être formulées à l'encontre de cet exemple de dialogue interactif. La première concerne directement la structure du dialogue qui, certes, emploie l'interactivité pour laisser à l'apprenant le choix de sa réponse mais avec un espace de liberté limité. Les choix en effet se résument à deux ou trois options prérédigées et pour chacune d'entre elles n'est prévu qu'un seul *feedback*. Cette configuration s'explique par le fait qu'aucune erreur de la part du programme informatique n'est possible, étant donné que tout le dialogue, avec ses différentes arborescences, est prévu à l'avance. L'inconvénient est que l'apprenant ne peut pas improviser une autre réponse que celles présentées, alors même que, en dehors du jeu, au quotidien, bien plus de possibilités existent. L'apprenant reste ainsi malgré tout le jouet du dialogue, sans en être un véritable participant et le dialogue garde un caractère artificiel et pédagogique.

La seconde observation touche au concept de *learning game*. L'ambition de ce type de support est de réussir à activer chez le joueur, par l'intermédiaire du dispositif, une 'attitude ludique' pour qu'il se prenne au jeu et mette à distance les aspects contraignants de l'apprentissage. Or, à notre sens, employer quelques ressorts ludiques comme une immersion visuelle, la présence de personnages et un système de score n'est pas suffisant pour déclencher une 'attitude ludique' chez l'usager si, par ailleurs, objectifs et contenus d'apprentissage sont trop présents. Ainsi, la frontière s'avère poreuse entre une simulation qui « se veut un modèle simplifié, dynamique et juste d'une réalité définie comme un système » (Sauvé / Kaufman, 2010 : 35) et un véritable *learning game* dont le scénario et les dialogues seraient au service tant du jeu que de l'apprentissage de la langue.

4. Dépasser ses représentations : l'exemple d'*Architecte 2015*

Toute la problématique du *learning game* pour les langues repose sur cette difficile conciliation entre espace de jeu et espace d'apprentissage. Pour trouver un équilibre entre ludique et sérieux, une des solutions passe par le scénario qui, comme nous l'avons signalé plus haut, regroupe les caractéristiques du scénario de jeu vidéo et du scénario pédagogique. Comment penser un scénario ludoéducatif ? Comment rédiger des dialogues qui permettent une interaction naturelle avec les personnages non-joueurs tout en gardant à l'esprit les contenus que nous souhaitons transmettre ? Nous nous proposons de réfléchir à la question à travers la présentation du cheminement par lequel nous sommes passés pour concevoir *Architecte 2015*[3].

Au début du projet, nous avions pris la décision de suivre le modèle de conception DICE de Djaouti (2011) qui consiste à **D**éfinir le contexte et le contenu sérieux (objectifs, moyens, contraintes), **I**maginer un principe de jeu, **C**réer un prototype et **É**valuer ce dernier selon un processus itératif. Ce modèle confirme l'idée que la logique de conception d'un *learning game* incite à partir d'abord des objectifs d'apprentissage sur lesquels « on va greffer un *gameplay* plus ou moins

---

3   Le scénario général du jeu est présenté dans le chapitre 1 de ce même ouvrage : « Entrer dans l'univers des jeux numériques » (Schmoll).

adapté ». A l'opposé, le jeu de divertissement intègre « une logique ludique » « dans une histoire, un univers fictionnel adapté à [celle]-ci » (Brougère, 2012 : 125).

Lors de l'étude didactique précédant le travail de scénarisation, nous avons donc commencé par nous intéresser aux objectifs langagiers et culturels que nous souhaitions atteindre avant d'imaginer le scénario et les dialogues en fonction de ces objectifs. Ainsi, pour la version d'origine de la première scène du jeu qui se situe dans la crypte de la Cathédrale de Strasbourg, les objectifs choisis se décomposent en objectifs communicatifs (répondre à des questions simples, comprendre des consignes simples), objectifs lexicaux (vocabulaire de l'architecture en compréhension), objectifs grammaticaux (impératif en compréhension) et objectifs culturels (l'architecture romane). La mission du joueur consiste à réparer des colonnes en ramassant les pierres qui se trouvent au sol et en suivant les instructions de Céline Steinbach qui s'adresse à lui en voix *off* par l'intermédiaire d'une radio.

Cette scène, ainsi qu'une autre où le joueur a pour mission de replacer les couleurs qui ont été effacées par le virus, ont été testées en version allemande, auprès de 46 élèves de seconde d'un lycée général et technologique français en juin 2013[4]. Notre intention durant les tests était notamment d'évaluer l'accueil des apprenants face à un tel dispositif, d'une part en observant leur attitude durant l'immersion, d'autre part en discutant de leurs représentations lors de l'entretien.

L'observation a permis de constater que notre objectif en utilisant le dispositif de réalité virtuelle, à savoir provoquer chez le joueur des interactions non seulement verbales, mais aussi corporelles, était loin d'être atteint. En effet, les élèves sont statiques face à l'écran, effectuant des gestes presque imperceptibles de la main pour déplacer les pierres sur les colonnes. De la même manière, leur prise de parole est

---

4   Les lycéens sont enregistrés pendant le test (enregistrement audio pour les dialogues, enregistrement vidéo pour les attitudes). L'expérience est suivie d'un entretien individuel enregistré (audio uniquement) pour évaluer notamment leurs impressions sur le dispositif, le scénario et l'intérêt d'un *learning game* pour l'allemand. L'observation en direct est faite à l'aide d'une grille critériée, prenant en compte les différents types de mouvement, les réactions verbales et non-verbales, les sollicitations vers les intervenants et les types de prise de parole dans le jeu. Les entretiens, correspondant à neuf heures et cinquante-sept minutes d'enregistrement, sont transcrits et analysés à l'aide du logiciel MAXQDA (Roy, 2014).

très limitée, les apprenants se contentent de répondre par mots-clés et prenant rarement l'initiative de la parole. Nous avons noté par la même occasion que nous n'avions prévu ce type d'initiative, comme poser des questions ou commenter l'action, que de façon très réduite, n'ayant anticipé que sur la possible incompréhension des joueurs. Les *feedbacks* associés à l'incompréhension sont par ailleurs également restreints, Céline Steinbach se contentant de répéter avec un débit plus lent la même phrase.

Les entretiens ont permis d'orienter notre compréhension des raisons pour lesquelles les apprenants ne se sont que très peu investis dans le dispositif que nous leur proposions. Pour connaître leur représentation à ce sujet, nous leur avons posé la question suivante : « Comment tu appellerais ce que tu viens de faire ? ». 41,5 % des élèves répondent qu'il s'agit d'un 'jeu' ou d'un 'jeu pédagogique', 22,5 % un 'exercice', les 36 % restant parlant plutôt de 'simulation' ou d''immersion'. En affinant l'analyse, nous avons constaté que les apprenants employant le terme 'ludique' utilise ce qualificatif essentiellement pour décrire le dispositif technique et ce qu'il permet, à savoir l'immersion visuelle, la navigation et surtout les interactions avec les objets et le décor, et qu'ils ne font que très peu référence au scénario. Au contraire, les remarques négatives portent davantage sur les dialogues, en insistant d'une part sur les difficultés face à la compréhension de la langue, d'autre part sur les prises de parole trop longues de Céline Steinbach, les consignes qui manquent de clarté et la répétition des actions et des consignes.

Nous avons conclu que le produit en l'état correspondait plus à une simulation qu'à un *learning game* et que c'est pour cette raison que les apprenants ne le considèrent pas réellement comme un jeu. Cet échec dans l'activation d'une 'attitude ludique' chez nos testeurs s'explique par la façon dont le scénario et les dialogues ont été appréhendés et conçus. En effet, le fait de partir des objectifs d'apprentissage nous a placés, sans que nous y prenions garde, dans une posture normative à travers laquelle nous sommes entrés dans une logique de contrôle des actions et de la prise de parole de l'utilisateur. A partir de là s'est naturellement mis en place un scénario séquencé, durant lequel le joueur n'a pas d'autre choix que de débloquer un verrou scénaristique afin de passer au suivant.

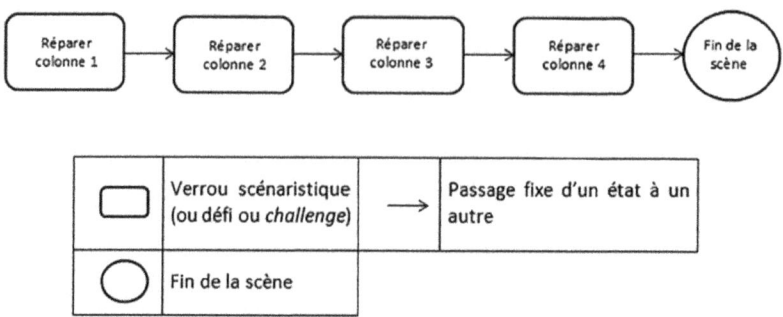

Figure 3 : Première structure du scénario – Scénario linéaire ou séquencé.

La figure 3 montre que le joueur n'a pas le choix de l'ordre dans lequel il va résoudre l'épreuve. Il doit réparer les colonnes dans un ordre précis, en fonction des consignes transmises par Céline Steinbach. Le jeu ne laisse pas d'espace au joueur pour qu'il prenne ses propres décisions. Il est contraint du début à la fin. Or, certains retours des élèves pendant les entretiens nous indiquent que le critère de décision a de l'importance pour qualifier une expérience de ludique. Un lycéen, quand il lui est demandé pourquoi il considère l'expérience comme un exercice, répond par exemple : « parce qu'on est guidé, parce que par exemple dans un jeu vidéo, on fait euh, certes on a des missions ou ce genre de choses, mais là on avait vraiment quelque chose qui nous était dicté et qu'on devait faire » (Roy / Schmoll, 2013 : D02-0504 – Tour de parole n°33 – 6'57 à 7'05). Cette réflexion rejoint les propos de Brougère (2005) qui place la décision parmi les deux principales caractéristiques qui permettent de décrire le jeu.

Par ailleurs, cette posture normative nous a menés également à rédiger les dialogues de façon trop prescriptive, ce qui se perçoit par le choix que nous avons fait de les écrire sous la forme d'une liste chaînée avec conditions (Koster, 2005).

La figure 4 montre que le système informatique, représenté par le mot 'action', intervient toujours en premier et entraîne la prise de parole ou l'action du joueur (désigné par le terme 'event'). Cela se manifeste par des consignes données par Céline Steinbach auquel le joueur doit réagir. L'utilisateur se trouve ainsi enfermé dans une boucle où il n'est jamais à l'origine de l'interaction et où il ne peut que faire la bonne action ou donner la bonne réponse pour en sortir. Avec cette approche, nous mettons le joueur dans une position passive où il se contente de suivre des injonctions et n'a aucun pouvoir de décision.

Scénarisation d'un learning game *en environnement immersif tridimensionnel* 57

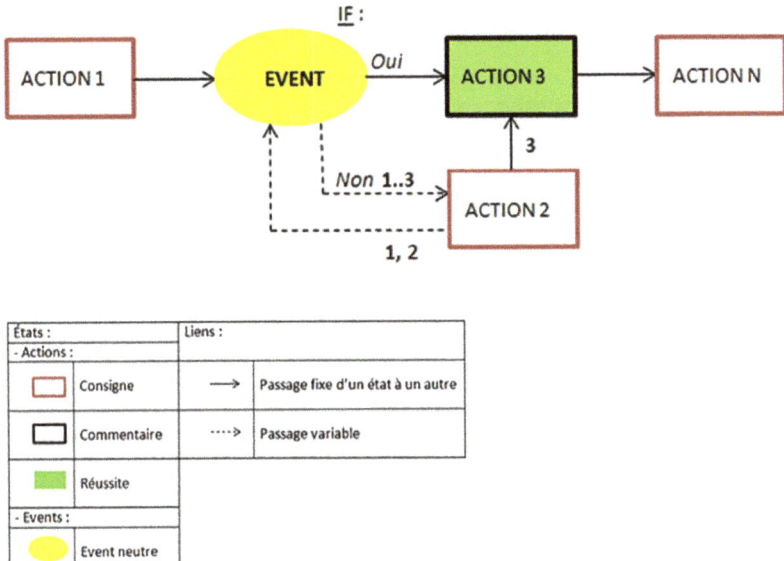

Figure 4 : Première structure du dialogue – Liste chaînée avec conditions.

Il nous a donc fallu complètement revoir notre façon d'appréhender la conception d'un *learning game* à destination de l'enseignement des langues. Nous avons alors réfléchi à un nouveau modèle de conception dans le but d'introduire davantage de ressorts ludiques et de surtout laisser plus de liberté d'action au joueur ; notre ambition portant sur l'activation de l'"attitude ludique" qui serait susceptible de motiver davantage les apprenants à interagir dans le jeu.

Plutôt que de partir des objectifs d'apprentissage, nous avons inversé le modèle et nous avons choisi de concevoir le scénario à partir des objectifs ludiques et des actions à faire dans le jeu. Nous avons ainsi ajouté des épreuves et des énigmes pour créer du challenge et pour inviter l'utilisateur à se déplacer dans le monde virtuel. Dans le même esprit, nous avons introduit visuellement un ennemi, sous la forme du virus informatique, à éviter et dont il faut se cacher, l'objectif étant de provoquer davantage d'interactions corporelles. Céline Steinbach, le personnage non-joueur, est désormais également présente, afin que l'apprenant visualise à qui il s'adresse. Pour laisser plus de marge de liberté au joueur, nous avons également modifié la structure du scénario, dans laquelle les verrous scénaristiques ne sont plus séquencés mais imbriqués.

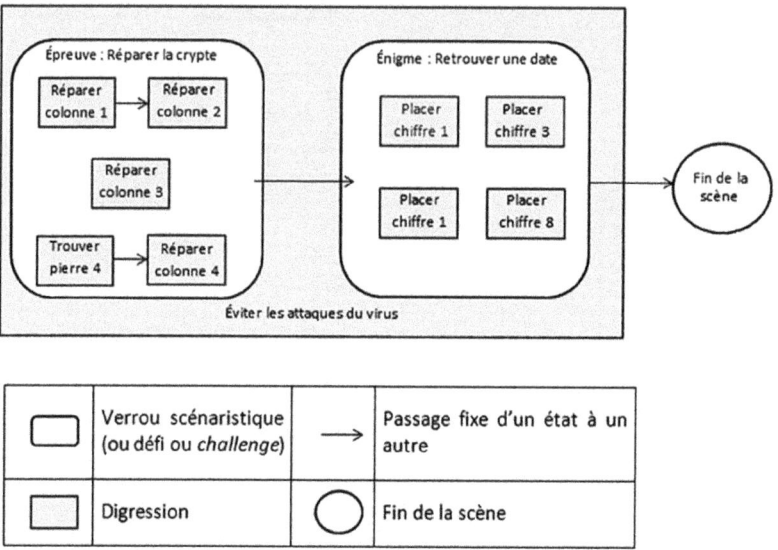

Figure 5 : Seconde structure du scénario – Scénario imbriqué.

La figure 5 représente la structure de scénario imbriquée. De fait, certains éléments ('verrous scénaristiques') restent plus ou moins séquencés puisqu'il faut dans un premier temps réparer les colonnes pour obtenir les chiffres qui seront placés dans un second temps dans des cavités afin de retrouver une date. Les autres ('digressions'), cependant, peuvent être joués en fonction des choix du joueur qui peut par exemple réparer les colonnes dans l'ordre qu'il le souhaite. Les étapes par lesquelles le joueur doit passer dans un ordre prédéfini sont limitées, au profit d'une plus grande liberté d'action : l'utilisateur peut en grande partie décider de l'ordre dans lequel il va accomplir les épreuves ou les énigmes.

Pour stimuler la prise de parole des apprenants, nous avons là aussi décidé d'inverser le modèle. Plutôt que de partir d'une action provoquée par le système informatique (comme une consigne ou une question formulée par Céline Steinbach), nous nous sommes demandé quels événements le joueur est susceptible de déclencher par ses décisions. Pour chaque événement, certains reliés à une zone de la scène, d'autres pas, nous avons ensuite rédigé les *feedbacks* de Céline Steinbach. La structure du dialogue a ainsi pris la forme d'un arbre à conditions qui propose des embranchements multiples avec des états parallèles (Koster, 2005).

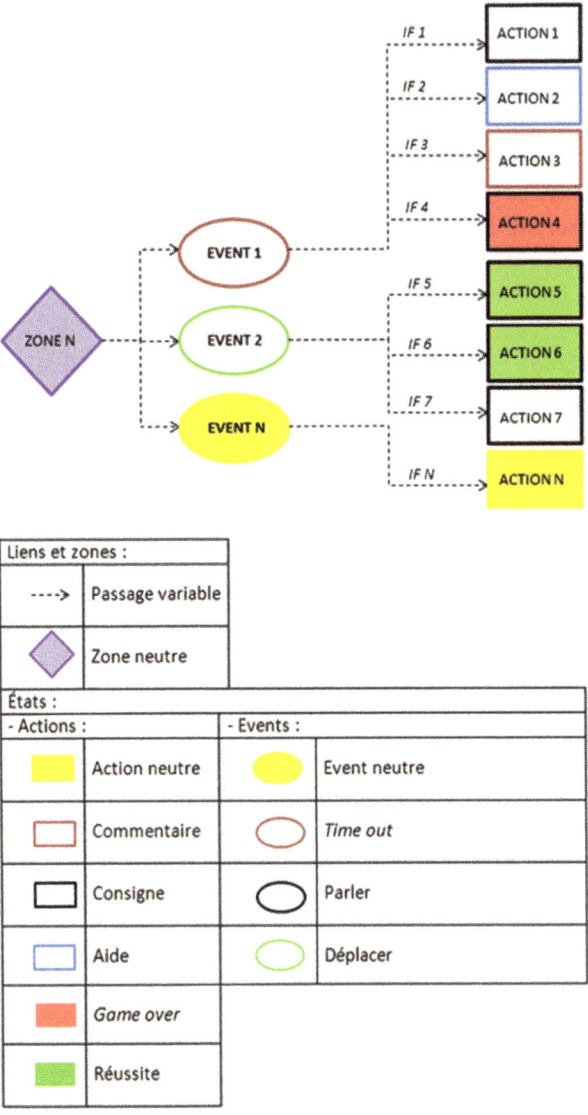

Figure 6 : Seconde structure du dialogue – Arbre à conditions, embranchements multiples avec états parallèles.

La figure 6 nous montre que l'interaction a pour point de départ une décision du joueur ('event'). Cette décision peut être de plusieurs ordres : ne rien faire, entrer et sortir dans des zones prédéterminées, désigner un objet sur la scène, accomplir une action sans prendre la parole, prendre la parole pour dire son incompréhension, poser une question, répondre ou commenter l'action. Pour chaque *event* anticipé par les concepteurs, il faut ensuite prévoir un ou plusieurs *feedbacks* du système ('action'). De ce fait, le joueur est la plupart du temps à l'origine de l'interaction et il est donc plus libre. Il se trouve dans la position de demander ce qu'il faut faire mais il lui est aussi possible de traverser une bonne partie du jeu sans prendre la parole, en développant d'autres stratégies comme comprendre ce qu'il faut faire grâce au contexte ou en agissant plutôt qu'en parlant. Nous avons cependant introduit un système de points intégrant un bonus de parole, en plus du bonus qui valide la réussite de l'action, afin de l'inciter à s'exprimer dans la langue-cible.

Une fois le dialogue rédigé, nous avons déterminé de quoi le joueur aurait besoin d'un point de vue langagier pour réussir le jeu. Ce n'est donc qu'à la fin de tout le processus que nous avons fixé les objectifs d'apprentissage que nous avons intégrés dans la partie du jeu qui se fait dans la réalité de la classe.

Nous avons testé cette nouvelle version du jeu, selon les mêmes modalités, auprès de 25 élèves de seconde d'un lycée d'enseignement général en octobre 2014. L'analyse des données fera l'objet d'une publication ultérieure. Les premières analyses d'entretiens montrent des retours de la part des apprenants plus positifs que pour la première version, la plupart d'entre eux ayant manifesté beaucoup d'enthousiasme et exprimé le regret de n'avoir pas pu continuer l'expérience.

5. Conclusion

Cette réflexion sur la scénarisation et la rédaction de dialogues pour un *learning game* est à notre sens représentative de l'évolution actuelle de la réflexion concernant l'enseignement des langues, ainsi que des difficultés à penser autrement l'éducation de manière générale. Cette difficulté à proposer un espace de jeu où l'utilisateur prendrait ses propres décisions au risque d'effectuer des actions non prévues et hors du contrôle de l'enseignant est révélatrice de la difficulté rencontrée par les différents acteurs de l'enseignement de passer d'une conception communicative à une vision actionnelle. Cette conception communicative, nous la retrouvons dans la première version du scénario où nous partions d'objectifs communicatifs pour établir un parcours planifié du début à la fin et dans lequel toutes les actions et les prises de parole des apprenants étaient contrôlées par la machine. La seconde version d'*Architecte 2015* se rapproche d'une pensée actionnelle dans le sens où l'action y prend la place la plus importante ; les interactions langagières n'étant qu'au service de la réussite du jeu. C'est donc la tâche qui définit les objectifs sérieux.

Ces observations ne correspondent par ailleurs qu'à une partie des modifications que nous devons apporter à notre façon de penser. Tout comme la conception et l'utilisation d'un *learning game* en classe implique de modifier son point de vue et de l'adapter au support, la perspective actionnelle entraîne un changement dans la façon de concevoir la place de l'enseignant, celle de l'apprenant (on l'a vu en partie) et même des démarches et des méthodes à adopter en classe de langue. Il est ainsi intéressant de voir à quel point le jeu vidéo cristallise les problématiques relatives à l'enseignement.

Bibliographie

Alamargot, Gérard / Bruckmayer, Birgit / Darras, Isabelle. 2011. *Découvertes 3*. Baden-Wurttemberg, Stuttgart, Klett.

Alvarez, Julian. 2007. *Du jeu vidéo au Serious game. Approches culturelle, pragmatique et formelle*. Toulouse, Université de Toulouse II et III. (Thèse de Doctorat en Science de la communication et de l'information).

Benchetrit, Thierry / Bravo Diaz, Carmen / Brisacier, Patrick / Macombe, Caroline. 2012. *Simulang Serious Games*. Montigny Le Bretonneux, Simulang : <http://www.simulang.biz/> (consulté le 08/10/2014).

Brougère, Gilles. 2005. *Jouer / Apprendre*. Paris, Economica, Coll. Éducation.

Brougère, Gilles. 2012. « Le jeu peut-il être sérieux ? Revisiter Jouer / Apprendre en temps de serious game ». *Australian Journal of French Studies*, 2/XLIX : 117–129.

Conseil de l'Europe. 2001. *Un cadre européen commun de référence pour les langues : apprendre, enseigner, évaluer*. Strasbourg, Division des Politiques Linguistiques.

Conseil de l'Europe. 2010. *Guide pour le développement et la mise en œuvre de curriculums pour une éducation plurilingue et interculturelle*. <http://ick.li/UMrft3> (consulté le 24/11/2014).

Djaouti, Damien. 2011. *Serious Game Design. Considérations théoriques et techniques sur la création de jeux vidéo à vocation utilitaire*. Toulouse, Université de Toulouse III (Thèse de Doctorat en Informatique).

Dubois, Anne-Lyse / Lerolle, Martine. 2008. *Scénario 1. Méthode de français*. Paris, Hachette Français langue étrangère.

Eco, Umberto. 1979. *Lector in fabula*. Paris, Editions Grasset et Fasquelle.

Genvo, Sébastien. 2008. *Caractériser l'expérience du jeu à son ère numérique : pour une étude du « play design »*. <http://www.ludologique.com/publis/play_design.pdf> (consulté le 17/07/2015).

Henriot, Jacques. 1989. *Sous couleur de jouer*. Paris, José Corti.

Kerbrat, Jean-Yves. 2005. *Manuel d'écriture de jeux vidéo*. Paris, L'Harmattan.

Lancien, Thierry. 1998. *Le Multimédia*. Baumes-les-Dames, Clé International, Coll. Didactique des langues étrangères.

Mangenot, François / Louveau, Elisabeth. 2006. *Internet et la classe de langue*. Paris, Clé international.

Nissen, Elke. 2004. « Importance du scénario pédagogique dans l'apprentissage d'une langue étrangère en ligne ». *Les Langues modernes*, 4 : 14–24. <https://edutice.archives-ouvertes.fr/edutice-00001446/document> (consulté le 12/12/2014).

Puren, Christian. 1988, 2012 (3ème édition). *Histoire des méthodologies de l'enseignement des langues*. Paris, Nathan, CLE International, Coll. Didactique des Langues Étrangères.

Qotb, Hani. 2012. *La scénarisation des cours de langue en ligne : spécificités, démarches, perspectives.* Editions universitaires européennes.

Roy, Mickaël. 2014. « L'analyse qualitative de contenu d'entretien : un outil pour appréhender le sentiment de présence en environnement virtuel ». *Eurographics 2014.* Communication dans le cadre du Workshop « Immersive Learning and Education », 7 avril 2014. Strasbourg. <http://www.eveil-3d.eu/downloads/Roy_Eurographics-diaporama.pdf> (consulté le 14/10/2014).

Roy, Mickaël / Schmoll, Laurence. 2013. *Corpus de transcriptions des tests effectués au lycée Couffignal* [dans le cadre du projet EVEIL-3D]. Document non publié.

Sauvé, Louise / Kaufman, David (éds.). 2010. *Jeux et simulations éducatifs. Études de cas et leçons apprises.* Québec, Presses de l'Université du Québec.

Antonio Capobianco / Manuel Veit

Évaluation technologique du dispositif EVEIL-3D

Résumé
Afin de fournir des outils de réalité virtuelle adaptés à la mise en œuvre d'une activité propice à l'apprentissage d'une langue étrangère il était indispensable de bien circonscrire en amont les aspects techniques du projet.
Ceux-ci se déclinent selon deux dimensions distinctes : les aspects matériels et les aspects logiciels. Nous présentons dans ce chapitre le travail de recherche et de conception qui a été réalisé pour mettre au point l'environnement de réalité virtuelle utilisé dans l'étude.

Mots-clés
Moteur de jeu, scénario, interaction, immersion, présence

1. Moteur de jeu

La mise en place d'un jeu sérieux (*serious game*) en environnement de réalité virtuelle nécessite un travail autour de deux aspects : le moteur de jeu et la gestion de l'environnement immersif. Nous présentons dans cette partie les choix qui ont été fait concernant ces deux aspects dans le cadre du projet Eveil-3D.

Le moteur de jeux est le composant logiciel qui va permettre de représenter graphiquement les mondes virtuels qui vont constituer l'univers utilisé dans le jeu. L'adéquation du moteur de jeux aux besoins du projet Eveil-3D se situe au niveau :

- de l'interfaçage avec les logiciels de modélisation, qui sont utilisés pour créer les mondes virtuels. Cet interfaçage concerne deux directions d'échanges : l'importation des données issues des logiciels de modélisation, l'exportation des données 3D des logiciels de modélisation (généralement via un *plug-in*) ;

- de la qualité et de la rapidité du rendu graphique. En réalité virtuelle, ces contraintes – en particulier la rapidité du rendu graphique – sont très fortes et nécessitent une attention toute particulière (Waltemate, 2015). Si le temps de rafraichissement des images est trop faible, l'immersion dans le monde virtuel peut être fortement dégradée, voire même désagréable.

Dans cette section nous présentons le travail réalisé autour du moteur de jeu.

1.1 Choix du moteur de jeu

Durant la période du 1er Janvier 2012 au 15 Mars 2012, nous avons réalisé un état de l'art de ces deux composantes logicielles. L'objectif était d'effectuer une évaluation systématique des solutions existantes afin de choisir la plus appropriée pour le projet Eveil-3D.

Dans ce but, nous avons défini une liste pondérée des critères qui semblent nécessaires au bon fonctionnement du *serious game*.

Un récapitulatif de ces critères se trouve dans le tableau 1.

Tableau 1 : l'évaluation des moteurs de jeu.

Catégorie	Coeff	Solutions							
		Quest	3dvia Studio	mVR / Unity	VRJ / Unity	VRJ / OSG	VRJ / Orge 3D	Open SG	VRJ / Horde 3D
Imports / Exports	0,5	5	7	3	3	5	5,5		4
Support multi-plateforme	1	2	5	7	7	2	2	2	2
Niveaux d'abstractions	2	2	6	10	10	3	5	2	5
Gestion des périphériques	2	5	6	6	8	8	8	8	8
Interactions	0,9	5	7	7	7	1	3	1	3
Qualité graphique	2	9	8,25	8	8	4	7,5	4	7,5

Catégorie	Coeff	Solutions							
		Quest	3dvia Studio	mVR / Unity	VRJ / Unity	VRJ / OSG	VRJ / Orge 3D	Open SG	VRJ / Horde 3D
Performances Temps Réél	2	8,5	8,5	8,5	8,5	5	8	5	7
Package RV	2	5	6	8	8	8	8	7	8
Facilité de développement	2	2	5	9,5	9,5	5	6,5	5	4
Stabilité de l'outil	1	3	9	9	9	9	9	9	9
Communauté et Support	1	5	5	9	8,5	7	8	4	6
Coût	3	7,4	6,7	5,8	0	10	10	10	10
TOTAL		**5,25**	**6,54**	**7,75**	**7,07**	**6,00**	**7,20**	**5,53**	**6,65**

Suite à cette étude, le choix s'est porté sur la solution *VRJuggler / Ogre3D* qui semble présenter le meilleur compromis pour répondre à l'ensemble des contraintes pesant sur le projet. Nous allons à présent développer le travail qui a été réalisé autour de ces deux outils.

1.2 Export/Import des données 3D

L'outil d'export de données le plus approprié reste *EasyOgreExporter*. Ce plug-in fonctionne pour *3DSMax* et *Blender*, deux outils de modélisation largement utilisés dans le monde du jeu vidéo, le premier payant, le second gratuit et libre. Cet exportateur est simple d'utilisation, très peu de paramètres sont accessibles et sont à définir afin que l'échange entre le logiciel de modélisation et le moteur de jeu soit effectif. Cet outil permet de gérer un grand nombre des fonctionnalités nécessaires : géométries, matériaux, animation, etc.

De plus, un système de *tagging* des objets dans l'environnement 3D a été mis en place. Il permet d'identifier dans la scène 3D l'ensemble des objets qui sont d'un intérêt particulier pour la réalisation du scénario de jeu. Ce *tagging* fonctionne sur la base d'une convention de nommage des objets dans la scène 3D (e.g. 'Interactable', 'Selectable', 'Animable', 'MaskedObject', 'Obstacle', 'Ground', etc.).

Un protocole d'échange entre le logiciel de modélisation et le moteur de jeux a été rédigé.

Affichage

Par défaut, le moteur de jeu *Ogre3D* offre un affichage tout à fait correct mais ne fournit aucun effet graphique avancé. Nous avons donc du créer notre propre méthode d'éclairage afin de donner du caractère et du relief à la scène 3D. Celle-ci est basée sur l'utilisation de deux sources de lumières directionnelles pointant dans deux directions opposées avec deux couleurs complémentaires.

Plusieurs effets graphiques ont également été mis en place afin de guider le joueur et de rendre plus vivantes les différentes scènes du jeu. Parmi ces effets on peut trouver :

- la construction / déconstruction des scènes : ces effets sont utilisés au début de chaque niveau du jeu afin de matérialiser l'idée de reconstruction de la cathédrale ;
- le *Glow* : cet effet, appliqué sur les objets d'intérêt, permet de guider le joueur dans les actions qu'il doit réaliser ;
- l'horizon numérique : il s'agit d'un élément englobant les différentes scènes 3D afin de combler le vide qui peut être présent autour des scènes de jeu. Cela permet de s'abstraire de toute complexité de modélisation liée à la réalisation d'un environnement extérieur ;
- l'ombrage temps-réel : dans un environnement 3D, le positionnement relatif et absolu des éléments de la scène est parfois complexe. Même si la vision stéréoscopique est une aide réelle pour l'interaction 3D, elle n'est souvent pas suffisante. Il est nécessaire de donner un maximum d'informations visuelles afin d'éviter des problèmes de perception. Un indice visuel important est l'ombrage (provenant de l'occultation de la lumière d'un élément sur d'autres éléments) (Dìaz, 2015). Cette fonctionnalité dans le moteur de jeu a été développée sous forme de *Stencil Shadow* ;
- la transition entre les scènes : afin d'éviter toute transition brutale entre les différents niveaux du jeu, une transition fluide couplée à un système de particules ont été ajoutés, donnant ainsi l'illusion d'une téléportation du joueur dans le temps.

Dans tous les effets développés, il a été vérifié que ces derniers sont bien compatibles avec l'utilisation d'une vision stéréoscopique. En effet, la stéréovision, de par ses caractéristiques techniques, restreint le champ des effets graphiques utilisables (ceux-ci peuvent dans certains cas provoquer des problèmes de visualisation et des gênes visuelles).

Les personnages

Dans le jeu, nous avons introduit deux personnages : Céline Steinbach et le virus. Céline est le personnage non joueur qui va guider le joueur dans l'aventure. Le virus est l'ennemi du joueur. La mise en œuvre de ces entités a nécessité de développer des mécanismes de jeu qui ne sont pas présents dans *Ogre3D*.

Le premier mécanisme développé est l'utilisation de mesh de navigation. Il permet d'identifier dans la modèle 3D utilisé la partie correspondant au sol. Ceci a principalement pour but de simplifier la géométrie du sol afin que les calculs de déplacement soient effectués sans introduire de latence. Le mesh de navigation est utilisé pour faire se déplacer les deux entités et le joueur.

Le second mécanisme est une intelligence artificielle minimale, controlant le comportement des deux entités. Pour chacune sont définis des comportements possibles représentés par des états, ainsi que les mécanismes de transition entre ces états. Céline peut par exemple suivre le joueur, aller à un endroit précis ou voler. Le virus peut quant à lui chercher le joueur, l'attaquer ou rester passif. On introduit ainsi dans le jeu une part de variabilité permettant de diversifier les expériences du joueur.

Communication avec le serveur de reconnaissance de la parole

L'architecture matérielle que nous avons mise en œuvre se compose de deux ordinateurs : un ordinateur graphique et un ordinateur de reconnaissance de la parole. La communication entre les deux se fait au travers d'une connexion réseau passant par un routeur Wifi.

Un protocole de communication client / serveur a été développé afin d'échanger l'ensemble des données nécessaires au fonctionnement de la reconnaissance de la parole. Il est détaillé dans la figure 1.

La méthode de communication que nous avons développée permet de réduire les temps de latence et d'éviter toute perte d'information entre le serveur de reconnaissance de la parole et le jeu. Réduire les temps de latence est important, comme pour le rendu graphique, afin de ne pas perturber l'immersion.

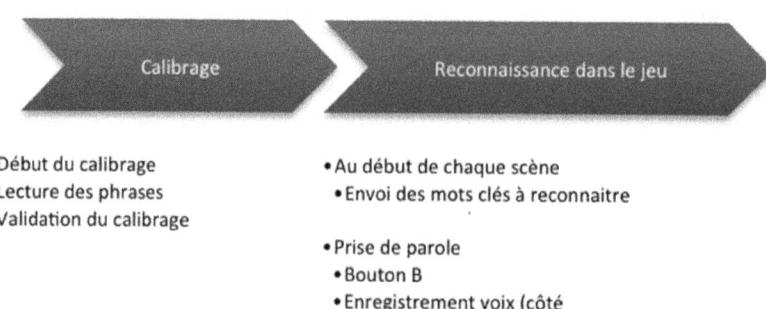

Figure 1 : Le processus d'échange entre les deux ordinateurs.

1.3 Scénario

La notion de scénario est ici liée à la structuration logique des scènes du jeu immersif. La mise en place de la structure de scénario a nécessité un travail de conception et de développement important. Ce travail s'est fait de manière incrémentielle avec une évaluation par les élèves. Pour résumer, il y a deux versions majeures de cette structure : un scénario linéaire et un scénario non-linéaire.

Scénario linéaire

Dans un premier temps, nous avons développé une structure de scénario qui considère la relation joueur – jeu comme un jeu de question / réponse. Le scénario était alors constitué d'une suite d'épreuves pouvant revêtir des formes variables (question / réponse, demande / action, etc.). Le passage à l'état suivant était conditionné par un succès ou un échec. Ce scénario est présenté dans la figure 2.

Ce mécanisme avait pour avantage d'être facile à mettre en œuvre et de tester rapidement le scénario du jeu avec des élèves. Cette simplicité avait également un avantage indéniable concernant la possible mise en œuvre de ce type de scénario par des enseignants.

Toutefois, suite aux premiers tests réalisés, nous nous sommes rendu compte que les élèves percevaient le jeu alors comme une séance de cours classique avec une interaction très fermée du type question / réponse.

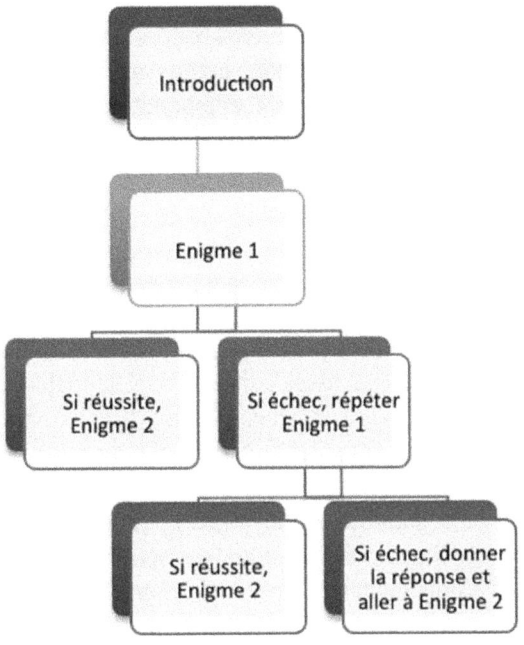

Figure 2 : Scénario linéaire.

Suite à ces tests, nous avons modifié la structure de scénario et une importante partie des développements a été reprise.

Scénario non linéaire

Afin d'éviter toute linéarité dans le jeu, il a été décidé de considérer un scénario comme une liste de réactions. Ces réactions sont conditionnées non seulement par la survenue d'un évènement (en général déclenché par le joueur) mais également par l'état du jeu. Les événements sont variés, en voici une liste non exhaustive :

- le joueur parle,
- le joueur sélectionne un objet,
- le joueur se focalise sur une partie de la scène,
- le joueur entre / sort d'une zone,

- le joueur positionne un objet,
- ...

Pour chacun des événements, il est possible de définir une liste d'actions à réaliser. Ces actions peuvent varier en fonction de l'état actuel du jeu. Par exemple, la réaction du jeu suite à la réussite à une énigme peut être différente en fonction des actions précédemment réalisées : collecte d'un objet, réalisation d'une autre énigme, etc.

Ce mécanisme est puissant mais nécessite de consacrer du temps à la définition de l'ensemble des réponses à offrir au cours du jeu.

1.4 Conclusions

Un travail de développement assez conséquent a été réalisé afin de mettre en œuvre l'ensemble des mécanismes de base d'un jeu vidéo. Ce travail a été complété afin d'intégrer les fonctionnalités nécessaires au jeu vidéo (interaction gestuelle et interaction verbale). Aujourd'hui le logiciel dispose d'une bonne stabilité et d'un panel de fonctionnalités important.

Afin de ne pas fournir une solution logicielle complètement fermée, du temps de développement a été investi dans un éditeur de scénario. Cet éditeur permet à toute personne de créer son propre scénario de jeu. Plus précisément, ce dernier offre la possibilité de définir une suite de scènes 3D (assimilables à des niveaux de jeu) avec, pour chaque scène, l'ensemble des réactions à déclencher en fonction des événements survenus. Toutefois, il est important de noter que cet éditeur ne permet pas de créer les scènes 3D, celles-ci doivent être créées et importées dans le moteur de jeu via l'utilisation d'un logiciel de modélisation et un exportateur.

2. Choix de l'environnement immersif et des techniques d'interaction

En raison de ses compétences en réalité virtuelle et interaction 3D, l'équipe Informatique Géométrique et Graphique (IGG) du laboratoire de recherche ICube (Université de Strasbourg) était en charge de la partie concernant le pilotage de l'environnement immersif. Les enjeux concernant le projet étaient doubles :

- définir le type de dispositif de réalité virtuelle le plus adapté aux objectifs d'apprentissage et aux contraintes du projet (notamment la portabilité de l'ensemble),
- proposer des techniques d'interaction riches permettant de répondre aux besoins de l'activité pédagogique proposée.

Afin de proposer les meilleures solutions possibles pour le projet, les dimensions critiques du projet ont d'abord été identifiées.

2.1 Définition des besoins du projet

Le principal intérêt de la réalité virtuelle réside dans sa capacité à plonger l'utilisateur dans une simulation numérique capable de produire une illusion de réalité. Bien que l'utilisateur ait conscience d'être soumis à une illusion perceptive, les effets induits par le monde virtuel n'en sont pas moins bien réels. Grâce à ce phénomène, la réalité virtuelle permet d'obtenir des résultats probants dans des secteurs comme les thérapies cognitives comportementales, par exemple pour le traitement de traumatismes de guerre (Rizzo, 2014).

Cependant, la nature même des technologies de réalité virtuelle utilisées influence le réalisme de l'illusion produite. Pour mieux identifier les besoins du projet, nous avons distingué 3 dimensions essentielles (Slater 2000) :

- L'immersion : elle se définit comme le niveau de fidélité sensorielle du stimulus produit par un dispositif de réalité virtuelle (Slater, 1997 ; Pausch, 1997). En d'autres termes, l'immersion dépend uniquement de la technologie utilisée pour générer l'environnement, et non de l'expérience subjective vécue par l'utilisateur. On pourra considérer qu'un environnement sera plus ou moins immersif selon que la technologie utilisée permet d'obtenir un champ de vision plus ou moins large, un réalisme graphique plus ou moins important, une richesse sensorielle plus ou moins grande. On peut alors facilement définir des niveaux d'immersion en s'attachant à

décrire et échelonner les caractéristiques physiques et techniques de l'environnement.
- La présence : elle renvoie au vécu subjectif d'un individu face à l'environnement immersif (Slater, 1997). Elle est associée à la propension d'un individu à répondre à l'environnement virtuel comme si celui-ci était réel (Sanchez, 2005). Elle est donc en lien avec la perception et la réponse émotionnelle de l'individu, et caractérise son sentiment d'être effectivement présent au monde virtuel.
- L'interaction : elle définit la capacité de l'utilisateur à se mouvoir et à agir dans le monde (Bowman, 1999 ; Bowman, 2001). Il existe de nombreuses techniques d'interaction, qui sont dépendantes des tâches, environnements et périphériques d'interaction.

Les dispositifs de réalité virtuelle sont très hétérogènes. Chaque environnement porte avec lui un certain nombre de potentialités, de limites et de contraintes qui influencent les possibilités d'interaction et le degré d'immersion et de présence qu'il est possible d'atteindre (cf. K. M. Stanney, 2003). Il est rarement possible, avec les dispositifs actuels, de maximiser simultanément ces trois facteurs (heureusement, ceci n'est pas indispensable pour pouvoir exploiter une expérience de réalité virtuelle, cf. Bowman, 2007). L'environnement utilisé devant permettre de proposer un cadre optimal pour favoriser l'apprentissage, il était donc important de trouver le compromis satisfaisant. Pour cela, il a été mis au point une étude préliminaire visant à identifier les paramètres les plus importants pour favoriser l'apprentissage.

2.2 Evaluation de l'influence de l'immersion, de la présence et de l'interaction[1]

Les concepteurs du jeu sérieux ont défini un protocole simplifié mettant en scène une activité d'apprentissage. Elle portait sur l'apprentissage d'un lexique lié à la spatialité intégré à des actes de langage. Pour tirer profit de l'environnement de réalité virtuelle, les actes de langage étaient spatialisés et associés à une activité sensori-motrice (i.e. les interactions possibles avec l'environnement). Il s'avère en effet

---

1 *Cf.* aussi les publications suivantes : M. Roy (2014) ; M. Roy / G. Schlemminger (2014).

que la réalité virtuelle est particulièrement adaptée à l'apprentissage de tâches spatialisées, en raison de l'exploitation de la dimension de profondeur. Il s'agissait pour les apprenants de comprendre des énoncés leur donnant des indications de tâches spatialisées, à réaliser dans l'environnement virtuel via des techniques d'interaction standard bien connues (de type *ray-casting*, i.e. technique de pointage laser pour sélectionner un objet). La tâche consistait à organiser un espace de vente virtuel en positionnant différents objets dans l'environnement (voir figures 3 et 4).

Figure 3 : Capture d'écran de l'espace de vente à aménager. Le participant doit écouter et comprendre des consignes d'organisation données en langue étrangère, puis réaliser les aménagements correspondants.

Afin d'évaluer l'influence des 3 facteurs d'étude que nous avons identifié sur les performances d'apprentissage, nous avons défini différents niveaux de présence, d'immersion et d'interaction :

– immersion faible versus immersion forte,
– interaction faible versus interaction forte.

- La notion de présence étant intimement liée à la perception subjective du participant, elle a été introduite dans l'étude de façon post-hoc, via un questionnaire de présence qui a été administré aux participants suite à l'immersion dans l'environnement virtuel.
- L'apprentissage induit par la tâche a été évalué immédiatement après l'immersion (apprentissage à court terme), et de nouveau deux semaines après l'immersion (apprentissage à long terme). Les résultats ont ensuite fait l'objet d'une analyse statistique (*cf.* Roy / Schmoll, 2014).

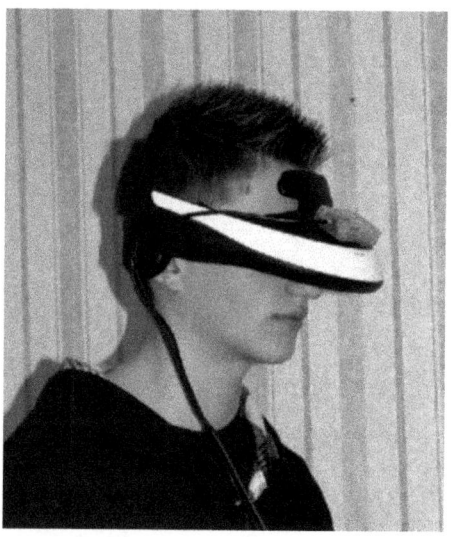

Figure 4 : Un participant au premier test dans la situation d'immersion forte. Le niveau d'immersion est ici déterminé par l'utilisation d'un casque de réalité virtuelle, considéré comme plus immersif qu'un simple écran 3D.

Il en ressort que le niveau de présence et le niveau d'immersion n'ont pas eu une influence significative sur l'apprentissage. En revanche, nous avons constaté une tendance concernant l'influence du niveau d'interaction. Néanmoins, les débriefings informels réalisés avec les participants et les observations des expérimentateurs lors des tests ont bien montré que la technique d'interaction retenue devait être intuitive et efficace. Faute de quoi, le coût cognitif induit par l'interaction représente un obstacle à l'apprentissage. De plus, la technique retenue doit autoriser un registre d'interaction suffisamment large pour permettre de répondre aux besoins du jeu sérieux à développer.

Nous avons donc choisi, pour la suite de notre participation au projet, de nous concentrer sur les techniques d'interaction proposées. Par ailleurs, ces résultats ont permis de choisir l'environnement de réalité virtuelle le plus adapté au projet. Le niveau d'immersion n'ayant pas montré une influence sur l'apprentissage, nous avons opté pour un dispositif constitué d'un téléviseur 3D. Celui-ci se caractérise par un niveau d'immersion inférieur à celui que procure un casque de réalité virtuelle ou un *CAVE* (*Cave Automatic Virtual Environment*). Il permet cependant de mieux répondre aux contraintes d'utilisation du dispositif dans un cadre pédagogique (possibilités d'interactions plus riches, possibilité d'une activité monitorée par un enseignant, portabilité, etc.) tout en ayant un coût de revient moindre.

2.3 Evaluation de techniques d'interaction : le projet « 3DUI »

Nous avons choisi d'orienter notre travail vers des techniques d'interaction exploitant des périphériques tactiles. Ceux-ci offrent la possibilité de proposer des interactions riches telles que la sélection d'items dans une liste ou la saisie de texte. En y ajoutant un dispositif de capture de mouvement (*tracking*), ils permettent également d'exploiter les techniques d'interaction classiques à base de *ray-casting*, notamment la sélection, la saisie et la manipulation d'objets dans l'environnement.

Nous avons donc mis au point un ensemble de techniques d'interaction pour support tactile, en utilisant une tablette fonctionnant avec le système d'exploitation Android.

Afin de soumettre nos idées à l'épreuve d'un cas concret d'utilisation, l'environnement d'apprentissage final n'ayant pas encore été développé à ce stade du projet, nous avons décidé de réaliser une application d'étiquetage de nuages de points. Il s'agit de pouvoir sélectionner des items dans un grand ensemble de points, de pouvoir le regrouper sous différents labels, d'éditer ces labels de façon hiérarchique, etc.

Cette situation d'interaction, particulièrement complexe en réalité virtuelle, semblait adaptée au but du travail, car elle leur permettait d'expérimenter dans un cas extrême[2].

Un protocole de communication permettant de transmettre des données entre le système Android et l'application de réalité virtuelle a été développé. Différentes interfaces spécifiques à la tâche ont été conçues : interface de sélection d'ensembles de points, de saisie de noms de labels, de gestion de la hiérarchie des labels. Elles ont été associées à une technique de *ray-casting* via le *tracking* de la tablette.

Cette expérimentation a montré que les périphériques tactiles étaient particulièrement adaptés pour la saisie de texte, la gestion de listes et la sélection d'items dans ces listes. Elles étaient donc adaptées aux besoins du projet, dans la mesure où le scénario du jeu sérieux nécessitait la gestion d'un historique d'items collectés dans l'environnement de réalité virtuelle. Néanmoins, la sélection d'objets via des techniques de *ray-casting* et leur manipulation peut s'avérer délicate, et nécessite un certain temps d'adaptation. Or, comme l'a révélé l'étude préliminaire, il est important que les techniques d'interaction choisies soient les plus simples et les plus intuitives possibles. En effet, l'attention des utilisateurs doit pouvoir au maximum être concentrée sur les tâches linguistiques et l'apprentissage. Tout surcout cognitif lié à l'utilisation et à la maîtrise des techniques d'interaction constitue un obstacle aux objectifs du projet.

2.4 Techniques utilisées dans le cadre du projet

La solution qui a été retenue pour le jeu sérieux est donc une technique d'interaction mixte. Il s'agit d'une manette de jeu (de type MOGA : *Mobile Gaming System for Android 2.3+*) à laquelle est associée un smartphone. Ce choix semblait pertinent dans la mesure où la manette de jeu trackée permet d'offrir une technique intuitive de navigation dans l'environnement (l'interface de la manette étant similaire à celles pré-

---

[2] De plus, ce choix leur a permis de participer au concours « 3DUI Contest 2014 », organisé dans le cadre de la Conférence internationale IEEE 3DUI. Les auteurs ont, à cette occasion, remporté le premier prix du jury de la meilleure technique d'interaction. *Cf.* leur publication : Veit / Capobianco (2014).

sentes dans le secteur du jeu vidéo). De plus, la maniabilité du dispositif permet facilement d'exploiter des techniques de *ray-casting* pour la sélection et la manipulation des objets.

Le périphérique tactile est quant à lui utilisé pour la gestion de l'inventaire de l'apprenant. Cet inventaire est affiché directement sur l'écran du périphérique ce qui a pour avantage de ne pas surcharger visuellement l'environnement de réalité virtuelle. Les techniques d'interaction tactiles sont exploitées pour sélectionner des objets de l'inventaire et les organiser.

3. Mise en œuvre de l'environnement immersif

Dans ce que nous avons abordé jusqu'à présent, nous avons omis d'importantes spécificités du jeu, l'immersion visuelle et l'interaction gestuelle.

En effet, les développements dont nous avons parlé ne se préoccupent pas de la gestion des spécificités d'un environnement immersif. Parmi ces spécificités nous retrouvons les éléments suivants :

- Affichage stéréoscopique (ou 3D relief) : cet affichage nécessite que techniquement l'ouverture de la fenêtre d'affichage soit faite d'une manière spécifique afin de permettre au dispositif d'affichage (dans cas présent une TV S-3D) de détecter un signal 3D relief et de l'utiliser.
- Gestion des périphériques d'interaction : les périphériques d'interaction que nous utilisons ne sont pas 'communs' et ne sont donc pas pris en charge de manière native par les moteurs de jeu. Il faut dans ce cas utiliser / développer des drivers spécifiques à ces périphériques.
- Distribution des calculs et des affichages sur un ensemble de machines : les environnements immersifs sont, pour les plus importants d'entre eux, constitués d'une grappe de machines qui s'occupent de l'affichage sur une partie des écrans. Ces affichages sont assemblés afin de constituer l'intégralité de la surface d'affichage. Ce type d'architecture matérielle nécessite que les informations

du jeu (et plus largement du logiciel) soient partagées et synchronisées entre ces machines afin d'assurer que l'ensemble des affichages soient identiques.

Le dernier point ne concerne pas réellement le projet puisque le jeu développé fonctionne sur un seul PC et dans ce cas, aucun mécanisme de synchronisation n'est nécessaire. Néanmoins, l'affichage stéréoscopique et la gestion des périphériques d'interaction est une nécessité.

3.1 Affichage 3D relief

L'affichage du jeu se fait en 3D relief, c'est-à-dire que l'écran présente aux yeux de l'utilisateur une image pour chaque œil. La séparation des images est assurée par l'utilisation des lunettes. D'un point de vue logiciel, cela nécessite de calculer une image pour chaque œil (chaque image à un point de vue légèrement décalé par rapport à l'autre).

L'affichage stéréoscopique est une contrainte non négligeable car, bien évidemment, elle multiplie les calculs nécessaires afin de générer les images (facteur 3 environs). Mais également, il faut se cantonner aux effets graphiques compatibles avec ce genre de visualisation. Parmi les effets communément utilisés dans le monde du jeu vidéo, certains introduiraient des incohérences dans les deux images. Cette incohérence engendrerait d'importantes perturbations dans le système visuel, induisant potentiellement une sensation de malaise.

Il faut également accorder une importance toute particulière aux performances d'affichage. Dans une visualisation immersive stéréoscopique, il est nécessaire de maintenir un nombre d'image par seconde suffisant afin de ne pas créer de sentiment de malaise chez l'utilisateur (cinétose).

3.2 Périphériques d'interaction

Tout au long de la réalisation de ce projet, l'un des défis technique consistait à permettre d'intégrer un niveau d'interactivité très fort avec le jeu. L'interaction, à la fois gestuelle et verbale, va permettre d'engager le joueur dans le jeu et ainsi favoriser le sentiment de présence dans le monde virtuel.

3.2.1 Interaction gestuelle

D'un point de vue conceptuel, l'interaction 3D, qu'elle soit en milieu immersif ou non, se catégorise en 4 composantes :

- La sélection : elle consiste à désigner un ou plusieurs objets dans l'environnement 3D.
- La manipulation : elle consiste en le positionnement et la rotation d'un objet 3D.
- La navigation : elle permet à l'utilisateur de se déplacer au-delà des limites physiques imposées par l'environnement matériel.
- Le contrôle d'application : il permet à l'utilisateur de gérer des paramètres de l'application (grâce à des menus notamment).

Dans le jeu développé, il a été écarté tout contrôle d'application qui complexifierait inutilement les phases de jeu. L'entreprise Holo3 et le laboratoire de recherche ICube ont travaillé tout particulièrement sur la sélection, manipulation ainsi que la navigation.

La sélection se fait avec une technique à base de rayon (appelée *ray-casting*). Cette technique consiste à pointer avec un rayon (d'une longueur donnée) l'objet à sélectionner. Les concepteurs ont décidé d'utiliser cette technique car le matériel utilisé empêche tout autre type de métaphore de sélection plus directe et naturelle (notamment la technique *Virtual Hand*). De plus, le rayon est une métaphore d'interaction qui ne nécessite que très peu d'apprentissage. Les expériences ont montré que sa prise en main est quasiment immédiate pour les élèves.

La manipulation a fait l'objet de tests plus approfondis. Dans un premier temps, nous avons mis en place une technique de type *Ray manipulation*. Lorsque l'utilisateur attrape un objet, il est comme collé au rayon et le déplacement du rayon permet le déplacement de l'objet. Cette technique a été choisie car elle induit une implication corporelle forte de par la manipulation nécessaire aux déplacements des objets. Cette technique a été utilisée lors des premiers tests. Sa prise en main fut laborieuse et la frustration engendrée par son utilisation a perturbé le sentiment de présence.

Il a donc été décidé de simplifier au maximum les phases de manipulation. Les concepteurs ont donc mis en place une manipulation de type *Point'N'Click*. Une manipulation n'est pas réalisée de manière continue, mais par deux sélections successives (l'objet à positionner suivi de la position cible). Ce type de manipulation, bien que moins gestuelle, est plus simple à prendre en main et empêche toute frustration. Les tests réalisés ont montré que cette technique est rapidement prise en main et qu'elle ne nuit en rien à l'immersion dans le monde virtuel.

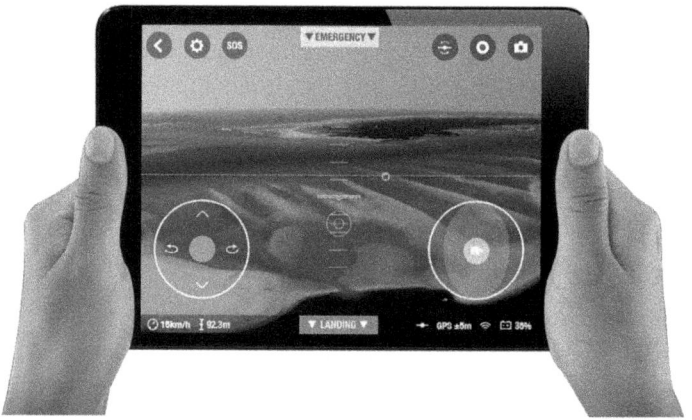

Figure 5 : Exemple de joysticks virtuels.

La navigation est restée pendant longtemps le point difficile de l'interaction avec l'environnement virtuel. Il fallait une technique facile d'utilisation, très peu fatigante au vu du temps de jeu moyen (45 min). Les concepteurs se sont donc orientés vers des techniques utilisant un contrôle de vitesse (l'utilisateur indique une direction de déplacement et non un déplacement). Ces techniques utilisent généralement des *joysticks*. Les concepteurs ont donc mis en place plusieurs versions de *joysticks* virtuels similaires à ceux présentés dans la figure 5. Toutefois, l'ensemble des tests qui ont été réalisés montrent que l'absence de retours d'efforts empêche une navigation efficace.

Les concepteurs se sont alors orientés vers une solution matérielle, la *MOGA Pocket Controller*. Cette manette (*cf.* figure 6) est utilisée conjointement au smartphone, formant le contrôleur du jeu.

Figure 6 : La MOGA Pocket Controller en utilisation dans un jeu de course de voiture sur un smartphone.

3.2.2 Contrôleur de jeu

Les concepteurs ont utilisé à la fois le smartphone et la manette pour interagir avec le jeu. L'écran du smartphone va permettre de visualiser des informations textuelles difficilement intégrables dans l'environnement immersif. En effet, les concepteurs ont pris le parti d'utiliser l'affichage 3D stéréoscopique uniquement pour les scènes du jeu. Les informations connexes comme les points de vie, le score ou encore l'inventaire du joueur sont affichées sur l'écran du smartphone. Cela permet de limiter la fatigue oculaire en demandant au joueur de visualiser des informations qui ne sont pas 3D par nature. L'écran du smartphone étant tactile, il peut être utilisé pour toute tâche d'interaction non 3D comme par exemple la navigation dans l'inventaire. L'objectif est ici d'éviter toute surcharge cognitive liée à l'apprentissage de nombreuses techniques d'interaction ; l'interaction tactile est communément utilisée aujourd'hui. Tout cela s'est avéré efficace lors des différents tests réalisés.

La manette a permis de remplacer l'ensemble des boutons virtuels par des boutons physiques. La navigation se fait avec les deux *joysticks* et les actions sont déclenchées avec les boutons A et B (A pour les actions, B pour parler). L'introduction d'un retour d'effort a grandement amélioré la navigation et l'utilisation générale des techniques d'interaction, notamment en facilitant une manipulation en aveugle (i.e. sans regarder l'écran du smartphone). Les concepteurs ont également profité de la présence de nombreux boutons sur la manette de jeu afin d'offrir plus de possibilités d'interaction lors de la navigation (accélération, déplacements latéraux, possibilité de se baisser).

3.2.3 Interaction verbale

L'interaction verbale se limite dans le jeu à l'interaction avec le personnage non joueur (PNJ). Cette interaction permet au joueur d'être guidé tout au long de sa quête. L'interaction verbale est utilisée partiellement comme outil de commande du jeu. Ce type d'interaction est apparu afin de stimuler le processus de prise de parole par le joueur et de rendre plus présente l'utilisation de la voix comme outil d'interaction. Le joueur peut, par exemple, demander l'utilisation d'une couleur pour peindre la rosace en nommant cette couleur oralement.

Les concepteurs auraient pu développer ce concept en intégrant un plus grand nombre de commandes comme la possibilité de chasser le virus, donnant ainsi une dimension vidéo-ludique à l'utilisation de la voix.

Bibliographie

Bowman, Doug A. / Hodges, Larry F. 1999. « Formalizing the design, evaluation, and application of interaction techniques for immersive virtual environments ». *Journal of Visual Languages & Computing*, 10/1, 37–53.

Bowman, Doug A. / Kruijff, Ernst / Laviola Jr. Joseph J. *et al.* 2001. « An introduction to 3-D user interface design ». *Presence: Teleoperators and virtual environments*, 10/1, 96–108.

Bowman, Doug / McMahan, Ryan P. *et al.* 2007. « Virtual reality: how much immersion is enough? ». *Computer*, 40/7, 36–43.

Díaz, Jose / Ropinski, Timo / Navazo, Isabel *et al.* 2015. « An experimental study on the effects of shading in 3D perception of volumetric models ». *The Visual Computer*, 1–15.

Pausch, Randy / Proffitt, Dennis / Williams, George. 1997. « Quantifying immersion in virtual reality ». *Proceedings of the 24th annual conference on Computer graphics and interactive techniques.* ACM Press/Addison-Wesley Publishing Co., 13–18.

Rizzo, Albert / Hartholt, Arno / Grimani, Mario / Leeds, Andrew / Liewer, Matt. 2014. « Virtual Reality Exposure Therapy for Combat-Related Posttraumatic Stress Disorder ». *Computer,* 47/7, 31–37.

Roy, Mickaël. 2014. « Sentiment de présence et réalité virtuelle pour les langues : une étude de l'émergence de la présence et de son influence sur la compréhension orale en allemand langue étrangère ». *Apprentissage des langues et systèmes d'information et de communication, Alsic,* 7. <http://alsic.revues.org/2709> (dernière consultation : 30/12/2014).

Roy, Mickaël / Schlemminger, Gérald. 2014. « Immersion und Interaktion in Virtuellen Realitäten: der Faktor Präsenz als Optimierung des geleiteten Sprachenlernens ». *Zeitschrift für Interkulturellen Fremdsprachenunterricht*, 19/2, 187–201.

Sanchez-Vives, Maria V. / Slater, Mel. 2005. « From presence to consciousness through virtual reality ». *Nature Reviews Neuroscience*, 6/4, 332–339.

Schmoll, Laurence / Roy, Mickaël. 2014. « Serious game et apprentissage en réalité virtuelle : résultats d'une étude préliminaire sur la mémorisation en langue étrangère ». *Synergies Pays germanophones*, 7, 77–88.

Slater, Mel / Steed, Anthony. 2000. « A Virtual Presence Counter ». *Presence-Teleoperators and Virtual Environments,* 9/5, 413–434.

Slater, Mel / Wilbur, S. 1997. « A framework for immersive virtual environments (FIVE): Speculations on the role of presence in virtual environments ». *Presence*, 6, 603–616.

Stanney, Kay M. / Mollaghasemi, Mansooreh / Reeves, Leah / Breaux, Robert / Graeber, David A. 2003. « Usability engineering of virtual environments (VEs): identifying multiple criteria that drive effective VE system design ». *International Journal of Human-Computer Studies*, 58/4, 447–481.

Veit, Manuel / Capobianco, Antonio. 2014. « Go'Then'Tag: A 3D point cloud annotation technique. 3D User Interfaces (3DUI) ». *2014 IEEE Symposium on 3D User Interfaces*, Minneapolis (MN), 193–194.

Waltemate, Thomas, Hülsmann, Felix, Pfeiffer, Thies, *et al.* 2015. « Realizing a low-latency virtual reality environment for motor Learning ». *Proceedings of the 21st ACM Symposium on Virtual Reality Software and Technology*. ACM, 139–147.

MICKAËL ROY

L'entretien, un outil pour appréhender la subjectivité de l'expérience en réalité virtuelle

Résumé
Après avoir défini la présence en réalité virtuelle et déterminé les composantes de ce sentiment, le présent article montre comment l'analyse qualitative d'entretien post-immersion peut, à l'aide de ce cadre théorique, constituer une méthodologie pour analyser la présence. À partir d'exemples tirés du projet EVEIL-3D, l'article illustre comment l'utilisation d'un logiciel d'analyse de contenu permet de constituer et de comparer des profils de présence des sujets ayant été immergés dans un dispositif de réalité virtuelle.

Mots-clés
Présence, réalité virtuelle, entretien post immersion, analyse qualitative, méthodologie

1. Introduction

L'investissement technologique pour créer les conditions nécessaires à l'expérience en réalité virtuelle est conséquent. Manuel Veit et Antonio Capobianco détaillent, dans l'article « Évaluation technologique du dispositif EVEIL-3D [Environnement Virtuel pour l'Enseignement Immersif des Langues étrangères dans la Région Trinationale Métropolitaine du Rhin Supérieur] » de cet ouvrage, les outils utilisés dans ce projet. Ceux-ci sont placés au service de l'humain, l'utilisateur étant au cœur de l'expérience sensorimotrice. Un même dispositif technique engendrera un vécu différent de l'expérience, chez chaque utilisateur et à chaque immersion en réalité virtuelle. Cette approche centrée sur l'utilisateur oblige le chercheur à questionner les moyens d'appréhender l'expérience en réalité virtuelle en tant qu'expérience subjective, pour interroger le sentiment de présence de l'utilisateur dans l'environnement virtuel.

Le présent article examine de quelle manière le discours de l'utilisateur, recueilli immédiatement après l'expérience en réalité virtuelle, peut constituer un révélateur du sentiment de présence. Nous préciserons dans un premier temps le concept de présence et présenterons brièvement les outils pour le mesurer, listant ceux communément utilisés dans la recherche en réalité virtuelle et mettant en exergue l'utilité de l'entretien. Nous décrirons ensuite notre recueil de données : le terrain et les outils de recueil du discours. Enfin, nous présenterons comment notre analyse de données permet d'établir des profils de présence chez les utilisateurs d'un environnement de réalité virtuelle.

2. Présence et mesure de la présence

Reeves (1991, cité dans Steuer 1992 : 6) introduit avec la formule « being there » le concept de présence dans un environnement médiatisé. Slater et Usoh (1993) précisent que le sentiment de présence émerge lorsque l'utilisateur immergé dans un environnement virtuel se convainc d'être dans un environnement différent de celui dans lequel il se trouve physiquement.

> [T]he extent to which a human subject allows him/herself to be convinced while experiencing the effects of a VEG [virtual environment generator] that she is somewhere other than where she physically is – that "somewhere" being determined by the images, sounds and physical sensations provided by the VEG to the person's senses. (Slater et Usoh 1993 : 90)

Prenant l'environnement numérique comme environnement de référence pour son activité cognitive et motrice, l'utilisateur vit une illusion perceptive de non-médiatisation et oublie idéalement le dispositif technique de médiatisation de l'environnement numérique (Lombard et Ditton 1997).

Se sentir présent dans un environnement virtuel renvoie à différents éléments constituant l'environnement en question, avec notamment les lieux, les personnages et les objets qui le composent. Ces éléments de l'environnement influencent à des niveaux différents le sentiment de présence de l'utilisateur. Heeter (1992) propose d'abord une typologie de la présence distinguant la présence personnelle, la présence sociale et la présence environnementale. Nous retenons la typologie plus élaborée de Lee (2004) :

- la présence physique : percevoir les objets du monde virtuel comme réels,
- la présence sociale : accéder à une forme d'intelligence présente dans l'environnement virtuel,
- la présence de soi : avoir une représentation de soi dans le monde virtuel,

complétée par Bouvier (2009), avec

- la présence d'action : avoir conscience de ses actes et de leur portée au sein du monde virtuel.

Kalawsky (2000 : 9) souligne la difficulté de mesurer le sentiment de présence. Sheridan (1992 : 121) fait la distinction entre la mesure objective et la mesure subjective de la présence. Baren et IJsselsteijn (2004) illustrent cette distinction dans leur état de l'art sur la mesure de la présence. Ils relèvent ainsi des outils de mesure objectifs, non dépendants de l'interprétation du sujet participant à l'expérience en réalité virtuelle : mesures psychophysiologiques (rythme cardiaque, réaction musculaires, etc.), mesures neuronales (activité cérébrale), mesures comportementales (expressions du visage, postures, etc.) et mesures de performance (temps de réalisation d'une tâche, taux d'erreur, etc.). Ils listent également des outils de mesure subjective, basés sur l'interprétation du participant : mesure continue (indication pendant l'expérience par le participant de son degré de présence), questionnaire de présence (post-expérience), mesure qualitative (observation, entretien, etc.).

Friedman *et al.* (2006 : 604) soulignent l'utilité de l'entretien post-immersion pour la compréhension des données issues des mesures objectives. Bien que l'entretien soit peu utilisé dans la recherche sur la réalité virtuelle (*cf.* Baren et IJsselsteijn 2004 : 31), il rend compte, à travers le discours du participant, de la richesse de l'expérience en réalité virtuelle :

> The aim of this study was to explore the experience of sudden induced hearing loss and the associated experience of presence. The approach was qualitative in nature so that the complexity of experiences could be revealed. Semi-structured interviews were conducted to allow participants to express, as fully as possible, their personal experience of presence associated with sudden induced hearing loss. (Murray, Arnold et Thornton 2000 : 143)

L'entretien post-immersion constitue ainsi un outil déjà utilisé mais peu répandu dans le domaine de la recherche sur la présence en réalité virtuelle. Lorsqu'il est employé, il sert essentiellement en complément des mesures quantitatives. Dans notre approche centrée sur l'utilisateur et la subjectivité de son expérience, nous faisons de l'entretien un outil essentiel pour accéder à l'expérience personnelle. Pendant l'entretien, le sujet interviewé construit par son discours l'objectivation de son expérience (Blanchet et Chardenet 2011 : 29). L'entretien permet au chercheur de recueillir non pas directement l'action mais le ressenti du sujet. Il constitue ainsi un outil pertinent pour recueillir le discours des utilisateurs révélateur de leur présence dans l'environnement de réalité virtuelle. Le recueil d'un discours susceptible de comporter des traces de présence nécessite la construction d'un dispositif de recherche adapté ; nous optons pour une immersion en réalité virtuelle, suivie d'un entretien post-immersion semi-guidé.

3. Recueil du discours post-immersion

Notre recherche se déroule dans le cadre du projet EVEIL-3D. Ce projet expérimente le jeu en réalité alternée *Architecte 2015* (Collas *et al.* 2014) qui propose à des élèves, apprenant le français ou l'allemand langue étrangère, de mener une quête dans la cathédrale virtuelle de Strasbourg ; ceci en langue étrangère, en français pour les élèves scolarisés en Allemagne et en allemand pour les élèves scolarisés en France. Le projet est décrit de manière plus détaillée par Laurence Schmoll dans l'article « Entrer dans l'univers des jeux numériques » du présent ouvrage.

Le recueil des données utilisées pour notre étude a lieu en juin 2013 dans un lycée d'enseignement général et technologique français (académie de Strasbourg). 50 élèves de Seconde apprenant l'allemand participent au relevé de données. L'environnement virtuel utilisé est celui d'une version bêta du jeu serieux *Architecte 2015*.

Deux dispositifs techniques de réalité virtuelle sont utilisés, afin de faire varier le degré d'immersion sensorielle, elle-même susceptible de faire varier le degré de présence. Pour un premier groupe d'élèves (n = 25), avec le dispositif D01, l'image est visible sur un téléviseur à image stéréoscopique tridimensionnelle placé à 1,5 mètre de l'utilisateur. L'interaction avec l'environnement virtuel a lieu avec un Smartphone et un dispositif de capture de mouvement (caméra infrarouge et capteur placés sur les lunettes et le Smartphone). Pour un second groupe (n = 25), avec le dispositif D02, l'image stéréoscopique tridimensionnelle est visible sur une plateforme immersive munie d'un écran de 3,61 mètres, placé à environ 1 mètre de l'utilisateur.

L'entretien post-immersion est réalisé immédiatement après l'expérience en réalité virtuelle. Après avoir retiré leur casque audio, leurs lunettes 3D et déposé le Smartphone, les élèves sont conduits dans une pièce attenante pour un entretien individuel d'environ 15 minutes.

La structure de l'entretien fait varier le niveau de guidage pour à la fois permettre à l'élève de verbaliser librement son vécu et aborder les thèmes nécessaires à l'évaluation du sentiment de présence.

L'entretien débute par la question « Comment c'était ? », l'interviewer ayant pour consigne de laisser l'élève s'exprimer librement. Le guide d'entretien prévoit les thèmes suivants, qui peuvent être abordés dans cette partie de l'entretien : ressenti général, manipulation du dispositif d'interaction, graphismes, voix, difficultés, apprentissage, etc.

La deuxième partie de l'entretien est guidée par des questions auxquelles les réponses constituent l'essentiel du discours susceptible de porter les traces de présence, de manière différenciées selon les composantes de la présence :

- La question 1 « Si on avait pu enregistrer tes pensées pendant la simulation, qu'est-ce tu aurais dit (deux ou trois [pensées]) ? » invite l'élève à verbaliser ses pensées pendant l'expérience.
- La question 2 « Où est-ce que s'est déroulée la simulation ? » interroge la présence spatiale. L'élève indique un lieu de l'environnement virtuel ou de la réalité écologique (dans « monde réel »).
- Les questions 3 « Qui était dans la simulation ? » et 7 « Qui est-ce qui te parlait ? » interrogent la présence sociale. L'élève fait alors référence aux personnages virtuels ou aux chercheurs présents dans la pièce.
- Les questions 4 « Qu'est-ce que tu as fait pendant la simulation ? », 6 « Qu'as-tu fait avec les pierres qui étaient au sol ? C'était difficile ou facile ? » et 8 « Pourquoi la voix était là ? », renvoient à la

présence d'action, invitant l'élève à nommer ses actions dans l'environnement ou lors de l'utilisation du dispositif technique.
- La question 5 : « Comment est-ce que tu t'es déplacé dans la crypte ? » porte sur la présence de soi. L'élève verbalise le degré de symbolisme de sa personne pendant l'expérience de jeu.

Dans la troisième partie de l'entretien, l'élève est interrogé sur la dimension ludique et instructive de son expérience en réalité virtuelle. Cette partie de l'entretien n'est pas exploitée dans le cadre de cette étude sur la présence.

4. Analyse du discours

Les transcriptions des entretiens constituent le corpus de notre recherche. Afin d'établir des profils de présence des participants, nous menons une analyse de contenu qualitative évaluative (*cf.* Kuckartz 2012 : 98). Nous procédons à une catégorisation sémantique, en classant des éléments du discours par différentiation puis regroupement, d'après des critères sémantiques préalablement définis.

Tableau 1 : Système de catégories du codage des entretiens.

Catégorie	*Modalités*	*Définition*	*Exemples*
présence sociale	présence	Les références à un agent extérieur renvoient à un personnage appartenant à l'univers virtuel de la simulation.	Céline / elle / le virus
	carence de présence	Les références à un agent extérieur renvoient à une personne appartenant à la réalité écologique ou renvoient au dispositif technique.	la personne qui prenait des notes / la personne à l'ordinateur / l'ordinateur
présence spatiale	présence	L'expérience est localisée dans un espace appartenant à l'univers virtuel de la simulation.	cathédrale / crypte / monument
	carence de présence	L'expérience est localisée dans un espace appartenant à la réalité écologique.	salle de classe / établissement scolaire

Catégorie	Modalités	Définition	Exemples
présence d'action	présence	Les actions présentées comme réalisées sont celles susceptibles d'être réalisées dans l'univers virtuel de la simulation.	réparer les colonnes / courir / marcher
	carence de présence	Les actions présentées comme réalisées sont celles susceptibles d'être réalisées dans la réalité écologique.	cliquer / pointer / regarder
présence de soi	présence	Les références à sa personne renvoient au rôle de son personnage dans l'univers virtuel.	j'ai aidé Céline / j'ai détruit le virus
	carence de présence	Les références à sa personne renvoient au rôle d'élève participant à une simulation.	Je n'y étais pas vraiment / ça me prenait pas en compte

Notre démarche est la suivante :

- détermination des catégories, en fonction des composantes de la présence (présence sociale, de soi, etc.),
- détermination des modalités de chaque catégorie (positive, négative),
- identification et codage des passages du corpus relevant des catégories (sur un échantillon du corpus),
- modification éventuelle des catégories,
- codage de la totalité du corpus,
- comptage des passages dans chaque catégorie, analyse et interprétation du résultat.

Nous appliquons le système de catégories présenté dans le tableau 1 ci-dessus.

Nous optons pour une analyse du corpus assistée par ordinateur, avec le logiciel MAXQDA (VERBI GmbH 2012). Celui-ci permet, d'une part, un codage plus rapide du corpus, et offre, d'autre part, des outils de visualisation des résultats servant notre étude (figure 1). Nous obtenons ainsi un tableau à double entrée (catégories / participant) permettant d'identifier les élèves ayant verbalisé un sentiment de présence plus ou moins marqué, en différentiant les niveaux de présence de soi, de présence sociale, de présence spatiale et de présence d'action.

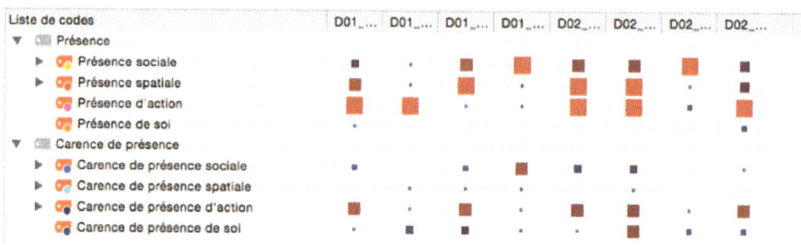

Figure 1 : Matrice des codes des transcriptions D01_0601/2/4/5 et D02_0501/2/3/4.

La visualisation de la matrice des codes des huit transcriptions servant d'exemple fait apparaitre des carrés dont la taille varie en fonction du nombre de segments codés dans une catégorie, relativement à l'ensemble les segments codés. Cet outil de visualisation nous permet de constater, dans l'exemple ci-dessus, que les élèves immergés dans le dispositif de réalité virtuelle D01 (immersion faible) expriment, dans leur discours post-immersion, plus souvent un sentiment de présence positive ou négative, que les élèves immergés dans le dispositif de réalité virtuelle D02 (immersion forte). La comparaison des profils de présence ainsi obtenus montre que les quatre élèves immergés dans le dispositif D01 expriment davantage une présence spatiale positive et une présence d'action négative. Le sentiment de présence sociale se répartit de manière équilibrée entre les modalités positives et négatives de la catégorie.

5. Conclusion

Le nombre de cas pris en exemple pour cet article ne permet pas d'interpréter les profils observés afin de se prononcer sur l'éventuelle influence des dispositifs de réalité virtuelle sur le sentiment de présence ; notre propos est ici d'ordre méthodologique, l'influence des dispositifs de réalité virtuelle sur la présence est étudiée dans notre thèse de doctorat (en cours). Nous avons montré comment l'analyse qualitative d'entretien post-immersion, assistée par ordinateur, peut être mise au service de l'étude de la présence en réalité virtuelle. Le caractère chronophage de la transcription des données et du codage du corpus constituerait une limite à la méthodologie proposée. L'accès à la subjectivité de l'expérience à travers l'objectivation par la verbalisation constitue cependant un apport significatif que les profils de présence permettent d'exploiter.

Bibliographie

Baren, Joy / IJsselsteijn, Wijnand. 2004. *Measuring Presence: A Guide to Current Measurement Approaches*. Deliverable of the Omni-Pres project IST-2001-39237.

Blanchet, Philippe / Chardenet, Patrick. 2011. *Guide pour la recherche en didactique des langues et des cultures*. Paris, Editions des archives contemporaines.

Bouvier, Patrice. 2009. *La présence en réalité virtuelle, une approche centrée utilisateur*. Paris, Université Paris-Est (Thèse de doctorat en informatique, non publié).

Collas, Perrine / Roy, Mickaël / Breugnot, Jacqueline / Casado, Sophie / Schlemminger, Gérald. 2014a. *Architecte 2015, un jeu sérieux en réalité virtuelle pour apprendre le français. Guide pédagogique*. Karlsruhe, KIT-Druck.

Friedman, Doron / Brogni, Andrea / Guger, Christoph / Antley, Angus / Steed, Anthony / Slater, Mel. 2006. « Sharing and Analyzing Data from Presence Experiments ». *Presence*, 15/2, 599–610.

Heeter, Carrie. 1992. « Being there: the subjective experience of presence ». *Presence: Teleoper. Virtual Environ*, 1/2, 262–71.

Kalawsky, Roy S. 2000. « The Validity of Presence as a Reliable Human Performance Metric in Immersive Environments ». *3rd International Workshop on Presence*, Delft, Netherlands.

Kuckartz, Udo. 2012. *Qualitative Inhaltsanalyse*. Weinheim; Basel : Beltz-Juventa.

Lee, Kwan Min. 2004. « Presence, Explicated ». *Communication Theory*, 14/1, 27–50.

Lombard, Matthew / Ditton, Theresa. 1997. « At the Heart of It All: The Concept of Presence ». *Journal of Computer-Mediated Communication*, 3/2.

Murray, Craig D. / Arnold, Paul / Thornton, Ben. 2000. « Presence Accompanying Induced Hearing Loss: Implications for Immersive Virtual Environments ». *Presence: Teleoperators & Virtual Environments*, 9/2, 137–48.

Reeves, Byron. 1991. *Being there: Television as symbolic versus natural experience*. Stanford University, Institute for Communication Research, Stanford, CA.

Sheridan, Thomas. 1992. « Musings on telepresence and virtual presence ». *Presence: Teleoperators and Virtual Environments*, 1/1, 120–26.

Slater, Mel / Usoh, Martin. 1993. « Presence in immersive virtual environments ». *Virtual Reality Annual International Symposium, 1993 IEEE*, 90–96.

Steuer, Jonathan. 1992. « Defining Virtual Reality: Dimensions Determining Telepresence ». *Journal of Communication*, 42/4, 73–93.

Verbi GmbH. 2012. *MAXQDA*. Berlin.

Joshua Winebarger / Mohammed Mediani / Sebastian Stüker / Alexander Waibel

Challenges for automatic speech recognition of non-native adolescent speech

Abstract

This paper[1] gives an overview of the functioning of automatic speech recognition (ASR) within the context of the EVEIL-3D project for second language learning among adolescents. Recognition of non-adult speech and of non-native speech are challenging in their own right. The EVEIL-3D task combines these challenges and adds the need for near-realtime recognition as part of an interactive experience. We give some overview of ASR theory and explain how classical automatic speech recognition has difficulty with non-adult and non-native speech, as well as discuss proposed remedies from the literature. We then describe the practical aspects of our implementation in a serious game and discuss some preliminary experiments for this application.

Keywords
Automatic speech recognition, non-native speech, serious game

1. Introduction

1.1 The Challenges of the EVEIL-3D Project

EVEIL-3D is a Franco-German project concerned with the development of a 'serious game'[2] to be used by middle school students in France and Germany for the computer assisted language learning of German and

---

1 This work was realized as part of the EVEIL-3D project, co-financed by the European Union and the European Regional Development Fund (ERDF) in the context of the program INTERREG IV – Oberrhein / Rhin Supérieur. We would also like to thank Michael Heck, Markus Müller and Matthias Sperber for their help.
2 For a definition of serious game, refer to the article from Schlemminger / Geiger-Jailler / Collas in this book.

French, respectively. These students are at the A2 level of the Common European Framework of Reference for Languages (Council of Europe, 2001), typically corresponding to the fourth or fifth year of instruction and to ages 13 to 14 (Roy, 2011). Using virtual reality equipment such as a CAVE or a large stereoscopic display, head tracking equipment, an audio headset and a smartphone, students are transported to a virtual world consisting of the Strasbourg Cathedral centuries in the past where they must navigate the environment, solve puzzles and interact with the game in the target language.

The handling of this latter interaction is the task of an automatic speech recognition engine. This software relies upon statistical models developed through machine learning techniques. Thereby from a digitized audio signal containing speech a written transcription is produced, hence the term 'recognition.' For various reasons which will be explained at length in later sections of this paper, the speech of children and youth is challenging to recognize, as is the speech of non-native speakers or those whose language proficiency is low. The EVEIL-3D project combines both of these challenges as the serious game in question is conceived of being for the use of students with low proficiency in the language of interaction. Lastly, EVEIL-3D poses the third challenge in that, in contrast to other tasks such as broadcast transcription, the automatic speech recognition is a component of an interactive game. Thus the recognition should yield its result quickly. This paper presents these challenges as well as the approaches used at the Karlsruhe Institute of Technology to mitigate them and describes both more substantially than in our two previous publications on this topic (Winebarger *et al.*, 2014), (Mediani *et al.*, 2014). We explain automatic speech recognition theory and supplement our report with a summary of the systems under development for this task.

1.2 Paper structure

This paper is structured as follows. Section 2 gives reasons why the recognition of the speech of non-adults is challenging, as well as the remedies proposed by other researchers who have studied the matter. After that, Section 3 makes a parallel explanation for why speech recognizers typically have difficulty handling non-native speech, and examines the literature for proposed solutions. We then look at the Karlsruhe Institute of Technology (KIT) French and German automatic speech recognition system for EVEIL-3D including integration with the game engine in Sections 4 and 5. Section 6 describes experiments conducted at KIT in the context of addressing the aforementioned challenges. Lastly, we conclude with Section 7.

2. Automatic speech recognition on non-adult speech

2.1 Challenges

The speech of non-adults differs in important ways from that of adults and exhibits significant variability due to developmental changes.

The challenges arise mostly from anatomical and morphological differences in vocal tract geometry, less precise control of the articulators, and less refined ability to control prosody. Also, child and adolescent speech exhibits greater spectral variability (Potamianos / Narayanan, 2003).

Changes in fundamental frequency occur in childhood, as well as formant frequencies (Kent, 1976), which are the resonant frequencies of the vocal tract (Kraft *et al.*, 2010: 66–67).

Automatic speech recognition performance is typically more 'fragile' than human recognition and performance can degrade rapidly when testing conditions and data differ from those used in training (when training and testing conditions are not 'matched') (Quatieri, 2002). Since most automatic speech recognition systems are trained on adult speech, it is understandable then that the differences and variability of child speech would cause decreased performance from recognizers. This assumption is borne out by experiments. One study of automatic speech recognition for adult and child speakers in a connected digit task (Wilpon / Jacobsen, 1996) saw poorer performance relative to that of adults. The authors trained acoustic models on speakers between 13 and 59 years old. Error rates were approximately 32 % higher for the age group of 13 to 18 years old and 240 % higher for ages 8 through 12. When judging relative to the 35–59-year-old group's error rates, those of the child-adolescent groups were even higher: 71 % higher for ages 13 to 18, and 341 % for the 8 to 12 year old group.

Even when an appropriate amount of children's speech from ages 8–12 was included in the training data, (that is, matching training and testing data) error rates were between roughly 120 % to 180 % greater in the child matched case than in the adult matched case. In a separate example, researchers working on the MIT Jupiter system found that in-vocabulary word error rate for children was almost twice of that for adults (Zue et al., 2000).

2.2 Proposed Remedies

2.2.1 Vocal Tract Length Normalization

Some speaker-dependent vocal characteristics arise from the vocal chords. Others stem from the vocal tract, which is the oral cavity from the larynx to the lips as well as the nasal passage coupled to the oral tract. The vocal tract can be modeled as a tube with a certain length (averaging 17 cm in the typical adult male and shorter for females) (Kraft et al., 2010, 66–67). The length of the tract is inversely proportional to the position of formant frequencies (Lee / Rose, 1996).

The vocal tract varies between speakers like any other feature of human anatomy. This variability reduces the power of the acoustic models as it is a source of mismatch between training and recognition. Therefore a technique called Vocal Tract Length Normalization (VTLN) through frequency warping is often used (Zhan / Westphal, 1997). This warping generally consists of a linear stretching or compressing of the frequency spectrum. Many researchers have reported VTLN to be an effective means of compensating for the variability in children and its divergence from that of adults.

Das, Nix and Picheny (1998) applied Vocal Tract Length Normalization to an adult recognizer. They ran experiments recognizing read children's speech. The use of Vocal Tract Length Normalization reduced the overall error rate from 8.3 % to 2.6 %. It is notable that Vocal Tract Length Normalization yielded the biggest improvements for the worst speakers in terms of error rate.

Potamianos and Narayanan (2003) found a reduction in the Euclidean cepstrum distance between male child and adult speakers due to linear frequency warping (a form of Vocal Tract Length Normalization). This distance reduction was most marked for younger speakers. They also saw gains using age-dependent acoustic models and a form of spectral shaping.

2.2.2 Matched acoustic condition training

As mentioned before, automatic speech recognition performs best under so-called 'matched'[3] conditions. Therefore some researchers have experimented with matched-non-matched conditions in the context of children's speech. Elenius and Blomberg (2004) trained two systems, one on adult speech, and on that of children. Then they used both for recognition of adult and children's speech. Word accuracy on children's speech using the adult-trained recognizer was nearly half of that for recognition of adults. While the recognition accuracy of adults on the child-trained recognizer was significantly lower than the adult matched condition, it was somewhat higher than the opposite case of recognizing children with the adult-trained recognizer. Training and recognizing on children (the second matched case) improved performance significantly, but still did not reach parity with that of the adult matched case.

2.2.3 Language model training

Potamianos and Narayanan (2003) also reported significant gains using matched acoustic conditions over the unmatched case (recognizing children's speech using an adult-trained recognizer) on a connected-digit task. The adult recognizer was trained on 3026 speakers with 4781 utterances, the child recognizer was trained on 1234 child speakers with 5767 utterances. Matched recognition reduced word error rate by about half to two-thirds.

Das, Nix and Picheny (2003), mentioned previously for their results with Vocal Tract Length Normalization, also compared recognition using language models trained on adult and children's speech, the latter trained with a database of 240k words composed by children. Decoding with a children's language model reduced word error rate by nearly half.

---

3 Matched conditions occur when the speech material on which a speech recogniser performs its recognition closely resemble the material which was used to train it. This closeness may be in terms of speaking style, speaking rate, acoustic or channel conditions, speaker characteristics such as age or sex, etc.

3. Automatic speech recognition on non-native speech with a focus on language learners

3.1 Challenges

The serious game developed for EVEIL-3D falls into the category of a computer assisted language learning system. These systems are promising because they give an opportunity to develop oral proficiency, which is the most difficult skill to develop in a classroom setting (Van Doremalen / Cucchiarini / Strik, 2010). However, recognition of low-proficiency non-native speech is problematic for several reasons, relating to the previously-mentioned 'fragility' of automatic speech recognition.

First, as is the case for EVEIL-3D and KIT, recognizers forming the basis or starting point for a computer assisted language learning application are typically trained on native speech. This is because recognition of such speech is the typical application and because native speech is typically available in much greater amounts. The scarcity of non-native speech is of course dependent on which language pair is considered. For example a developer of an automatic speech recognition for Pashtu learners of English will find English language speech from Chinese speakers of lesser utility.

One obvious remedy to this situation is the collection of non-native speech from the target language pair. However this cannot fully correct the problem as non-native speech is itself inconsistent in the manner in which it differs from the standard version, often varying from individual to individual. The deviation from standard speech and the size of the 'space' of permutations of this deviation also grow with lower speaker proficiency.

In general, deviations from native speech encompass all areas of language, including pronunciation, morphology, syntax, vocabulary, and sentence structure. Pronunciation deviations may occur because the speaker may simply use phonemes from their first (native) language (their L1) when speaking the in the second, learned language (L2) (Flege / Munro / MacKay, 1995). This may be because they perceive the sounds of the L2 in terms of the categories of their L1 (Munro / Flege / MacKay, 1996). At a less extreme end, acoustic distinctions which exist in the L2 may not be recognized or practiced by the non-native speaker (Van Doremalen / Cucchiarini / Strik, 2010).

The EVEIL-3D project concerns itself with French and German native speakers learning German and French as an L2, respectively. Schmidt-Kassow *et al.* (2011) conducted an experiment suggesting that French late learners of German have difficulty detecting the pitch-based trochaic meter of alternating syllabic stress that governs German and is relevant for its segmentation. One could reason that this insensitivity also implies a distinctive deviation in German-language speech production on the part of French speakers.

Another difference with consequences for automatic speech recognition is sentence structure. French and German follow significantly different sentence structures. Low-proficiency learners of one language will have difficulty observing the correct order and structure in the L2. This is consequential because the language model of the automatic speech recognition is normally trained on native speech or native writing due to the large data needs of language model training and since native sources are by far the largest in almost every case.

L2 learners also employ various communications strategies which may include code switching (the insertion of a word from the L1), creating fictive L1-L2 cognates by employing L2 phonological and morphological rules to make an L2 word from an L1 form, or using a literal translation (Paribakht, 1984). All three methods result in the production of non-existent words and phrases in the L2. Invented words are naturally absent in the search vocabulary of an automatic speech recognition system, and the probability of invented phrases will be underestimated by the language model.

Lastly, low-proficiency non-native speech contains a higher proportion of hesitations, false starts, and corrections than native speech (Cucchiarini / Strik / Boves, 2002). Lower proficiency is also associated with a slower articulation rate and a lower mean number of syllables produced in utterances (a measure of the length and complexity of utterances) (Cucchiarini / Strik / Boves, 2002; Towell / Hawkins / Bazergui, 1996). We note that for the EVEIL-3D project, the speech to be recognized is spontaneous (as opposed to read speech) which even in native speakers contains disfluencies.

As mentioned earlier, non-native speakers show inconsistency in their deviation from standard speech. As an example of this variability, we present in Table 1 an extract from some recordings we made of German middle school students reading French-language prompts. These recordings are explained in full detail in Section 6.1.2.

Table 1: Extract from corpus of student's read speech. REF refers to the text prompt to be read. Errors are indicated in italics.

REF	ah oui il y a un chiffre tu as vu sur les autres colonnes aussi
SPK1	ah oui il * * *une* chiffre tu as *va* sur les *autoresse colonnesse* aussi
SPK2	** oui il * * *une chiffré* tu *asse vous* sur les *autresse colonnés* aussi
SPK3	ah oui il * *jan une chifret* tu as vu sur les *atrois* colonnes aussi
SPK4	ah *** il * * un chiffre tu as vu sur les *autrés colonnés* aussi
SPK5	ah oui il * * *une* chiffre tu as *va* sur les autres *colonnès* aussi

The first line of the table shows the text prompt read by the student. The next lines show what was actually said. Mispronounced words are spelled in a way most approximating their pronunciation under French orthographic conventions. It is apparent from the results that some words pose particular difficulty, such as *un*, *chiffre*, *autres*, and *colonnes*. One may speculate that perhaps *colonnes* and *chiffre* are unfamiliar words for the A2 level, but the frequent mispronunciation of the common words *un* and *autres* seem to indicate a global weakness in orthographic knowledge on the part of the students. This weakness manifests itself in the high variance in the pronunciation of the word *colonnes* with three non-existent pronunciations from five speakers, and *autres* with four non-existent pronunciations. The pronunciation variability in this example serves to confirm the large space of non-native speech referred to in the first paragraph of this section.

3.2 Proposed Remedies

3.2.1 Acoustic model and feature transformation

Most approaches to improving automatic speech recognition performance on non-native or low-proficiency learner speech have focused on the side of the acoustic models. Since resources containing non-native speech are typically much smaller than those for native speech, it is generally not feasible to train solely on this speech. Therefore some form of adaption of existing native models is necessary.

Because (insofar as acoustic issues are concerned) the problem of recognizing a non-native speaker is their divergence from standard speakers, we might try using classical techniques for dealing with inter-speaker variability, such maximum likelihood linear regression (Anastasakos / McDonough / Makhoul, 1997; Gales, 1998; Leggetter / Woodland, 1994) or maximum a posterior training. The former, maximum-likelihood linear regression, has been used effectively for both supervised and unsupervised speaker adaptation and is a fixture of KIT automatic speech recognition systems in its constrained form using a single transformation matrix. In feature space constrained maximum-likelihood linear regression, a linear transform is computed on a set of adaptation data in order to maximize the likelihood of the adaptation data given the current model (Gales, 1998). The computed transformation matrix transforms the speaker-independent acoustic space to that of the adapted speaker. This technique has been successfully applied in previous research (Byne, 1998). Others have found that maximum-likelihood linear regression adaptation to non-native speech is less effective than for speaker adaptation on native speech due to the large acoustic mismatch resulting in inaccurate alignments. One way to alleviate this is by ensuring the estimation of a full transformation matrix with multiple iterations (Witt, 1999).

Another approach is to train on both L1 and L2 speech. This can be done by combining models from the target L2 language (to be learned) and the source language (the speaker's L1) through *Linear Model Combination*. This requires mapping between HMM mean vectors of the two languages. The combination then takes place with the aid of a combination matrix. The result is a transformation consisting of a linear shift along the space lying between the model sets of the two languages. Alternatively, models may be merged, whereby the Gaussian mixture of each state in the L1 is merged with that of the corresponding state in the L2. Model merging has been reported to reduce word error rate by 42 % relative to baseline for non-native speech (Witt, 1999; Witt / Young, 1999).

Other researchers have capitalized on the confusion between phonemes from the L1 and L2 in order to adapt the Hidden Markov Models

(Bouselmi, 2005) to create time-aligned phone transcriptions in the L1 and L2 on a non-native speech database, *HIWIRE*. This alignment is then used to generate frequent confusions. The confusions are then used to alter the Hidden Markov Models structure by integrating L1 phones as alternatives to those of the L2 in the Hidden Markov Models paths. The result outperformed the baseline by between 32 % and 40 %. The improvements were also cumulative when maximum-likelihood linear regression was applied in combination.

3.2.2 Pronunciation modeling for non-native automatic speech recognition

On the other side of automatic speech recognition, it is sometimes proposed to alter the pronunciation lexicon to take into account the non-standard pronunciation of non-native speakers. Of course most pronunciation lexicons are manually generated with painstaking work. Non-native speech is also relatively less common and further, greatly variable. Therefore ideally any method to alter the lexicon should work automatically.

Bouselmi *et al.* (2005) considered the English-German L1-L2 pair. They used an English phoneme recognizer to decode on German speech. The resulting pronunciations were used to train decision trees to predict English-accented pronunciation variants. Using this 'extended' dictionary gave a relative improvement of around 5 % word error rate, but less than simply using maximum-likelihood linear regression (16.8 %). Combining both pronunciation variants and maximum-likelihood linear regression gave further improvements (18.15 %).

4. Karlsruhe Institute of Technologie automatic speech recognition systems for EVEIL-3D

For French and German, KIT is developing LCVSR systems using the Janus Recognition Toolkit (JRTk) developed at the Karlsruhe Institute of Technology and Carnegie Mellon University (Rogina / Waibel, 1995). JRTk offers a flexible set of tools written in the script language Tcl.

With JRTk, itself written in C, speech recognizers are built in a configurable object-oriented fashion with interaction from many modules. Generation of recognition output is done with the Ibis decoder (Soltau *et al.*, 2001).

The system for recognition of French is based on the KIT Quaero system for the transcription of broadcast news and conversation (Winebarger *et al.*, 2013). The German system is based on the KIT Simultaneous German Lecture Translation system (Cho *et al.*, 2012).

The two systems share many commonalities. Their training is described below.

4.1 Front-End preprocessing

The acoustic observations are the result of so-called front-end preprocessing, yielding feature vectors. From the digitized audio signal, sampled at 16 KHz, we compute frames of 16 ms length every 10 ms. For each frame 13 Mel-Frequency Cepstral Coefficients are computed. Ubiquitous features in automatic speech recognition, Mel-Frequency Cepstral Coefficients are based on a short-time log power spectrum on a nonlinear mel-frequency scale decorrelated with a linear cosine transform. We then stack the Mel-Frequency Cepstral Coefficients with a left and right context of seven features, resulting in a 195-dimensional vector. Afterwards we apply Linear Discriminant Analysis (LDA) and reduce the dimensionality to 42 coefficients. The resulting features are by far better suited for the recognition task than the raw audio signal.

4.2 Acoustic Models

All acoustic models are based on Hidden Markov Models, whose states correspond to generalized quinphones with three states per phoneme. We use a left-to-right topology without skip states. The generalized quinphones were found by clustering them in the training data using a decision-tree. Generally, due to the temporal exigencies of an online recognition, a lower number of models was selected than would necessarily give a recognition with the lowest rate of error. In the case of French we chose 3000 models, whereas 4000 models were selected for the German system. Models were trained using incremental splitting of Gaussians (also known as merge and split training). For all models we then estimated one global semi-tied covariance matrix after LDA (Gales, 1999) and refined the models with two iterations of Viterbi training. For the French system we extended the expected maximization of the models with discriminative training based on the boosted Maximum Mutual Information Estimation criterion (Povey, 2008), which typically saw results in reductions of word error rate between 2–2.5 % (relative) compared to the maximum likelihood systems. In our case the reduction for a 3000 model system was 2.3 %. Models for the German system were trained on in-house German-language lecture data. The models from the French system were trained on 267 hours of speech from the Quaero and Ester corpora of broadcast conversation and news speech.

4.3 Language Models

Language modeling in the French and German systems is similar in many respects but differs in others. Both language models are built using the SRI Language modeling Toolkit (Stolcke, 2002).

The language model for the German system was developed with a corpus of KIT lectures (Stüker *et al.*, 2012) as well as web sources and newspapers, divided into 28 text corpora. The final language model is a weighted mixture of the component language models trained on the individual sources, where the weights are optimized on a tuning set.

For German, the vocabulary of 300K (three hundred thousand) words was selected as follows. We built a Witten-Bell smoothed unigram language mode, the vocabulary of which was the union of all language model source vocabularies. Using the maximum likelihood count estimation described in Venkataraman and Wang (2003) we found the best mixture weights for representing a tuning set's vocabulary as a weighted mixture of the word counts of the sources. Due to the frequent use of compound words in German, the language model for this system is based on a sub-word vocabulary employing a compound splitting algorithm.

For French, the baseline language model came from the Quaero French language model. This was trained in a largely similar fashion as detailed in Winebarger *et al.* 2013. In experiments, we trained a series of case-insensitive language models from a subset of those existing text sources used or developed for the Quaero language model. This subset was selected automatically to be most similar to the EVEIL-3D game dialogs, in a process described in Section 6.

A vocabulary of 10K words was selected from these sources as well, with all words from the dialogues from the various scenes in the game being added afterwards. These game dialogues also made up the tuning set for computing mixture weights. It must be noted that this tuning set is rather small in comparison to the one used for the Quaero project. Whereas the Quaero tuning set (derived from the Quaero transcripts) has 1.1 million words, with 42K unique words, the EVEIL-3D tuning set contains only 3600 words total, with 397 unique words. This small tuning set may make accurate estimation of mixture weights difficult.

Table 2: Summary of the French-language textual resources used in text selection, vocabulary selection, and language model training, listed by source, type, and word count per corpus.

Source	Type	Words
AFP, APW, and Ester	Newswire, BN	391M
Quaero News Div	Newspaper	150M
AFP 2000s	Newspaper	335M
European parliament	Debate	100M
Est Républicain	Newspaper	104M
Game dialogs	Dialog	4K
Quaero Blog*	Blog	62M
TCOF*	Oral corpus	153K
CFPP2000*	Oral corpus	436K
ESLO*	Oral corpus	1M
Huffington Post*	Blog & news	40M
Quaero transcripts*	BC & BN	1M
Quaero l'Humanité*	Newspaper	752M

5. Integration with the game

Once we train an automatic speech recognition system the means of employing it in the EVEIL-3D task are quite different from those in a transcription task.

5.1 Run-on decoding

The serious game is partly driven by real-time spoken dialogue interaction between the game engine and the user. This requires that the speech recognition component receives audio from the game, performs recognition, and gives back the appropriate information to the game in as little time as possible, since time lags hamper game usability. For instance, delay can lead to collaborative breakdown in a virtual environment (Vaghi / Greenhalgh / Benford, 1999). In other settings, spoken dialogue responsiveness has been found to be a significant factor in relation to the time needed for task completion, as well as user stress (Ward, 2005). For the EVEIL-3D project it has been judged that a delay of no more than one second is acceptable. Because we expect that most of the utterances from the part of the user to be short, that is, around two seconds, this roughly corresponds to a 'real-time' factor of no more than 150 % (computed by dividing the time for the recognition by the utterance time). At the same time, the time required to decode an utterance increases with the length of the utterance. These considerations point to the need for 'run-on' decoding, in which decoding starts as soon as enough data is available and is updated as additional audio data becomes available.

5.2 Speech segmentation

The performance of an automatic speech recognition system is strongly influenced by noise in the input signal (Ramirez / Górriz / Segura, 2007). Because most systems are trained mostly on speech alone, a mismatched input consisting of silence or noise will lead to decreased performance. Restricting the input of an automatic speech recognition system strictly to speech by leaving out non-speech input can reduce the rate of falsely inserted words. One approach for doing this is automatic voice activity detection. However robust voice activity detection remains an unsolved problem. Further, the speech/non-speech segmentation generally requires the classification of several frames, thereby introducing additional delay. For these reasons, EVEIL-3D uses a 'hold-to-talk' approach for segmenting speech from non-speech. The user, already in possession of a smartphone for other interactions with the game, presses a button while speaking. This ensures a well segmented speech signal.

5.3 Keyword spotting

EVEIL-3D seeks to develop a serious game with dialogue-driven interaction, wherein the student receives instruction and advice in the L2 and must supply responses in that language in order to advance the state of game play. While generating spoken instructions is trivial for software, driving game play with the responses, questions, or interjections of the student requires some degree of understanding of what was said on the part of the software. The field of speech understanding remains itself a challenging area. For the purposes of the EVEIL-3D project, the understanding task is simplified to keyword spotting. Here, when the game asks for input from the user, it interprets the response depending on the presence or absence of certain keywords in the automatic speech recognition output. The automatic speech recognition decoder can be advantageous in this regard. In a transcription task, the automatic speech recognition is asked to produce a 'single-best' hypothesis. However, the decoding process involves searching a space of possible word sequences. The most probable ones can be retained in what is called a word lattice. This lattice can then be searched for the keywords, meaning that words which were too improbable to be part of the single best hypothesis can nonetheless be spotted in the output and counted as valid depending on certain other criteria, such as the confidence assigned to them by the decoder.

5.4 Enrollment phase

In an effort to reduce recognition error, the use of the game begins with an 'enrollment' phase. The user reads a pre-selected text of eight to ten lines, which generally takes a student one to two minutes to read. Already in possession of the transcription of this text, we can perform vocal tract length normalization, maximum-likelihood linear regression or an iteration of Viterbi training – all common speaker adaptation techniques for updating system parameters or models to reflect better knowledge of the speaker's voice.

6. Preliminary experiments with French non-native child automatic speech recognition in EVEIL-3D

In this section we present some preliminary experiments we have undertaken in the context of the EVEIL-3D project with recognition of French as an L2. These fall into two categories: experiments on the acoustic models and on the language models. The experiments were enabled through the collection of three small corpora of student L2 speech – two at a German middle school and one at *Pädagogische Hochschule* (PH) or University of Education in Karlsruhe (Germany). We briefly describe these corpora in the following subsection. We used the corpora for tuning system parameters, as test sets for estimating word error rates, and in some cases, as training data.

6.1 Corpora

6.1.1 Pädagogische Hochschule Corpus

In a preliminary phase we collected approximately two hours of speech from some 23 students at *Pädagogische Hochschule*, ranging in age from 18 to 46 with a median age of 21. Each speaker read the game enrollment text (mentioned in Subsection 5.4.) as well as randomly selected phrases from the game dialogs and sentences automatically selected from the Quaero text corpora on the basis of their similarity to the game dialogs. This amounted to between 100 and 150 utterances for most speakers. We selected the speech of the six youngest speakers with German as a mother tongue to undergo manual orthographic transcription. These transcriptions are a record of exactly what was said, including disfluencies, insertions, hesitations, and mispronunciations, as well as non-speech noises. Due to the high preponderance of female speakers in the data set, our selection of six speakers implied four female speakers, all aged 19, and two male speakers, aged 21 and 25. This transcribed set makes up approximately 52 minutes of speech. We call this set *PH*.

6.1.2 Middle school corpus

We collected a corpus of speech from German middle school A2-level learners of French which we call *M*. Ages ranged from 12 to 15 (median age 13.) We divide *M* into two sub-corpora. In the first sub-corpus, the students read the same texts and approximately the same amount of text as the speakers at *Pädagogische Hochschule*. From 14 speakers having read the most sentences we chose to manually transcribe those having German as a mother tongue or who were living in Germany from a very early age, in order to avoid influence of a non-German L1. This transcribed speech totals approximately 87 minutes. This subset we call *M1*. The other sub-corpus consists of 16 additional speakers reading approximately 15 utterances selected from game dialogs and other randomly selected phrases from the Quaero corpus on the basis of their similarity. The entirety of this subset was also transcribed, amounting to some 20 minutes. This subset we call *M2*.

6.1.3 Training and testing corpora

We combined the *PH* and *M1* corpora, leaving out however four speakers in total (two males and two females left out from *PH* and *M1*.) This formed a training corpus we call *TRN*, consisting of 109 minutes of transcribed audio. The four left out speakers form a set we call *TST* which was used for testing the system, consisting of about 13 minutes of audio.

The two speakers from *M1* chosen for *TST* were selected on the basis of the automatic speech recognition's word error rate on their speech being close to the median of the word error rate for the speakers in *M1*. In selecting the two speakers for *TST* from *PH*, we took into consideration the balance of training data.

6.2 Acoustic Model experiments

6.2.1 Measuring the quality of L2 children's speech

Before we set out to show what improvements have been made through our experiments it is useful to establish a point of reference. The experiments in these sections give measures of performance in terms of Word Error Rate. We have mentioned many times previously that children and beginning language learners make mistakes and have non-standard speech. The *PH* and *M* corpora consist of read speech from language learners. We have orthographic transcriptions of this speech as well as the prompts which were read. Therefore, we can compute a measure of the quality of the students' reading of the prompts in terms of word error rate.

We computed the word error rate of students' speech for the *M1* corpus. The figures can be seen in Table 3. Line 1 of section *M1* in this table shows the word error rate not of a speech recognizer, but of the student's speech. That is, it shows the word error rate of the orthographic transcriptions (what the students actually said) as scored against the supplied phrases (what they were prompted to say). Already it is remarkable that the students make errors equivalent to a word error rate between 10–20 %. It is difficult to see how even a perfect recognizer can achieve a rate much below this and as such, the student error may be seen as a kind of floor on automatic speech recognition word error rate. We also scored speech on *TST*.

Table 3: Word error rate of students, EVEIL-3D reference system, and retrained system.

M1		word error rate
1.	Orthographic transcriptions	28.8
2.	Quaero MFCC baseline reco.	80.6
3.	eveil-ref sys. reco.	76.5
TST		word error rate
1.	Orthographic transcriptions	13.8
2.	eveil-ref sys. Reco.	63.6
3.	retrain viterbi reco.	56.3

6.2.2 Acoustic model adaptation

One suggestion for achieving better acoustic models is to train on speech in the target domain. This seems difficult in the case of EVEIL-3D given the limited amount of data available. Researchers have reported word error rates in the range of 65–75 % using tens of hours of acoustic training data (Gehring, 2013). Using hundreds of hours of data, word error rates from 10–20 % can be reached for domains like broadcast news and conversation (Winebarger *et al.*, 2013; Kilgour *et al.*, 2011; Titov *et al.*, 2011). Since the amount of collected data is insufficient for a full system training we tried adapting our existing models on the new data, specifically on *TRN*. We started with our existing EVEIL-3D reference system with a 10K word vocabulary and 3000 acoustic models. Next, we performed additional iterations of Viterbi training using only *TRN*. The word error rate resulting from the best-performing iteration of training is shown on line three of *TST* in Table 3. Line two of *TST* shows the word error rate for the EVEIL-3D reference system trained only with Viterbi on Quaero data but without the additional retraining on EVEIL-3D. We see that we reduce word error rate relative to the EVEIL-3D reference system by around 11 %.

6.3 Language Model experiments

6.3.1 Motivation for vocabulary reduction

It seems from the experiments in the previous section, as well as from general assumptions informed by the theory of ASR that acoustic 'knowledge' on the part of the automatic speech recognition must be weak, due to the acoustic mismatch between domain, age, and language proficiency. In that case, the recognizer will rely more heavily on linguistic 'knowledge'. This is partially hinted at in our experiments by the higher optimal weight put on the language model for the same system when testing on EVEIL vs. Quaero data.

Narrowing the search space by reducing the vocabulary would then be appropriate. Because vocabularies are selected roughly with a preference for higher-frequency words such as those taught at the A2 level, a reduction in vocabulary size would eliminate many rare and acoustically confusable words inappropriate to the EVEIL task which might otherwise lead to substitution errors. This fear of acoustic confusability seems pertinent as our baseline Quaero language model has a vocabulary of some 250K words.

6.3.2 Text selection

We also sought to make our language model data more closely reflect the speech observed in the game. To this end we implemented an automatic text-selection technique to select lines of text most similar to the game dialogs, as a way of adapting vast, generally out-of-domain data to our target domain.

We started with a corpus composed of all language model training data sources used for the Quaero project, which we call *TXT*. A second corpus was derived from this, containing only lines shorter than 12 words. We call this corpus *TXTshort*. The reasoning is that since the utterances of the game user will generally be short, we should try to exclude overly long sentences since these may have a divergent structure.

The text selection process worked as follows. We started with alignments of parallel French and English text corpora created with the program Giza++. We created a lexicon connecting words based on that alignment. This lexicon contains associations between French words and other French words similar in meaning through their common alignment with the English text. The lexicon is then used to compute the average distance between each sentence in our text corpus and a development set (in our case the game dialogues,) ignoring word order in the latter. We then rank the sentences in inverse proportion to their distance. We computed two such rankings for both *TXT* and *TXTshort*. These two rankings come from using two different values of a parameter controlling the length of lexicon entries for each word. Specifically, we tried 18 (*n18*) and 35 (*n35*) entries per word. This gives us four rankings. From each of these four rankings we selected different sets of sentences, for instance by taking the top 20 % or a random selection of the top 50 %.

6.3.3 Vocabulary Selection

From these selected corpora we selected a number of vocabularies based on the technique described in Subsection 6.3.4. We used the game dialogs as a tuning set for computing mixing parameters.

We experimented with many different variations of component text sources, creating some 15 different vocabularies, each existing in 10K-word, 5K-word, and 2.5K-word versions.

Next the out-of-vocabulary rate[4] of each vocabulary was computed on several different text sources resulting from the text selection mentioned above. Then for the sake of limited time in system development we selected only the three overall best-performing vocabularies in terms of lowest out-of-vocabulary rate. These are a vocabulary based on texts selected using the *n18* lexicon, a vocabulary based on texts selected using the *n35* lexicon, and a vocabulary selected by a combination of the two types of selected texts.

The effect of vocabulary size on out-of-vocabulary rate can be reported indirectly. We have 270 combinations of vocabularies and the text sources on which they were tested. Thereby we also have 270 out-of-vocabulary-scores. Naturally we seek those vocabularies having a low out-of-vocabulary.

Table 4 attempts to capture the relationship between vocabulary size and out-of-vocabulary rate of the various vocabularies. We ranked the vocabularies in terms of their out-of-vocabulary scores on the various sources. In the first column of Table 4, we consider the distribution of these three classes (10K, 5K, and 2.5K) amongst those vocabularies in the lowest 50 % in terms of their assorted out-of-vocabulary values. The next column treats those in the lowest 1/3, and so on. We see that 10K versions of vocabularies generally predominate in terms of low out-of-vocabulary, as expected, followed by 5K versions.

Table 4: Share of entries in a ranking of different sized vocabularies by lowest out-of-vocabulary rate.

Vocab. Size	Share of entries		
	Lowest 50 %	Lowest 33 %	Lowest 10 %
10K	53 %	76 %	100 %
5K	33 %	24 %	0 %
2.5K	13 %	0 %	0 %

---

4   The out-of-vocabulary rate is computed as the percent of words in a corpus that are not contained in the ASR search vocabulary.

6.3.4 Language Models

Those three vocabularies formed the basis for two types of language models. The first, so-called SELECT language models were trained on the same text data as their corresponding vocabulary, namely automatically selected data. In order to investigate the effectiveness of using selected text, we built reference language models (from those same vocabularies) using a handpicked set of text sources thought to be most similar to our domain. These language models are called QUICK language models. Each such source is indicated with stars in Table 2. We then ran a recognition pass on the *M2* subset with our best acoustic models and each language model. As a reference, we also tested a system using a baseline Quaero language model with a 250K word vocabulary. The results are shown in Table 5.

We note that the language models based on selected text always slightly outperform the QUICK language models in terms of WER. We show 2.5K, 5K, and 10K versions for language models and vocabularies based on the combination of selected text types. Notable is that for the QUICK language model based on this vocabulary, performance improves slightly with decreasing vocabulary size, down to 2.5K.

Table 5: Performance of language models in recognition. Word error rate is given in case-insensitive form.

Selection type	Language model type	V. size	Best word error rate
No selection (Quaero baseline)		250K	62.6
n18	SELECT language model	10K	58.0
	QUICK language model	10K	59.0
n35	SELECT language model	10K	55
	QUICK language model	10K	58.7
combined	SELECT language model	10K	**54.6**
		5K	56.2
		2.5K	56.4
	QUICK language model	10K	58.0
		5K	57.7
		2.5K	56.2

Recall that we were concerned about an excessively large vocabulary size leading to substitution errors. Our results from the experiments partially described in Table 6 confirm that reducing our vocabulary also reduced substitution errors. The breakdown of sources of error in that table compares the Quaero language model and the SELECT language model based on the combined (*n35* and *n18*) selected text sources. As expected, substitution errors are consistently reduced with decreasing vocabulary size, even as some errors like deletions increase.

Table 6: Breakdown of error rate for two language models. The SELECT-language model shown was trained (as was its vocabulary) on the combination of selected texts generated using n35 and n18 lexicons. Error rates shown are case insensitive.

language model	V. size	WER	Sub.s	Del.s	Ins.
Quaero language model	250K	62.6	38.6	18.7	5.4
SELECT language model	10K	54.6	36.7	13.4	4.5
	5K	56.2	36.1	14.7	5.5
	2.5K	56.4	33	19.6	3.8

7. Conclusion

We introduced the EVEIL-3D project and gave an overview of automatic speech recognition. We addressed why recognizing non-adult speech and that of non-native speakers is challenging and provided some potential answers to these challenges. Also reviewed were the practical aspects of our automatic speech recognition implementation, some intended to address EVEIL-3D's need for practical automatic speech recognition in a live, interactive environment. Last we reviewed some experiments undertaken as part of our development efforts. These latter efforts have provided modest improvements to the performance of our systems on the corpus of read student's speech. This read speech corpus is intended to provide a predictor for performance in the interactive task.

References

Anastasakos, Tasos / McDonough, John / Makhoul, John. 1997. "Speaker adaptive training: A maximum likelihood approach to speaker normalization". *Proceedings of the 1997 IEEE International Conference on Acoustics, Speech, and Signal processing (ICASSP)*, 2, 1043–1046.

Bouselmi, Ghazi / Fohr, Dominique / Illina, Irina / Haton. 2005. "Fully automated non-native speech recognition using confusion-based acoustic model integration". In Jean-Paul et al., *European Conference on Speech Communication and Technology (Eurospeech)*, 1369–1372.

Byne, William / Knodt, Eva / Khudanpur, Sanjeev / Bernstein, Jared. 1998. "Is automatic speech recognition ready for non-native speech? A data collection effort and initial experiments in modeling conversational hispanic English". *Proceedings of STiLL*.

Cho, Eunah / Fügen, Christian / Hermann, Teresa / Kilgour, Kevin / Mediani, Mohammed / Mohr, Christian / Niehues, Jan / Rottmann, Kay / Saam, Christian / Stüker, Sebastian et al., 2012. "A real-world system for simultaneous translation of German lectures". interACT, Karlsruhe Institute of Technology, Tech. Rep.

Cucchiarini, Catia / Strik, Helmer / Boves, Lou. 2002. "Quantitative assessment of second language learners fluency: Comparisons between read and spontaneous speech". *The Journal of the Acoustical Society of America*, 111, 2862.

Das, Subrata / Nix, Don / Picheny, Michael. 1998. "Improvements in children's speech recognition performance". *Proceedings of the 1998 IEEE International Conference on Acoustics, Speech, and Signal processing (ICASSP)*, 1, 433–436.

Elenius, Daniel / Blomberg, Mats. 2004. "Comparing speech recognition for adults and children". *Proceedings of FONETIK*, 156–159.

Flege, James Emil / Munro, Murray J. / MacKay, Ian R. 1995. "Effects of age of second-language learning on the production of english consonants". *Speech Communication*, 16/1, 1–26.

Gales, Mark J. 1998. "Maximum likelihood linear transformations for hmm-based speech recognition". *Computer speech & language*, 12/2, 75–98.

Gales, Mark J. 1999. "Semi-tied covariance matrices for hidden markov models". *IEEE Transactions on Audio, Speech and Language Processing*, 7/3, 272–281.
Gehring, Jonas / Lee, Wonkyum / Kilgour, Kevin Lane, Ian / Miao, Yajie / Waibel, Alex / Silicon Valley Campus. 2013. "Modular combination of deep neural networks for acoustic modeling". *Interspeech*.
Kent, Raymond D. 1976. "Anatomical and neuromuscular maturation of the speech mechanism: Evidence from acoustic studies". *Journal of Speech, Language and Hearing Research*, 19/3, 421.
Kilgour, Kevin / Saam, Christian / Mohr, Christian / Stüker, Sebastian / Waibel, Alex. 2011. "The 2011 KIT Quaero speech-to-text system for spanish". *International Workshop on Spoken Language Translation* (IWSLT), 199–205.
Kraft, Florian / Kilgour, Kevin / Saam, Rainer / Stüker, Sebastian / Wolfel, Matthias / Asfour, Tamim / Waibel, Alex. 2010. "Towards social integration of humanoid robots by conversational concept learning". *10th IEEE-RAS International Conference on Humanoid Robots (Humanoids),IEEE*, 352–357.
Lee, Li / Rose, Richard C. 1996. "Speaker normalization using efficient frequency warping procedures". *Proceedings of the 1996 IEEE International Conference on Acoustics, Speech, and Signal processing (ICASSP)*, 1, 353–356.
Leggetter, Chris J. / Woodland, Philip. 1994. "Speaker adaptation of HMMs using linear regression". University of Cambridge, Department of Engineering.
Mediani, Mohammed / Winebarger, Joshua / Waibel, Alexander. 2014. "Improving In-Domain Data Selection for Small In-Domain Sets", *Proceedings of the 11th International Workshop on Spoken Language Translation (IWSLT)*, Lake Tahoe, USA.
Munro, Murray J. / Flege, James Emil / MacKay, Ian R. 1996. "The effects of age of second language learning on the production of English vowels". *Applied Psycholinguistics*, 17, 313–334.
Paribakht, Tahereh. 1984. *The Relationship between the Use of Communication Strategies and Aspects of Target Language Proficiencies – A Study of ESL Students*. Québec: International Center for Research on Bilingualism.

Potamianos, Alexandros / Narayanan, Shrikanth. 2003. "Robust recognition of children's speech". *IEEE transactions on Speech and audio processing*, 11/6, 603–616.

Povey, Daniel / Kanevsky, Dimitri / Kingsbury, Brian / Ramabhadran, Bhuvana / Saon, Goerge / Visweswariah, Karthik. 2008. "Boosted MMI for model and feature-space discriminative training". *Proceedings of the 2008 IEEE International Conference on Acoustics, Speech, and Signal processing (ICASSP)*, 4057–4060.

Quatieri, Thomas F. 2002. *Discrete-Time Speech Signal Processing: Principles and Practice*. Prentice Hall PTR New Jersey.

Ramirez, Javier / Górriz, Juan Manuel / Segura, José C. 2007. "Voice activity detection. Fundamentals and speech recognition system robustness". *Robust Speech Recognition and Understanding*, 6/9.

Rogina, Ivica / Waibel, Alex 1995. „The Janus Speech Recognizer". *Proceedings of the ARPA Spoken Language Technology Workshop.*

Roy, Mickaël. 2011. "Fremdsprachen lernen mit der virtuellen Realität?" Forschungskolloquium *Learning in Virtual Environments (LIVE)*, Pädagogische Hochschule, Karlsruhe, Germany.

Schmidt-Kassow, Maren / Rothermich, Kathrin / Schwartze, Michael / Kotz, Sonja A. 2011. "Did you get the beat? Late proficient French-German learners extract strong–weak patterns in tonal but not in linguistic sequences". *Neuroimage*, 54/1, 568–576.

Soltau, Hagen / Metze, Florian / Fügen, Christian / Waibel, Alex. 2001. "A one-pass decoder based on polymorphic linguistic context assignment". *IEEE Workshop on Automatic Speech Recognition and Understanding (ASRU)*, 214–217.

Stolcke, Andreas. 2002. "Srilm – an extensible language modeling toolkit." *ICSLP.*

Stüker, Sebastian / Kraft, Florian / Mohr, Christian / Herrmann, Teresa / Cho, Eunah / Waibel, Alex. 2012. "The KIT lecture corpus for speech translation". *LREC*, 3409–3414.

Titov, Yury / Kilgour, Kevin / Stüker, Sebastian / Waibel, Alex. 2011. "The 2011 KIT Quaero speech-to-text system for Russian". *International Workshop on Spoken Language Translation (IWSLT)*.

Towell, Richard / Hawkins, Roger / Bazergui, Nives. 1996. "The development of fluency in advanced learners of French". *Applied Linguistics*, 17/1, 84–119.

Vaghi, Ivan / Greenhalgh, Chris / Benford, Steve. 1999. "Coping with inconsistency due to network delays in collaborative virtual environments". *Proceedings of the ACM symposium on Virtual reality software and technology*, 42–49.

Van Doremalen, Joost / Cucchiarini, Catia / Strik, Helmer. 2010. "Optimizing automatic speech recognition for low-proficient non-native speakers". *EURASIP Journal on Audio, Speech, and Music Processing*, 2.

Venkataraman, Anand / Wang, Wen. 2003. "Techniques for effective vocabulary selection". *Proceedings of Eurospeech*.

Verhelst, Norman / Van Avermaet, Piet / Takala, Sauli / Figueras, Neus / North, Brian. 2009. *Common European framework of reference for languages: learning, teaching, assessment (CEFR): a manual*.

Ward, Nigel G. / Rivera, Anais G. / Ward, Karen / Novick, David G. 2005. "Root causes of lost time and user stress in a simple dialog system". *Interspeech*.

Wilpon Jay G. / Jacobsen, Claus N. 1996. "A study of speech recognition for children and the elderly". *Proceedings of the International Conference on Acoustics, Speech, and Signal processing (ICASSP)*, 1, 349–352.

Winebarger, Joshua / Nguyen, Bao / Gehring, Jonas / Stüker, Sebastian / Waibel, Alex. 2013. "The 2013 KIT Quaero speech-to-text system for French". *Proceedings of the 10th International Workshop for Spoken Language Translation (IWSLT 2013)*.

Winebarger, Johua / Stüker, Sebastian / Waibel, Alexander. 2014. "Adapting Automatic Speech Recognition for Foreign Language Learners in a Serious Game". *Proceedings of the 3rd Workshop on Games and NLP (GAMNLP-14)*, North Carolina State University, Raleigh, NC, USA.

Witt, Silke Maren / Young, Steve J. 1999. "Off-line acoustic modelling of non-native accents". *European Conference on Speech Communication and Technology (Eurospeech)*.

Witt, Silke Maren. 1999. *Use of speech recognition in computer-assisted language learning*. Ph.D. dissertation, University of Cambridge.

Zhan, Puming / Westphal, Martin. 1997. "Speaker Normalization Based On Frequency Warping". *Proceedings of the International Conference on Acoustics, Speech, and Signal Processing (ICASSP)*, 1039–1042.

Zue, Victor / Seneff, Stephanie / Glass, James R. / Polifroni, Joseph / Pao, Christine / Hazen, Timothy J. / Hetherington, Lee. 2000. "Jupiter: a telephone based conversational interface for weather information". *IEEE Transactions on Speech and Audio Processing*, 8/1, 85–96.

Hans W. Giessen

Serious Games und Sprachenlernen: Eine kurze Darstellung des *State-of-the-Art*

Abstract
‚Games und Gamification' wurden vom *New Media Consortium* als einer der wichtigsten Trends für die nähere Zukunft im Kontext des E-Learnig und der Hochschulbildung erkannt und beschrieben. Wenn diese Aussage des *New Media Consortium* korrekt sein sollte, ist die Diskussion darüber, ob Spiele und insebsondere die sogenannten ‚Serious Games' in der Tat für Lernprozesse hilfreich und sinnvoll sein können, von großer Dringlichkeit. Ein erster Schritt dahin, diese Diskussion zu ermöglichen, liegt in der Definition und dem Überblick über den aktuellen Forschungsstand bezüglich der sogenannten *Serious Games*. In meiner Überblickartikel will ich diesen ersten Schritt als Voraussetzung weiterer Diksussionen lesten. Er referiert den Forschungsstand über und erste Erkenntnisse hinsichtlich der Wirksamkeit von sogennnten *Serious Games*.

Schlüsselwörter
Serious Games, E-Learning, Medieneffekte, Sprachdidaktik

1. Serious Games

Es ist bekannt, dass Angst, Stress oder auch Langeweile die Amygdala aktivieren, während Informationen und Wissen, die mit positiven und als interessant empfundenen Emotionen verbunden sind, über den Hippocampus aufgenommen und anschließend in der Gehirnrinde weiterverarbeitet werden. Lerninhalte sollten mithin so vermittelt werden, dass sie mit einer Aktivierung des Hippocampus einhergehen, also in einem als angenehm empfundenen, Interesse weckenden, positive Emotionen evozierenden Kontext.

In diesem Zusammenhang ist naheliegend, ludative Lehrmethoden zu nutzen (Sanchez, 2011; Knautz, 2013).

Seit sich die Digitalisierung durchgesetzt hat und sie in immer mehr Kontexten eingesetzt wird, werden auch Spiele mithilfe des Computers beziehungsweise für den Computer erstellt, die es zunehmend ermöglichen sollen, ‚beim Spielen zu lernen' (Ritterfeld, 2011; analog: Blumberg, 2014).

Inzwischen bilden die *Serious Games* eine eigene Kategorie beim computerbasierten ludativen Lernen (Überblick: Ritterfeld *et al.*, 2009; Fromme / Unger, 2012; Bredl / Bösche, 2013). Ihre Bedeutung im Kontext des Lernens steigt offenbar weiter an. So werden ‚Games und Gamification' vom *New Media Consortium*, einer internationalen Expertengruppe mit Mitgliedern aus dem Bereich der Bildungstechnologien, die an Universitäten, Museen und in anderen (überwiegend amerikanischen) Organisationen, als Trends identifiziert, die das Bildungswesen der nahen Zukunft (in einem Zeithorizont der nächsten zwei bis drei Jahre) prägen werden (NMC 2013: 20 ff.; NMC 2014: 40 ff.).

2. Theoretische und empirische Fragen

Zunächst scheint jedoch fraglich zu sein, ob sich Spiele nicht einer einfachen Nutzbarmachung für pädagogische Zwecke entziehen, wie Kerres *et al.* mit Verweis u.a. auf Oerter (1999) diskutieren, denn: „Ein Spiel, das didaktisch instrumentalisiert wird, ist kein Spiel mehr". Jedoch „vermag fast jedes Spiel Erfahrungen zu vermitteln, die sich in einer Reflexion auswerten lassen"; „Spielen ist ganz essentiell mit Lernprozessen verbunden" (Kerres *et al.*, 2009: o.S.). Die Nutzung von Spielen zur Vermittlung von Wissen ist also möglich; sie bleibt aber ein sensibles Thema (siehe auch Szilas / Sutter Widmer, 2009).

Eine didaktische Einbindung sollte vermeiden, dass, wie offenbar häufiger zu beobachten, die Lernenden „die Aufnahme von Wissen in einem expliziten Lernmodus eher zu reduzieren versuchen, um möglichst zügig wieder in den Spielmodus zu wechseln" (Kerres *et al.*, 2009: o.S.).

Entscheidend ist also die Balance zwischen dem ludativen Element, das aus eigenem Recht existiert, und der intendierten didaktisch-pädagogischen Zielsetzung, die nicht zu aufdringlich sein, umgekehrt aber eben auch ihr Ziel nicht aus den Augen verlieren darf.

Es ist mithin unklar, ob *Serious Games* in der Tat die Lernleistungen verbessern. Aus dem bisher gesagten können beide Hypothesen abgeleitet werden: (1) die Dominanz des Ludativen, deren Absoptionskraft so groß ist, dass sie dem Lernen hinderlich ist, (2) aber auch eine zumindest generelle, bezüglich der hippocampialen Aktivierung förderliche Voraussetzung für einen erfolgreichen Informationstransfer.

Die Frage des Lernerfolgs bei computergestützten Spielen wird in der Wissenschaft auch deshalb so intensiv diskutiert, weil die Forschungsfrage noch nicht sehr alt ist: *Serious Games* existieren als didaktisches Werkzeug selbst zwar bereits seit rund zwei Jahrzehnten, aber die Spiele entwickeln sie sich so rasch und in so unterschiedliche Richtungen weiter, dass spezifische Aussagen immer wieder überprüft werden müssen, da sich scheinbar eindeutige Resultate als zeit- und medienabhängig erweisen (Ke, 2009).

3. State-of-the-Art

Daher mussten die vorgefundenen Metaanalysen (Squirre, 2003; Kirriemuir / McFarlane, 2004; Heers, 2005; Vogel *et al.*, 2006; Arnseth, 2006; O'Neil *et al.*, 2005 sowie noch Ritterfeld *et al.*, 2009 oder Wouters *et al.*, 2009) immer wieder feststellen, dass es bisher nur ‚dürftige' Erkenntnisse gebe (O'Neil *et al.* und Woutets nutzen beide den drastischen Begriff ‚scant': O'Neill *et al.* 2005: 468; Wouters *et al.*, 2009: 232). Clarke *et al.* (2010) haben gar darauf hingewiesen, dass noch keine Belege für bessere Lernleistungen im Kontext von *Serious Games* vorliegen, und Vogel *et al.* kamen zu dem Resümee: „no significant advantage was found" (Vogel *et al.*, 2006: 229).

Die Gründe dafür sind nachvollziehbar: Ke (2009) betont beispielsweise die Schwierigkeit, angesichts der Vielfalt existierender Computerspiele – und damit auch der vielfältigen Wirkungsmöglichkeiten wie auch der vielfältigen Lernziele – grundlegende Aussagen zur Gestaltung und Wirkung zu formulieren.

Seine Untersuchung bezog sich auf die Fragen, ob es (1) einen kumulativen qualitativen und quantitativen Nachweis für die Wirksamkeit von Computerspielen für das Lernen gibt und (2) welche Faktoren eine wirksame Anwendung von Lernspielen garantieren – wenn es sie denn gibt, wie er anfügt.

Das Resultat ist, dass der Erfolg von Lernspielen offenbar entscheidend vom Kontext und vom Inhalt abhängt. Ke betont daher, dass die Wirksamkeit von computerbasierten Lernspielen einerseits von der pädagogisch-didaktischen Kompetenz der Lehrkräfte abhänge, die das Spiel in ihren Unterricht eingebunden hätten. Das zweite Kriterium seien die Lerninhalte selbst. So hätten sich Vorteile bezüglich Lernziele höherer Ordnung zeigen lassen (z.B. Denken in Zusammenhängen, affektive Ergebnisse), während die Resultate bezüglich reinen Faktenwissens nur schwache Effekte computerbasierter Lernspiele belegten. In eine ähnliche Richtung weisen Breuer und Bente (2010).

Auch die Ergebnisse eines Übersichtsartikels von Sitzman (2011) deuten in diese Richtung. Sie betont ebenfalls, dass Lerninhalte aktiv statt passiv angeeignet werden müssen und dass das Spiel in einem Kontext mit anderen Lerneinheiten stehen sollte. Ihrem Überblick zufolge ist die Aktivierung der Schüler/innen das entscheidende Kriterium; bisher gab es bei Computerspielen die Tendenz, den Lernenden eher eine passive Rolle zuzuweisen. Wenn Lerner aus einer Kontrollgruppe ebenfalls aktiv werden konnten, waren die Lernfortschritte ohne computerbasiertes Spiel offenbar in der Regel noch überzeugender (ähnlich auch Domagk *et al.* 2010).

In einem aktuellen Übersichtsartikel von Wouters *et al.* aus dem Jahr 2013 wird immerhin festgestellt, dass sich die Forschungslage in den vergangenen fünf Jahren verbessert habe. Dies hängt mit der technischen Entwicklung zusammen: Neue Spiele bringen neue mediale Umsetzungmöglichkeiten mit sich. Die Diskussion wird inzwischen von *Serious Games* geprägt. Aber auch hier ist die Bewertung der Lerneffekte offenbar noch nicht eindeutig. Sekundäranalysen haben erneut ergeben, dass das Lernen im Spielkontext (verglichen mit Kontrollgruppen, die sich die Lerninhalte im Klassenverband angeeignet haben) ähnliche Resultate zeigt, wie es bereits Ke (2005) oder Sitzman (2011) herausgefunden haben: Das Lernen im Rahmen eines digitalen Spiels bedarf mehrerer Trainingseinheiten, die vor- und nachbearbeitet werden müssen, um erfolgreich zu sein.

Interessant ist allerdings, dass Wouters *et al.* (2013) herausarbeiten können, dass es im Bereich des Sprachenlernens relativ größere Lernerfolge als in anderen Fächern gegeben hat. Auch der Inhalt beziehungsweise die Themen, auf die sich die Lernbemühungen richten, ist mithin ein entscheidender Faktor (vergleiche auch Cruz-Lara *et al.*, 2011).

Ähnlich argumenieren Hamari *et al.* in ihrem rezenten Übersichtsartikel (2014), der 24 empirische Studien zu *Gamification* für Lernzwecke ausgewertet hat. Sie zeigen zumindest und erneut, dass durch digitale Spiele Engagement und Motivation der Lerner zunähmen, belegen aber ebenfalls, dass die Einbettung und das Nutzerverhalten die entscheidenden Faktoren für den Erfolg von *Gamification* im Unterricht seien. Auch Peterson (2009) hatte zum Thema *Computerized Games and Simulations in Computer-Assisted Language Learning* bereits ähnliche Ergebnisse aufgefunden, ebenso Mandin (2011). Und obwohl Ke (2005) darauf verwiesen hat, dass sich Vorteile eher bezüglich Lernziele höherer Ordnung zeigen lassen, konnten Wouters *et al.* (2013) für das Sprachenlernen auf eine Arbeit verweisen, die sogar im statistischen Sinn signifikante Erfolge bezüglich des Vokabellernens bei Englisch-Lernern in Hong Kong belegt hat (Yip / Kwan, 2006). Es gibt auch eine ähnliche Untersuchung aus dem Iran, in der das Vokabellernen im Spielekontext signifikant erfolgreicher war (Alemi, 2010). Eine französische Studie (Amoia *et al.*, 2012) kommt zumindest bezüglich motivationaler Effekte beim Sprachenlernen in einer dreidimensionalen Umgebung zu ebenfalls positiven Ergebnissen. – Die anderen, von Wouters *et al.* (2013) herangezogenen Arbeiten, die positiven Lerneffekte zeitigen, beziehen sich auf das Leserverstehen (bei chilenischen Kindern: Rosas *et al.*, 2003) beziehungsweise das Hör-, Lese- und Schreibverstehen in der Fremdsprache (in Korea: Suh *et al.*, 2010).

4. Ausblick

Es zeigt sich allerdings, dass der allgemeine Begriff *Serious Game* jeweils für Unterschiedliches steht: ‚Video Games' bei Rosas *et al.* (2003), Websites mit Online-Spielen' bei Yip / Kwan (2006) bzw. ein ‚massive multiplayer online role-playing game' bei Suh *et al.* (2010). Angesichts dieser vielfältigen Möglichkeiten computergenerierter Spiele (und der Vermutung, dass diese Unterschiede eine Rolle für den Erfolg oder Misserfolg sein können) betont Ke (2005) die zeitliche Bedingtheit seine Studie: Die Pädagogen müssten selbst erst wahrnehmen, dass die Frage nicht nur lauten dürfe, *ob* Lernspiele in ihren Unterricht integriert werden könnten, sondern gegebenenfalls auch, *wie* dies am besten geschehe, bei welcher Gelegenheit, in welcher Einbettung (wie also das ‚instructional game design' aussehe), bezüglich welcher Themen und auch mit welchen Lernenden. In jedem Fall sei eine sorgfältige Gestaltung des externen und internen Supports für die erfolgreiche Anwendung unumgänglich. Unter externer Lernunterstützung versteht er die Einbindung in den Unterricht, eine positive Spielatmosphäre oder auch strukturierte, kooperative Spielszenarien; interner Support impliziere ein elaboratives Feedback oder eine multimodal eingebettete Präsentation der Lerninhalte.

Von daher gilt noch immer, was Petko (2008: 11) formuliert hat: „Nötig wäre […] eine verstärkte Orientierung am ‚Ausprobieren' der postulierten Potenziale in Bildungskontexten". Von daher ist Kerres *et al.* (2009) zuzustimmen, wo es heißt, dass eine möglichst überzeugende Integration von Spielen und Lernen die Voraussetzung eines jeden neuen computergenerierten Spiels sein sollte.

Erweiterte Bibliographie

Alemi, Minoo. 2010. „Educational Games as a Vehicle to Teaching Vocabulary". *Modern Journal of Applied Linguistics*, 2/6, 425–438.

Amoia, Marilisa / Gardent, Claire / Perez-Beltrachini, Laura. 2011. „A Serious game for second language acquisition". *Journal on Systemics, Cybernetics and Informatics (JSCI)*, 01/2012.

Arnseht, Hans Christian. 2006. „Learning to play of playing to learn. A critical account of the models of communication informing educational research in computer gameplay". *The International Journal of Computer Game Research*, 6/1.

Blumberg, Fran C., (Ed.). 2014. *Learning by Playing: Frontiers of Video Gaming in Education*. Oxford, Oxford University Press.

Bouvier, Patrice. 2009. *La présence en réalité virtuelle, une approche centrée utilisateur*. Paris, Université Paris-Est (Thèse en Informatique).

Bredl, Klaus / Bösche, Wolfgang (Eds.). 2013. *Serious Games and Virtual Worlds in Education, Professional Development, and Healthcare*. Hershey, PA: IGI Global.

Breuer, Johannes / Bente, Gary. 2010. „Why So Serious? On the Relation of Serious Games and Learning". *Eludamos. Journal for Computer Game Culture*, 4/1, 7–24.

Clark, Rrichard E. / Yates, Kenneth / Early, Sean / Moulton, Katherine. 2010. „An Analysis of the Failure of Electronic Media and Discovery-based learning: Evidence for the performance benefits of Guided Training Methods". In: Silber, K. H. & Foshay, R. (Eds.) (2010), *Handbook of Training and Improving Workplace Performance, Volume I: Instructional Design and Training Delivery*. Somerset, NJ, Wiley, 263–297.

Crosby, William. 2005. „Instructional Design Does Not Equal Game Design – Lessons Learned in Delivering a Course in Game Design and Education". In: Kommers, Piet; Richards, Griff (Eds.), *Proceedings of World Conference on Educational Multimedia, Hypermedia and Telecommunications*. Chesapeake, VA, AACE. 2617–2621.

Cruz-Lara, Samuel / Osswald, Tarik / Camal, Jean-Pierre / Bellalem, Nadia / Bellalem, Lotfi / Guinaud, Jordan. 2011. „Enabling Multilingual Social Interactions and Fostering Language Learning in Virtual Worlds". In: Yang, Harrison Hao; Yuen, Steve Chi-Yin (Eds.), *Handbook of Research on Practices and Outcomes in Virtual Worlds*. Hershey, PA, IGI Global, 665–685.

Cummins, Jim. 2000. BICS and CALP. In: Byram, Michael (Ed.), *Encyclopedia of language teaching and learning*. London, Routledge, 76–79.

Dickey, Michele D. 2006. „'Ninja Looting' for Instructional Design: The Design Challenges of Creating a Game-Based Learning Environment". *ACM SIGGRAPH 2006 Educators Program*. Boston, Mass., ACM. 17.

Domagk, Steffi / Schwartz, Ruth N. / Plass, Jan L. 2010. „Interactivity in multimedia learning: an integrated model". *Computers in Human Behavior*, 26, 1024–1033.
Fromme, Johannes. 2007. „Spiele in virtuellen Umgebungen. Überlegungen zur Beschreibung und Analyse eines neuen Mediums". In: Hartwich, Dietmar; Swertz, Christian; Witsch, Monika (Hrsg.), *Mit Spieler: Überlegungen zu nachmodernen Sprachspielen in der Pädagogik*. Würzburg, Königshausen & Neumann. 9–28.
Fromme, Johannes / Unger, Alexander (Eds.). 2012. *Computer Games and New Media Cultures. A Handbook of Digital Games Studies*. Heidelberg, Springer.
Giessen, Hans W. 2003. *Medienadäquates Publizieren. Von der inhaltlichen Konzeption zur Publikation und Präsentation*. Heidelberg, Berlin, Spektrum Akademischer Verlag / Elsevier.
Hamari, Juho / Koivisto, Jonna / Sarsa, Harri. 2014. „Does Gamification Work? – A Literature Review of Empirical Studies on Gamification". *Proceedings of the 47th Hawaii International Conference on System Sciences*, Hawaii, USA.
Heers, Rainer. 2005. *„Being There": Untersuchungen zum Wissenserwerb in virtuellen Umgebungen*. Tübingen, Eberhard-Karls-Universität (Diss. Informations- und Kognitionswissenschaften).
Ke, Fengfeng. 2009. „A Qualitative Meta-Analysis of Computer Games as Learning Tools". In: Ferdig, Richard E. (Ed.) (2009), *Handbook of Research on Effective Electronic Gaming in Education*. Hershey, PA, IGI Global, 1–32.
Kerres, Michael / Bormann, Mark / Vervenne, Marcel. 2009. „Didaktische Konzeption von Serious Games: Zur Verknüpfung von Spiel- und Lernangeboten". *Medienpädagogik*.
Kirriemuir, John / McFarlane, Anagela. 2004. „Literature Review in Games and Learning". *A NESTA Futurelab Research report – report 8*.
Knautz, Kathrin. 2013. „Gamification im Kontext der Vermittlung von Informationskompetenz". In: Gust von Loh, Sonja; Stock, Wolfgang G. (Hrsg.). 2013. *Informationskompetenz in der Schule. Ein informationswissenschaftlicher Ansatz*. Berlin, De Gruyter Saur.
Lee, Kwan. Min. 2004. „Presence, Explicated". *Communication Theory*, 14/1, 27–50.

Mandin, Sonia. 2011. „Jeux sérieux: quels apprentissages ?". *Agence des usages TICE*. <http://www.cndp.fr/agence-usages-tice/que-dit-la-recherche/jeux-serieux-quels-apprentissages-48.htm> (01.04.2014).
Moskaliuk, Johannes / Kimmerle, Joachim / Cress, Ulrike / Hesse, Friedrich W. 2011. „Knowledge building in user-generated online Virtual Realities". *Journal of Emerging Technologies in Web Intelligence*, 3, 38–46.
NMC (New Media Consortium). 2013. *Horizon Report 2013 Higher Education Edition*. Austin, TX: New Media Consortium. <http://www.nmc.org/pdf/2013-horizon-report-HE.pdf>.
NMC (New Media Consortium). 2014. *Horizon Report 2014 Higher Education Edition*. Austin, TX: New Media Consortium. <http://www.nmc.org/pdf/2014-nmc-horizon-report-he-EN.pdf>.
Oerter, Rolf. 1999. *Psychologie des Spiels: Ein handlungstheoretischer Ansatz*. Heidelberg, Weinheim, Beltz (durchgesehene Neuauflage).
O'Neil, Harold F. / Wainess, Richard / Baker, Eva L. 2005. „Classification of Learning Outcomes: Evidence from the Computer Games Literature". *The Curriculum Journal*, 16/4, 455–474.
Peterson, Mark. 2009. „Computerized Games and Simulations in Computer-Assisted Language Learning: A Meta-Analysis of Research". *Simulation & Gaming*, 41, 72–93.
Petko, Dominik. 2008. „Unterrichten mit Computerspielen. Didaktische Potenziale und Ansätze für den gezielten Einsatz in Schule und Ausbildung". *MedienPädagogik*, 15/16.
Ritterfeld, Ute. 2011. „Beim Spielen lernen? Ein differenzierter Blick auf die Möglichkeiten und Grenzen von Serious Games". *Computer + Unterricht*, 84, 54–57.
Ritterfeld, Ute / Cody, Michael J. / Vorderer, Peter. 2009. *Serious Games: Mechanisms and effects*. New York, Routledge.
Rosas, Ricardo / Nussbaum, Miguel / Cumsille, Patricio / Marianov, Vladimir / Correa, Mónica / Flores, Patricia / Grau, Valeska / Lagos, Francisca / López, Ximena / Lopez, Veronica / Rodriguez, Patricio / Salinas, Marcela. 2003. „Beyond Nintendo: Design and Assessment of Educational Video Games for First and Second Grade Students". *Computers & Education*, 40, 71–94.

Sanchez, Eric. 2011. *Key criteria for game design*. Lyon, École normale supérieure de Lyon. <http://www.reseaucerta.org/meet/Key_criteria_for_Game_Design_v2.pdf> (02/03/2014).

Scheiter, Katharina / Gerjets, Peter / Huk, Thomas / Imhof, Birgit / Kammerer, Yvonne. 2009. „The effects of realism in learning with dynamic visualizations". *Learning and Instruction*, 19, 481–494.

Schrammel, Sabrina / Mitgutsch, Konstantin. 2009. „Computerspielen als medial-kulturelle Praktik. Ein medienpädagogisch-kulturtheoretischer Zugang zum Phänomen Computerspielen". *MedienPädagogik*, 15/16.

Schwienhorst, Klaus. 2002. „The State of VR: A Meta-Analysis of Virtual Reality Tools in Second Language Acquisition". *Computer Assisted Language Learning*, 15/3, 221–239.

Selman, Robert L. 1980. *The Growth of Interpersonal Understanding*. New York, Academic Press.

Sitzman, Tracy. 2011. „A Meta-Analytic Examination of the Effectiveness of Computer-Based Simulation Games". *Personal Psychology*, 64/2, 289–558.

Slater, Mel. 2003. „A note on presence terminology". *Presence Connect*, 3/3.

Squire, Kurt D.. 2003. „Video games in education". *International Journal of Intelligent Simulations and Gaming*, 2/1.

Suh, S. / Kim, S. W. / Kim, N. J.. 2010. „Effectiveness of MMORPG-based instruction in elementary English education in Korea". *Journal of Computer Assisted Learning*, 26/5, 370–378.

Szilas, Nicolas / Sutter Widmer, Denise. 2009. „Mieux comprendre la notion d'intégration entre l'apprentissage et le jeu". *Actes d'Environnements Informatiques pour l'Apprentissage Humain EIAH09*: 27–40.

Vogel, Jennifer J. / Vogel, David S. / Cannon-Bowers, Jan / Bowers, Clint A. / Muse, Kathryn / Wright, Michelle. 2006. „Computer Gaming and Interactive Simulations for Learning: A Meta Analysis". *Journal for Educational Computing Research*, 34/3, 229–243.

Wagner, Michael G. 2008. „Serious Games: Spielerische Lernumgebungen und deren Design". In: Issing, Ludwig J.; Klimsa, Paul (Hrsg.), *Online-Lernen. Handbuch für das Lernen im Internet*. München, Oldenbourg.

Wouters, Pieter / van der Spek, Erik D. / van Oostendorp, Herre. 2009. „Current Practices in Serious Game Research: A Review from a Learning Outcomes Perspective". In: Connolly, Thomas; Stansfield, Mark; Boyle, Liz (Eds.), *Games-Based Learning Advancements for Multi-Sensory Human Computer Interfaces: Techniques and Effective Practices*. Hershey, PA, IGI Global, 232–25.

Wouters, Pieter / van Nimwegen, Christof / van Oostendorp, Herre / van der Spek, Erik D. 2013. „A Meta-Analysis of the Cognitive and Motivational Effects of Serious Games". *Journal of Educational Psychology*, 105/2, 249–265.

Yip, Florence W. M. / Kwan, Alvin C. M. 2006. „Online vocabulary games as a tool for teaching and learning English vocabulary". *Educational Media International*, 43/3, 233–249.

Deuxième partie :
Dispositifs d'apprentissage
et environnements numériques

LAURENT PERROT

Le Tableau Blanc Interactif en cours de langue : quels usages pour quelles interactivités ?

Résumé
Cette étude porte sur les usages potentiels du Tableau Blanc Interactif (TBI) destinés à l'enseignement/apprentissage des langues en classe, dans des établissements scolaires français. Elle vise à proposer une réflexion située concernant les différents types d''interactivité' dont cet outil technologique est potentiellement vecteur dans ce contexte. En effet, si ce terme est plus que volontiers mis en avant par l'institution scolaire comme synonyme d'une solution clef en mains susceptible d'ouvrir à la fois aux professeurs et aux élèves les portes d'une pédagogie active et moderne ; il nous semble que l'apparente simplicité dont ce discours pare l'outil TBI ne reflète pas nécessairement la complexité des problématiques afférentes à l'apprentissage des langues médiatisé par les technologies (ALMT). Par le biais d'une définition critique du terme 'interactivité' qui pourra en appeler à la théorie des affordances, l'approche instrumentale de Rabardel (1995), l'ergonomie didactique et la littérature de langue anglaise sur le sujet, nous tenterons de proposer au lecteur des outils critiques concernant le TBI. On arrivera à la conclusion qu'une utilisation interactive de cet outil propice aux apprentissages par les apprenants ne va pas de soi et nécessite réflexion et expertise de la part du professeur/utilisateur en milieu classe.

Mots-clés
Tableau Blanc Interactif, Interactivité, Apprentissage des Langues Médiatisé par les Technologies, Affordances, Ergonomie didactique

1. Introduction

Cet article a pour thème l'usage du Tableau Blanc Interactif (TBI) dans le milieu institutionnel français d'enseignement/apprentissage des langues. Notre réflexion porte plus précisément sur la nature de l''interactivité' que cet objet technologique est susceptible de véhiculer auprès des utilisateurs enseignants/apprenants en langues. Cette réflexion ressort du domaine de l'apprentissage des langues médiatisé par les technologies (ALMT), ou *Computer Assisted Language Learning* (*CALL*) dans la recherche de langue anglaise. Nous dresserons d'abord un rapide panorama de la littérature actuelle concernant le TBI et procèderons à une élucidation du terme d'interactivité. Nous tenterons de doter le lecteur d'outils d'analyse susceptibles de l'aider à lever le voile sur la complexité interne à la notion d''interactivité' lorsqu'elle est appliquée au 'Tableau Blanc'. L'usage parfois galvaudé du terme peut en effet parer cet outil technologique d'une simplicité d'usage trompeuse, qui ne prend pas forcément en compte la réalité plurielle que recouvre l'enseignement/apprentissage des langues en classe entière. Notre objectif est ainsi d'informer le lecteur sur les problématiques liées à l'emploi du TBI, afin qu'il puisse se forger sa propre opinion de façon critique quant à la validité de cet outil technologique rapporté à son contexte d'enseignement personnel.

2. Qu'est-ce qu'un TBI ?

2.1 Un bref descriptif

Un TBI est un dispositif technique qui comprend un écran tactile relié à un ordinateur lui-même relié à un vidéoprojecteur. On peut interagir, selon les modèles proposés par les fabricants, sur la surface tactile du tableau, soit directement avec son doigt, soit via un stylet dédié. Si le duo vidéoprojecteur/ordinateur permet une simple visualisation de tous les contenus numériques de l'ordinateur sur la surface du tableau blanc, la fonction tactile de celui-ci permet une interaction mécanique avec les contenus projetés. Pour résumer, l'utilisateur d'un TBI peut donc faire, debout, stylet en main en interaction avec la surface tactile de son tableau blanc, tout ce qu'un utilisateur d'ordinateur fait, assis, en interaction avec sa souris devant son écran d'ordinateur. L'équipement logiciel de l'ordinateur délimite les possibilités relayées par le TBI.

On peut ainsi adjoindre à ce dispositif un logiciel dédié qui, au-delà d'inclure les fonctionnalités proposées par des dispositifs techniques non digitaux préexistants (Kennewell, 2006 : 3), comme le magnétophone, le tableau classique, le rétroprojecteur, etc., en ajoute d'autres, inédites, telles que : glisser-déposer, copier-coller, apparaître-disparaître, redimensionner, assigner des rétroactions de type zoom ou surbrillance, etc. à des objets présents à l'écran. A première vue, le TBI est donc un tableau blanc classique proposant un 'plus' : l'interactivité particulière à sa nature numérique, notion que nous interrogerons ici.

2.2 État de l'art

L'outil TBI en milieu scolaire a d'ores et déjà généré de nombreuses études, notamment en Grande-Bretagne. Une vaste entreprise d'introduction au TBI dans les écoles publiques y a été mise en œuvre, ce qui a engendré de nombreuses études et recherches sur le sujet. Les pays d'Amérique du Nord ont dans une certaine mesure emboîté le pas à la Grande Bretagne. L'Italie et la Turquie ont aussi récemment investi massivement afin d'équiper leur territoire (Türel, 2010) mais la littérature scientifique d'origine anglophone reste majoritaire, son pendant francophone étant en constitution. Notre étude s'efforcera donc de prendre en compte les apports et les outils analytiques employés dans les recherches anglophones mais également francophones afin de donner une vision globale des différentes recherches menées sur le sujet.

Avant toutes choses, il nous semble utile de préciser qu'une frange critique de la littérature existante met en garde sur la fiabilité de certains des résultats exposés. Ainsi, Karsenti (2012) note que parmi les études disponibles, certaines arrivent à des conclusions qui se veulent en accord

> [...] avec l'opinion de ceux qui souhaitent voir de tels outils présents en classe, qu'il s'agisse de gouvernements ou de fabricants de TBI. De même, les travaux de Glover et collab. (2005), de Smith et collab. (2005) et de plusieurs autres mettaient déjà en évidence que la très grande partie des études réalisées étaient financées par des compagnies fabriquant des TBI. (Karsenti, 2012 : 32)

De surcroît, Thomas et Cutrim Schmid (2010 : 19) indiquent que certaines recherches sont basées pour la plupart sur des entretiens, des questionnaires ou des sondages menés par des personnes déjà convaincues du potentiel du TBI. On ne s'étonnera pas alors que certaines recherches actuelles aboutissent parfois à des résultats contradictoires. Ainsi, l'agence gouvernementale Becta (2005 : 5) tire ces conclusions :

> The Evidence from the literature shows the positive effects of specific uses of ICT [TIC en français] on pupils'attainment in almost all the National Curriculum subjects.

Or, deux ans plus tard, dans leur revue de littérature au titre évocateur : « Interactive whiteboards: boon or bandwagon? », Smith *et al.*, défendent de façon documentée un point de vue inverse (2005 : 91) :

> There is insufficient evidence to identify the actual impact of such technologies upon learning either in terms of classroom interaction or upon attainment and achievement.

Ces précautions d'usage à l'intention du lecteur étant prises, nous poursuivrons en indiquant que dans ce même article Smith *et al.* font néanmoins état d'une multitude de potentialités d'usages jugés utiles d'une part à la promotion de l'enseignement et d'autre part aux apprentissages, le TBI promettant d'être à la fois « a tool for teaching » (*ibid.* : 92) and « a tool to support learning » (*ibid.* : 96). Sans prétendre à l'exhaustivité nous pouvons ainsi nous appuyer sur Smith *et al.* (*ibid.* : 92) et dénombrer les principales potentialités suivantes :

– en ce qui concerne le professeur : « flexibility and versatility, multimedia/multimodal presentation, efficiency, supporting planning and the development of resources, modelling ICT skills[…] »
– en ce qui concerne l'élève : « interactivity and participation in lessons ».

Ainsi, disposer d'un outil numérique multifonction, souple d'emploi, permettant de pouvoir présenter des supports multimédia de nature variée de façon plus claire et efficace, semble séduisant du point de vue de tout professeur amené à enseigner dans une situation de classe. La capacité de stockage et de réutilisation des supports est elle aussi attirante, d'autant qu'elle se double de la possibilité de créer soi-même ses supports et/ou de les partager avec une communauté d'utilisateurs. Par effet ricochet, le développement de compétences relevant de la littératie numérique peut constituer un lieu d'entente entre aspiration personnelle du sujet et volonté institutionnelle. C'est particulièrement le cas si l'on considère, à l'instar de Whyte (2013 : 1), les potentialités d'utilisation en tant que « digital dashboard » offertes par le fait que le TBI soit relié à un ordinateur lui-même relié à Internet.

Le TBI est donc constitué d'un ensemble d'éléments de natures différentes : mécanique (tableau blanc) et numérique ('interactif', par effet d'étiquetage). Dans le cadre d'une réflexion relevant de l'enseignement et de l'apprentissage des langues médiatisé par les technologies, il nous semble que le passage de savoirs-faire relevant de l'utilisation instrumentée d'un tableau blanc classique à la constitution de savoirs-faire et de compétences relevant de l'objet technologique numérique relève d'un ensemble de processus variés et complexes que ce simple étiquetage 'interactif' ne saurait résumer. Comme l'on déjà fait remarquer Glover et Miller (2001 : 258) :

> **Theoretically**, the interactive whiteboard is more than a computer, a projector, or a screen–its sum is greater than its parts, and when all the technology is turned off the board surface can be used as a conventional dry-wipe whiteboard should it be required. [Nous soulignons].

Cette citation porte en elle la substance du débat de fond qui anime la recherche actuelle sur la présence du TBI dans les salles de classe : qu'en font les utilisateurs, que ce soient les professeurs ou éventuellement les apprenants ? Toutes les fonctionnalités techniques de nature numérique du tableau blanc classique devenu 'interactif', ayant tendance, dans la vulgate, à être assimilées *de facto* à une plus-value pédagogique, il est légitime de tenter d'éclaircir le terme. La question mérite d'autant plus d'être posée que l'introduction du TBI dans les classes en France fait partie d'une volonté globale de faire rentrer, de la façon la plus intégrée possible, les Technologies de l'Information et de la Communication (TIC) dans l'école. De ce point de vue, un tableau numérique semble en effet être considéré par la réflexion institutionnelle comme un facteur favorisant la littératie numérique pour les professeurs, le même outil donnant au pire 'à voir' aux élèves et au mieux 'à utiliser' pour se former à cette même littératie (Thomas / Cutrim Schmid, 2010 : 18). Interroger en profondeur le terme 'interactivité' nous permettra d'apporter quelques éclairages utiles à la question. Le caractère relativement nouveau (si l'on compare le phénomène avec la Grande-Bretagne, pionnière en la matière) de l'introduction de cet outil en France nous semble également légitimer notre questionnement.

3. Quelle interactivité pour le TBI ?

3.1 Notre positionnement théorique

S'intéresser aux usages du TBI par les apprenants et enseignants/utilisateurs, c'est dans notre esprit, placer ceux-ci au centre du dispositif d'enseignement-apprentissage des langues médiatisé par les technologies, dispositif que constitue une classe de langue équipée de cet outil. Il nous semble que le milieu classe dans lequel notre étude prend place constitue un système sociolinguistique et culturel de nature interactionnelle complexe dont le sujet apprenant/utilisateur fait partie intégrante, pour en être un des rouages majeurs, au même titre que ses camarades, son professeur, la méthode, le matériel utilisé, etc. C'est dans cette perspective que nous plaçons notre réflexion au sein d'une approche de type socioconstructiviste. Faire le choix d'un modèle théorique général dont l'approche saura donner sa juste place à la fois à l'outil et à l'humain est primordial. Dans le domaine de l'enseignement/apprentissage des langues, il nous semble que l'outil ne peut être que subordonné à l'usager, la relation d'interaction présidant aux usages pouvant être abordée de façon plus spécifiquement technocentrique par d'autres domaines de recherche.

Le socioconstructivisme s'intéresse donc à la façon dont le sujet construit ses savoirs en interrelation avec son milieu environnant, dans sa dimension sociale. Dans le cadre d'une réflexion se plaçant sous le sceau de la théorie de l'activité, ce modèle nous semble tout à fait apte à intégrer en son sein une réflexion sur la dimension technologique particulière à cet environnement : ici, le TBI et la façon dont ses usages viennent médiatiser ces interrelations à des fins d'enseignement/apprentissages.

3.2 Vers une définition

Le TBI est dit 'interactif' ; il s'agit de se demander ce que recouvre exactement ce terme. Comme l'affirme Petitgirard *et al.* (2011 : 42) « le TBI seul ne possède pas de qualité intrinsèque d'interactivité, et le terme interactif peut induire en erreur ».

Selon le domaine de recherche dans lequel on se place, les définitions données à l'interactivité peuvent différer. Dans le cadre de l'ALMT, il est important de pouvoir se positionner clairement vis à vis de ces différentes définitions. On s'appuiera notamment sur celle qu'en donne Mangenot (2003 : 135) :

> Dans son acception originale, ce mot renvoie à l'idée d'échange entre usager et média. Cette acception s'est désormais élargie à la « communication » entre l'utilisateur et l'ordinateur, mais si on en observe les usages courants, on relève plusieurs ambiguïtés, dues notamment au fait qu'un seul adjectif, « interactif », correspond aux deux substantifs « interaction » et « interactivité ».

Si les chercheurs en informatique parlent, pour leur part, d''interaction' homme/machine, Demaizière (2007) nous précise que les linguistes ne parlent d''interaction' que lorsque deux sujets humains parlants sont impliqués dans l'échange. Ils réservent ainsi le terme 'interactivité' à ce qui qualifie l'échange entre un sujet humain et un objet technique (ordinateur ou autre).

La substantivation du terme 'interaction' en 'interactivité' crée donc le flou, tout et son contraire pouvant alors être taxé d''interactif' si on n'y prend garde puisque l'interactivité englobe l'ensemble des 'interactions' évoquées : tant entre humains qu'entre humains et machines. Cependant, les machines étant limitées dans leur capacité à simuler une interaction (langagière), dans le domaine de la pédagogie en général, on arrive à une distinction entre plusieurs types d'interactivité :

> [...] on distingue depuis longtemps l'interactivité machinique, bidirectionnelle, qui réfère à l'ergonomie du « dialogue » homme / machine, de l'interactivité intentionnelle, unidirectionnelle, liée à l'implication de l'utilisateur dans un scénario pédagogique défini par un ou des auteurs. Ne vaudrait-il pas mieux, dans le second cas, parler d'activation cognitive, pour bien souligner que la machine se contente de médiatiser un scénario dont elle ne maîtrise pas le sens ? (Mangenot, 2003 : 136)

Ainsi, dans le domaine français de l'ALMT, il apparaît que, pour les usages du TBI, c'est une interactivité de type intentionnelle qui semble adaptée à notre propos. Elle traduit en effet des choix effectués en amont, à la fois par les concepteurs du dispositif TBI (environnement logiciel dédié compris) et par l'utilisateur prescripteur d'éventuels usages de la part des apprenants en milieu classe : le professeur.

3.3 Des outils utiles afin d'appréhender la notion d'interactivité

Dans le champ des recherches qui concernent la relation usager/objets technologiques, plusieurs modes d'appréhension peuvent être distingués. Ceux-ci traduisent différents points de vue sur la relation qui lie les deux instances. On peut ainsi faire porter son attention sur l'interaction homme/machine en tant que système en soi, ou bien mettre l'accent sur la façon dont la machine participe à la médiation de l'action humaine (Folcher / Rabardel, 2004) et l'influence à des fins d'apprentissage. Selon l'angle socioconstructiviste qui est le nôtre, nous reprendrons le terme d'une approche dite 'instrumentale', issue de l'ergonomie cognitive et développée par Rabardel (1995) car elle prend bien en compte ce qui est à l'œuvre dans une situation d'enseignement/apprentissage collectif médiatisé par un objet technologique. Nous placerons donc notre réflexion dans le cadre global de cette approche dédiée à l'activité en milieu professionnel.

Ainsi, constater un usage interactif du TBI en milieu classe est le résultat de toute une chaîne de processus antérieurs à cette interaction. C'est par exemple, que le professeur a choisi entre plusieurs possibilités d'usages du TBI, au niveau basique : faire utiliser celui-ci par l'apprenant ou non. Afin de rendre compte de cette réalité, il nous apparaît utile de mobiliser la théorie des affordances, issue là encore de la psychologie cognitive et appliquée aux interactions entre hommes et outils numériques par Allaire (2006). Cela pourra nous aider à mieux définir comment les différentes fonctionnalités d'un artefact technologique peuvent être intégrées par l'utilisateur de façon adaptative comme des contraintes (des affordances considérées comme négatives) ou des potentialités nouvelles (affordances positives).

> Ainsi, puisqu'une affordance est une relation établie entre un individu et son environnement et que, par conséquent, une relation ne peut pas être « utilisée » (d'un

> point de vue strictement sémantique), nous emploierons l'expression « utilisation d'une possibilité » pour rendre compte des situations d'affordances qui s'établissent dans l'environnement. (Allaire, 2006 : Section 2.1.3)

Pour bien définir ce qu'une interactivité intentionnelle tournée vers les apprentissages de l'apprenant recouvre pour nous, il nous semble utile de prendre l'exemple de ce qu'une interactivité fonctionnelle ou machinique (traduisant peu d'intention pédagogique) pourrait être en milieu classe. Ainsi, le fait de faire venir devant public un élève pour cliquer sur la surface du TBI afin d'effectuer un exercice en ligne de type 'drilling' (basé sur la réalisation répétitive) aurait selon nous peu de valeur s'il s'agissait de dire que ce tableau blanc est interactif. On se trouverait pourtant bien dans le cas d'un enseignement médiatisé par la technologie, qui pourrait même se targuer de rendre l'élève actif, mais cela ne fournirait, à nos yeux, aucune plus-value didactique. Pire, cela pourrait être synonyme de retour en arrière : une simulation de dialogue homme/machine digne des expériences de Skinner dans les années 1950. On s'estimerait alors en présence d'une 'interactivité' de surface, dont le centre de gravité serait plus l'usage mécanique de l'outil informatique que l'intention didactique instrumentée du professeur de faire apprendre à l'élève par le biais de la technologie. Cet aspect problématique de certains usages du TBI a aussi été soulevé par Cutrim Schmid & Schimmack (2010 : 204) qui mettent même en garde contre une sorte d'effet boomerang. Ces auteurs définissent cette problématique par un retour en arrière, plutôt qu'une avancée lorsque l'enseignant ne disposerait pas d'un niveau de littératie numérique suffisant pour voir le TBI comme un instrument susceptible de lui proposer des affordances utiles. Afin de mieux expliquer ce qui est à l'œuvre ici, nous pourrons adjoindre à notre réflexion des références utiles à la recherche française en ergonomie didactique telle que précisée par Bertin, car cette approche nous semble particulièrement complémentaire des outils théoriques dont nous nous sommes dotés jusqu'à présent :

> [...] l'ergonomie didactique est une approche théorique de l'instrumentation technologique de la situation d'apprentissage, visant à l'adéquation entre la technologie, ses utilisateurs et le processus, c'est-à-dire l'objectif recherché (l'acquisition de nouveaux savoirs et savoir-faire). (2003 : 3)

En nous appuyant sur l'ergonomie didactique, nous pourrons alors visualiser l'espace géographique qui fera l'objet de notre réflexion comme l'espace tactile d'apprentissage potentiel fourni par le TBI. Celui-ci est représenté par le rectangle gris foncé au centre de la figure 1, le fond gris clair traçant les frontières physiques et temporelles du cours de langue.

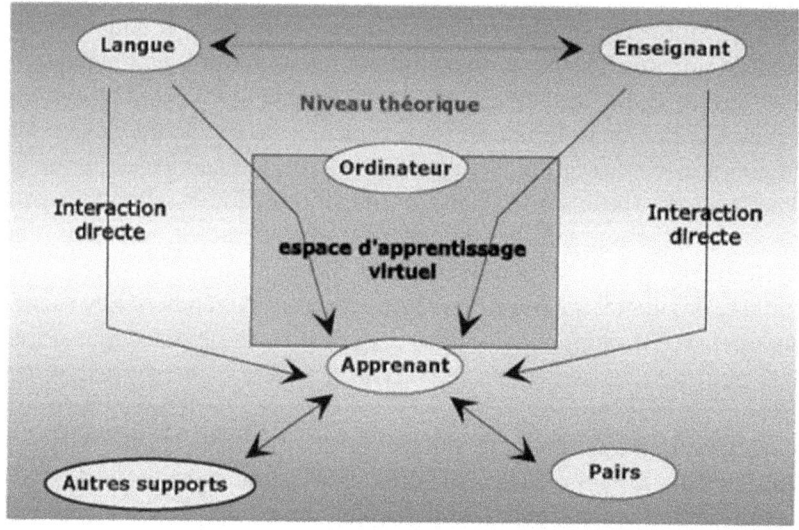

Figure 1 : Représentation simplifiée du modèle d'ergonomie didactique (Bertin, 2003 : 3).

Il nous semble en effet que le TBI constitue bel et bien à la fois une interface entre l'ordinateur (au sens large) et l'apprenant au sein d'un milieu social réel ; et une interface entre l'apprenant et un espace 'potentiel' d'interactivité intentionnelle instrumentée là où Bertin emploie le terme 'virtuel' dans le cadre de sa réflexion en ergonomie didactique. C'est ainsi à la surface du TBI que prendront corps physiquement, via l'interaction machinique, les potentialités d'apprentissages intentionnels de l'apprenant.

Ces apprentissages ne peuvent cependant être que la résultante d'une certaine expertise de la part du professeur, car il est celui qui permet ou non à l'apprenant d'utiliser le TBI dans le cadre d'une pédagogie active. Cette expertise trouve donc son expression en termes de choix ou de production des supports proposés, stratégies d'organisation ('orchestration') du cours, étayages possibles ('scaffolding'), etc. Elle est elle-même une photographie d'un instant « T » sur la frise chronologique d'un parcours professionnel influencé par de multiples facteurs. L''interactivité utile' des usages d'un TBI, selon une approche s'inspirant de l'ergonomie didactique, serait donc d'autant plus 'intentionnelle' qu'elle serait le fruit de tout un processus de choix instrumentés étrangers à l'objet numérique en tant que tel, et issu d'une volonté d'intégration de l'outil de la part du professeur utilisateur, celle-ci étant génératrice d'évolutions de ses propres pratiques.

Ainsi, si l'on peut définir des interactivités de nature différente, il est aussi tout à fait pensable d'adjoindre à cette interactivité intentionnelle que le TBI peut véhiculer dans une situation d'enseignement/apprentissage des langues la notion de graduation/gradation qualitative, en d'autres termes son degré d'utilité. Il semblerait que cette notion n'ait pas échappé à la recherche anglo-saxonne.

3.4 Une définition partagée

Il apparaît dans la littérature de langue anglaise que la notion d'interactivité pose là aussi son lot de questionnements ; celle-ci pouvant subir le même flou que celui qu'il nous a fallu éclaircir dans le domaine de la recherche française :

> Indeed, it may be that whole-class interactive teaching has become a meaningless term, with 'interaction' covering the whole range of classroom discourse moves. (Kennewell *et al.*, 2007 : 64)

Si la différenciation établie dans le domaine de la recherche française entre ces deux types d'interactivité fonctionnelle et intentionnelle n'apparaît pas en tant que telle dans la littérature anglophone, il nous semble cependant que le même mouvement de pensée y trouve une expression différente mais néanmoins tout à fait complémentaire à notre propos. L'emploi du terme semble en effet issu de la même filiation historique entre la sphère de l'informatique et de la pédagogie :

> The term 'interactive' appears in two distinct strands of educational research discourse: one concerning pedagogy and the other concerning new technologies in education. (Beauchamp / Kennewell, 2010 : 1)

La littérature de langue anglaise fait état du terme 'interactive teaching'. Il apparaît que le terme 'interactive' mis en collocation avec la notion de 'teaching' témoigne d'une tradition pédagogique institutionnelle issue de la théorie globale de l'activité qui semble plus ancienne qu'en France. En effet, le Cadre Européen Commun de Références pour les Langues (CECRL) et l'approche dite 'actionnelle' qu'il prône n'a été adoptée par les textes officiels français qu'en 2005 alors que les textes officiels anglais encouragent dès 1998 une pédagogie moins centrée sur le professeur et donnant toute sa place à la contribution des apprenants. Est nommée interactive une pédagogie dans laquelle « students' contributions are encouraged, expected and extended » (DfEE, 1998b : 8).

Il nous apparaît qu'au Royaume-Uni, la réflexion dans le domaine de la didactique des langues s'est emparée plus précocement qu'en France des problématiques inhérentes à la mise en place d'une pédagogie active. Dans le même temps, la constitution pérenne d'un champ de recherche tourné vers l'intégration des outils technologiques (*CALL*) pour mettre en place cette pédagogie tournée vers l'apprenant ajouté à l'implantation massive du TBI dans les classes en Angleterre, produit un axe d'appréhension des problématiques qui nous semble tout à fait enrichissant et utile.

4. Des outils de mesure de l'interactivité

Ainsi, le terme 'technical interactivity' traduit suffisamment bien selon nous la notion d'interactivité machinique ou fonctionnelle que l'on rencontre dans la littérature francophone. Pour ce qui est de l'interactivité intentionnelle, si celle-ci est en France issue d'une réflexion propre au domaine de la pédagogie, il en est donc de même en Angleterre dans la mesure où le terme 'pedagogical interactivity' porte en son sein l'intentionnalité pédagogique qui se doit de présider aux usages du TBI par l'apprenant. La lecture de cette citation de Kennewell pourra nous conforter dans cette prise de position :

> [...] in the context of IWB use, the term 'interactive' isused to describe both the **technical interactivity** of the board as an interface between the user and the computer, and pedagogical interactivity as a teaching strategy (Smith *et al.*, 2005). It is the interactivity of teaching, and its association with participation by learners, that seems to us to be the essential framing idea when investigating the impact of the IWB. (Kennewell *et al.*, 2007 : 62)

Le Tableau Blanc Interactif en cours de langue 151

Les recherches portant sur l'*interactive teaching* ont ainsi donné lieu à une gradation de cette interactivité pédagogique :

Tableau 1 : *Levels of interactivity in whole-class teaching* (Kennewell *et al.*, 2007 : 68).

Teaching strategy	Nature of the interactivity	
0. Lecture	Internal mental activity (intra-activity) only	High teacher control
1. Low-level (funnelling) questioning	Rigid scaffolding and surface activity	↓
2. Probing questioning	Looser scaffolding and deeper interactivity	
3. Uptake questioning or focusing dialogue	Dynamic scaffolding and deep interactivity	
4. Collective reflection	Reflective scaffolding and full participation	High learner control

Nous voyons ici de quelle façon la gradation de la notion d'interactivité pédagogique, ou dans notre esprit d'"interactivité intentionnelle à visée d'enseignement/apprentissage', est couplée à un mouvement de balancier allant d'une pédagogie centrée sur le professeur à une pédagogie centrée vers l'apprenant au fur et à mesure que le professeur cède de sa prérogative traditionnelle de contrôle.

Il est tout à fait intéressant de noter que Beauchamp et Kennewell (2010) précisent ces gradations appliquées à l'usage des nouvelles technologies en assignant une typologie des usages par les apprenants :

Tableau 2 : *Interactivity analysis framework* (Beauchamp / Kennewell, 2010 : 4).

Category of interaction:	Whole-class interaction: teacher–student	Group interaction: working independently of the teacher	Individual	Interaction with ICT
None	Lecture / demonstration by teacher	Watching or copying	Watching	Watching or reading fixed linear text or graphics
Authoritative	Funnelling questioning by teacher	Disputational talk	Doing, using	Factual recall, following standard procedure or browsing fixed hypertext

Category of interaction:	Whole-class interaction: teacher–student	Group interaction: working independently of the teacher	Individual	Interaction with ICT
Dialectic	Probing questioning by teacher	Challenging talk	Constructing, finding	Constructing product to specified brief, involving selection of options and sources
Dialogic	Focussing dialogue and uptake questioning by teacher	Cumulative talk to exploratory talk	Creating, exploring	Developing product, requiring information seeking, hypothesis testing, comparison and elaboration of material
Synergistic	Questioning and critical responses by teacher and students	Contributory talk	Exploiting	Open problem-solving or creating product involving identification of context / material, analysis, reflection

Nous pouvons tout à fait utiliser cette typologie générale d'usage comme un marchepied qui servirait à constituer dans le futur une typologie des usages du TBI au sein d'une pédagogie interactive pour l'enseignement-apprentissage des langues. Il serait alors intéressant de constater si un 'lâcher prise' par rapport à une posture traditionnelle de la part du professeur correspondrait à une prise en main des affordances technico-pédagogiques du TBI au fur et à mesure que les apprenants seraient amenés à l'utiliser de façon accrue.

Dans le cadre de cette réflexion, nous pouvons donc émettre l'hypothèse que l'interactivité intentionnelle, en tant qu'action de l'apprenant sur les supports de façon médiatisée par le TBI, et ce de façon voulue par l'enseignant, implique ainsi une interaction fonctionnelle, physique, et qu'elle pourra alors être étudiée à la fois sur un axe quantitatif et qualitatif :

– quantitatif : l'apprenant est amené à utiliser le TBI, et ce à une certaine fréquence : c'est un indice d'un dispositif d'enseignement tourné vers une pédagogie active.

- qualitatif : la nature des interactions de l'apprenant médiatisées par le TBI traduit des choix didactiques effectués en amont par le professeur.

On pourrait donc s'appuyer une dernière fois sur les travaux de Kennewell (2007) qui propose un modèle global d'étude des enseignements-apprentissages en milieu d'activités humaines qui nous semble adapté à notre propos :

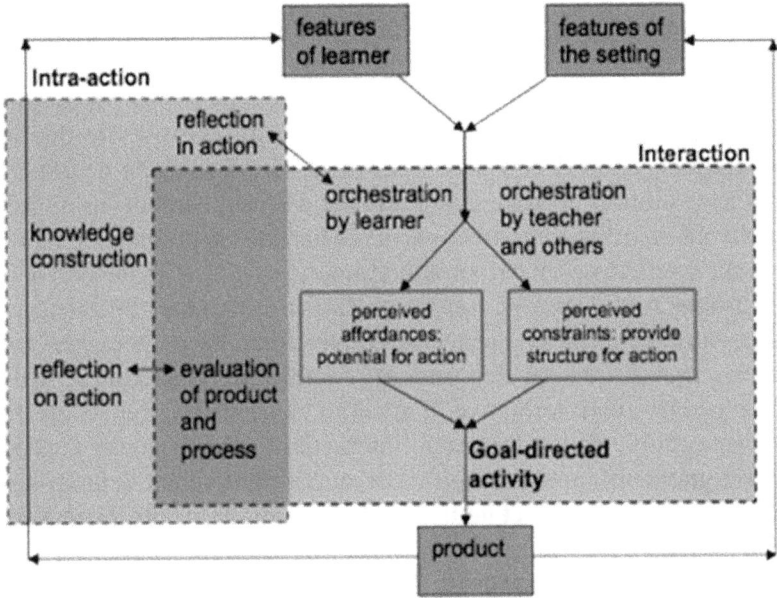

Figure 2 : *ATLAS framework : Analysing Teaching and Learning in Activity Settings* (Kennewell *et al.*, 2007 : 7).

Ce schéma délimite bien ce qui est à l'œuvre de façon multifactorielle et complexe sur l'espace d'apprentissage potentiel que le TBI propose. Il nous semble donc que c'est une 'interactivité intentionnelle à visée d'enseignement/apprentissage' que chaque professeur/utilisateur du TBI doit avoir en tête en milieu scolaire, et ce en ayant une conscience élargie de tous les facteurs à l'œuvre afin de la mettre en place. Cela ne peut être envisageable qu'au fil d'un parcours d'apprentissage critique d'utilisation de l'outil qui nécessitera à la fois du temps et de la réflexion.

Ce processus impliquera sans nul doute de bousculer ses habitudes et renouveler ses pratiques dans une certaine mesure afin d'exploiter au mieux les nombreuses affordances du TBI pour le bien des apprenants.

5. Conclusion

Comme nous l'avons vu, appréhender le TBI en cours de langue en tant qu'un simple ajout à un système de pratiques déjà constitué – et dont la seule présence rendrait les choses 'interactives' – n'est pas satisfaisant. C'est, en outre, dans cette insuffisante mesure que le TBI risque parfois d'être utilisé par les professeurs et de ne provoquer ni évolution positive des pratiques d'enseignement, ni intérêt renouvelé pour les apprentissages de la part des apprenants. Le TBI ne peut être interactif par simple étiquetage, il doit le devenir par des usages renouvelés et constitués de façon experte. En effet, un usage superficiel de la surface interactive du TBI ne peut générer aucune transformation des pratiques traditionnelles dans le sens d'une pédagogie (inter)active. Il apparaît clairement qu'un usage du TBI susceptible de produire une 'interactivité intentionnelle à visée d'enseignement-apprentissage' telle que nous l'avons définie, nécessite des adaptations et un travail de formation ou auto-formation de la part des professeurs. Dans la même mesure, nous pensons que les nombreuses affordances du TBI ne pourront être véritablement exploitées par les apprenants qu'une fois que les professeurs y auront été sensibilisés par un parcours de formation intégrant l'aspect technologique et l'aspect didactique de façon intégrée. C'est dans cette mesure que le TBI peut constituer un point de rencontre et d'échanges riche entre professeurs et apprenants au sein d'une salle de classe aux dimensions numériquement élargies.

Bibliographie

Allaire, Stéphane. 2006. *Les affordances socionumériques d'un environnement d'apprentissage hybride en soutien à des stagiaires en enseignement secondaire. De l'analyse réflexive à la coélaboration de connaissances.* Université Laval (Doctorat en technologie éducative). <http://theses.ulaval.ca/archimede/fichiers/23829/ch03.html>.

Beauchamp, Gary / Kennewell, Steve. 2010. « Interactivity in the classroom and its impact on learning ». *Computers & Education*, 54/3, 759–766.

Beauchamp, Gary / Parkinson, John. 2005. « Beyond the 'wow' factor: developing interactivity with the interactive whiteboard ». *School Science Review*, 86/316, 97–103.

BECTA. 2003. ICT and attainment : A literature review. *ICT in Schools Research and Evaluation Series*, 17. <http://webarchive.nationalarchives.gov.uk/20130401151715/http://www.education.gov.uk/publications/eOrderingDownload/ICT%20and%20attainment.pdf>.

Bertin, Jean-Claude. 2003. « L'ergonomie didactique face au défi de la formation ouverte et à distance ». *ASp*, 41/42, 47–66.

Demaizière, Françoise. 2007. « Interactivité et interaction ». *AEM (Autoformation et multimédia)*, <http://didatic.net/article.php3?id_article=116&var_recherche=interactivite>.

Folcher, Viviane / Rabardel, Pierre. 2004. « Hommes, artefacts, activités : perspective instrumentale ». In: P. Falzon (Ed.), *Ergonomie*. Paris, PUF. 251–268.

Glover, Derek / Miller, David. 2002. « The Introduction of Interactive Whiteboards into Schools in the United Kingdom: Leaders, Led, and the Management of Pedagogic and Technological Change ». *International electronic journal for leadership in learning*, 6, 91–101.

Glover, Derek / Miller, David / Averis, Douglas / Door, Victoria. 2007. « The evolution of an effective pedagogy for teachers using the interactive whiteboard in mathematics and modern languages: an empirical analysis from the secondary sector ». *Learning Media and Technology,* 32/1, 5–20.

Karsenti, Thierry / Collin, Simon / Dumouchel, Gabriel. 2012. « L'envers du tableau : ce que disent les recherches de l'impact des TBI sur la réussite scolaire ». *Vivre le primaire,* 25/2, 30–32.

Kennewell, Steve / Tanner, Howard / Jones, Sonia / Beauchamp Gary. 2007. « Analysing the use of interactive technology to implement interactive teaching ». *Journal of Computer Assisted Learning* 24/1, 61–73.

Mangenot, François. 2003. *Dictionnaire de didactique du français langue étrangère et seconde.* Paris, CLE International.

Petitgirard, Jean-Yves / Abry, Dominique /Brodin, Elisabeth. 2011. *Le Tableau Blanc Interactif.* Paris, CLE International.

Rabardel, Pierre. 1995. *Les Hommes et les technologies une approche cognitive des instruments contemporains.* Paris, Université de Paris 8.

Smith, Heather J / Higgins, Steve / Wall, Kate / Miller, Jen. 2005. « Interactive whiteboards: Boon or bandwagon? A critical review of the literature ». *Journal of Computer Assisted Learning,* 21/2, 91–101.

Thomas, Michael / Cutrim Schmid, Euline. 2010. *Interactive Whiteboards for Education: Theory, Research and Practice.* Hershey, PA, Information Science Reference.

Türel, Yalin Kilic. 2010. « Developing teachers' utilization of interactive whiteboards ». In: Gibson, David / Dodge, Bernie. (dir.). *Proceedings of Society for Information Technology and Teacher Education International Conference.* Chesapeake, VA, AACE. 3049–3054.

Whyte, Shona. 2013. « Orchestrating learning ». *Babylonia, Special issue on language learning and technology,* 55–61.

Kossi Seto Yibokou

L'ergonomie pour l'apprentissage en ligne, le cas d'un centre de langues

Résumé
Ce travail se propose d'analyser l'ergonomie et les consignes d'une plateforme d'apprentissage dans un centre de langues universitaire dispensant des cours d'anglais et d'allemand, avec un dispositif d'apprentissage hybride ou mixte. L'objectif de ce travail est double : comprendre d'une part les facteurs intrinsèques à la plateforme, qui inhiberaient ou faciliteraient la réalisation effective des tâches, et proposer d'autre part des solutions adéquates. Des éléments (police, liens, consignes) sur la plateforme d'apprentissage Moodle du Centre de Ressources et d'Apprentissage de Langues (CRAL) à l'Université de Strasbourg sont étudiés *in situ* par le biais d'un questionnaire et d'entretiens auprès des apprenants et concepteurs de cours. La collecte de données s'effectue selon trois axes d'étude majeurs : les textes, la mise en page et l'organisation. L'analyse des pratiques existantes s'est appuyée sur la littérature portant sur l'ergonomie web. Les résultats nous permettent de présenter de nombreuses propositions afin d'améliorer l'ergonomie des pages de la plateforme du CRAL.

Mots-clés
Dispositif hybride de langues, tâches, ergonomie web

1. Introduction

Aujourd'hui, l'avancée des Technologies de l'Information et de la Communication (TIC) change le milieu de l'enseignement / apprentissage des langues, à tel point que nous assistons à une multiplication de centres de langues qui font usage de ces outils et de ressources associées (articles en ligne, vidéos, podcasts, logiciels, etc.). Bon nombre de ces centres optent pour la mise en place de dispositifs hybrides où les ressources sont mises en ligne, soit sur des sites web conçus à cet effet, soit sur des plateformes d'apprentissage (Moodle, Dokeos, etc.). Par ailleurs, les questions soulevées par les chercheurs dans le domaine de l'enseignement / apprentissage des langues reposant sur les dispositifs hybrides concernent principalement la qualité voire la crédibilité des contenus / ressources pédagogiques disponibles en ligne, en lien avec l'autonomie des apprenants et l'interaction (Degache / Nissen, 2008).

Certes, on privilégie le contenu sur la forme (design, apparence), mais la forme ne doit-elle pas servir le fond (cours, leçons, tâches, etc.) ? Quelle est donc la place accordée à la forme ? Des chercheurs comme Nielson (2011) ont mis en exergue le rôle important de l'ergonomie. Plus l'ergonomie est simple d'usage et bien organisée, plus elle sert le fond. Selon Phyo (2003 : 47), « Good design creates a positive experience for users and can lead to more desirable outcomes », car un site web soumis aux pratiques ergonomiques adéquates est justement ce site facile à utiliser et à comprendre.

Dans cette étude, les pages de cours Moodle du Centre de Ressources et d'Apprentissage de Langues (CRAL) sont soumises à des analyses convoquant des théories ergonomiques. Elles se situent dans la lignée des travaux en ergonomie des interfaces web de Nielsen (2006, 2011, 2013), Boucher (2007) et Liu *et al.* (2008) et en ergonomie cognitive de Oostendorp (1996) et Roue (2012). Ce travail vise donc à chercher, dans un premier temps, les facteurs ergonomiques susceptibles d'empêcher les apprenants du CRAL de comprendre les consignes des tâches. Nous nous situons donc dans la lignée des travaux en *Computer-Assisted Language Learning* (*CALL*) de Levy (1997). Dans un deuxième temps, il cherche à faciliter la lecture des consignes chez ces apprenants, tout en proposant des solutions *ad hoc* sur le plan ergonomique.

1.1 Le concept d'ergonomie

Alain Wisner, dès les années 1970, propose cette définition de l'ergonomie :

> L'ensemble des connaissances scientifiques relatives à l'homme nécessaires pour concevoir des outils, des machines, et des dispositifs qui puissent être utilisés avec le maximum de confort, de sécurité et d'efficacité. (Wisner, 1972 : 143)

L'ergonomie intervient dans presque toutes les sphères de la vie quotidienne : dans l'industrie, l'armement, le bâtiment, les meubles, le sport, l'informatique, etc. Elle se base sur trois caractéristiques essentielles :

- la performance de réalisation de la tâche,
- la satisfaction que procure l'utilisation de l'outil,
- la facilité avec laquelle on apprend à s'en servir.

(Boucher, 2007)

Plus tard, avec le développement de l'informatique et du web, le terme (aussi appelé 'utilisabilité' ou 'ergonomie web') prend de l'essor. Il est employé pour désigner la capacité d'un outil informatique à être utilisé facilement pour réaliser une tâche.

Pour nous, l'ergonomie consiste en l'étude des pratiques physiques, visuelles ou cognitives visant à améliorer le rendement et à faciliter l'utilisation d'un produit ou d'un service. Cela peut être, dans notre cas, la facilité de manipulation d'un outil et la compréhension d'une tâche sur un support informatique (Bertin, 2003). Pour cette étude, nous cherchons les facteurs ergonomiques qui favorisent ou non la réalisation efficace des tâches en ligne chez les apprenants du CRAL.

2. Recueil des données et analyse

Plusieurs outils ont été utilisés pour la collecte des données afin de pouvoir procéder à une triangulation des données et proposer des solutions pertinentes :

- En premier lieu, un entretien audio avec un groupe d'étudiants de niveau B2 en guise de pré-enquête a été réalisé afin de construire le questionnaire. Cet entretien a permis d'écouter ce que les acteurs sociaux disent de leurs propres pratiques et de se familiariser avec les pratiques à analyser.
- Un questionnaire en ligne constitue notre source principale de collecte de données. Le nombre de répondants est égal à 92 étudiants en anglais (n=92) des niveaux A1 à B2. Le questionnaire est composé de 54 questions dont 23 ouvertes et 31 fermées. Les questions abordent principalement le thème de l'ergonomie, et plus spécifi-

quement la présentation des consignes dans les espaces de cours Moodle. Trois espaces de cours ont fait l'objet des questions : les pages principales de cours qui comportent le planning et les différentes rubriques, les pages d'activités qui contiennent les tâches et les activités, et enfin les pages d'évaluations sommatives. Dans le questionnaire, les formats fournis (parmi lesquels les étudiants devront faire un choix) comprenaient à chaque fois : une présentation des parties des pages originales, une présentation respectant les lois de l'ergonomie et enfin une présentation intermédiaire issue d'un mélange des deux présentations précédentes.

- Un entretien guidé (7 questions) avec la responsable pédagogique du CRAL et deux créatrices de cours, le but étant de recueillir leurs points de vue, la justification de certaines pratiques et ce qu'elles pensent de la présentation ergonomique des pages Moodle.
- Des enregistrements audiovisuels portant sur des parcours du niveau A2, semestre 2, semaine 2 ont été réalisés auprès d'étudiants volontaires (3 étudiants du CRAL, 2 ex-étudiants du CRAL et 2 étudiants de master 2 FLE). Pendant leur travail, le logiciel *Camtasia* (à travers la capture d'écran dynamique) enregistrait non seulement leur voix et les mouvements de la souris mais également, à travers la webcam, le mouvement des yeux (Liu *et al.*, 2008 ; Nielsen, 2006). Ce procédé a été choisi pour exploiter les données du eyetracking (occulomètrie) mais les outils technologiques nécessaires, (lumière infrarouge, casque, *scanpath*, etc.) nous ont finalement fait défaut. Nous avons toutefois exploité les commentaires.
- Deux enseignantes-chercheuses de l'Université de Strasbourg ont réalisé chez elles et séparément les mêmes parcours (niveau A2, semestre 2, semaine 2). Leurs remarques et observations sur l'ergonomie des pages ont été compilées sous forme de notes. Elles ont formulé quelques interrogations quant aux observations sur les parcours réalisés et ont également proposé des recommandations visant à améliorer ces espaces de cours.
- Finalement, un test a été conduit sur les contrastes de couleurs utilisées sur les pages. Des couleurs de police et de surbrillance prélevées dans les espaces de cours Moodle, ont été soumises à une vérification de contraste de couleurs en ligne via le *Color Contrast Check*. Cet outil a été utilisé pour savoir si effectivement les combinaisons de couleurs utilisées sur les pages Moodle sont en adéqua-

tion avec les normes scientifiques (ergonomiques), ou si ce sont les étudiants qui pensent que ces combinaisons sont dérangeantes.

Le questionnaire en ligne, reproduit en annexe, constitue essentiellement notre trame d'analyse. En ce sens, nous avons pu regrouper selon les types de questions, trois catégories de réponses : le texte, la présentation et l'organisation.

Nous y avons rajouté également des commentaires issus des autres sources de collecte mentionnées plus haut. Commentaires des enregistrements, entretiens de groupe des étudiants, des concepteurs du CRAL et Camtasia et notes enseignants-chercheurs.

Une approche mixte utilisant à la fois des méthodes quantitatives (questions fermées) et qualitatives (questions ouvertes) a été utilisée dans l'analyse des résultats.

3. Résultats

Pour présenter nos résultats, nous reprenons les thèmes principaux de notre questionnaire en ligne: le texte, la mise en page et l'organisation du cours.

3.1 Le texte

Nous présentons ici les résultats des questions 1 à 3 du questionnaire reproduit en annexe. Les résultats montrent respectivement que :

- les apprenants préfèrent des textes plus courts en largeur. En effet, les textes trop longs et qui occupent toute la largeur de l'écran tendent à engendrer la fatigue visuelle et à ralentir la lecture (Nielsen / Loranger : 2013),
- les apprenants préfèrent du gras pour la mise en évidence des mots,
- les apprenants préfèrent une taille de police plus grande (14 et 16).

Un écran plus grand (29 pouces sur les postes de la salle multimédia) « déforme » les contenus des interfaces (Yibokou, 2014 : 67). Aussi, un caractère de 12 points sur un écran de 29 pouces apparaît « infiniment petit » (*ibid.*). Du point de vue théorique, nous nous référons à la loi de Fitts qui stipule que plus un objet paraît petit, plus il est difficile à atteindre (Boucher, 2007).

87 % des étudiants trouvent correcte la taille de la police sur leurs espaces de cours Moodle (question 21). En revanche ceci contredit la question 3 car 85 % avaient choisi la taille 14 et la taille 16 alors que la taille 12 est utilisée sur les pages Moodle. Techniquement nous avons remarqué une différence au niveau de la taille des caractères entre les éditeurs de textes dans Moodle et ceux de MS Word ou Open Office. Par conséquent la taille 12 dans Moodle est plus petite que la taille 12 dans Word par exemple (la taille 12 est utilisée sur les pages Moodle alors que la taille 14 est recommandée le *World Wide Web Consortium* (W3C). Sur ce sujet, une des enseignantes-chercheuses interviewées fait les remarques suivantes :

> Pourquoi ne pas mettre en gros la thématique ? […] La police du semainier est trop petite et il faut trop d'effort pour se mettre sur la semaine 2 […] Il faudrait mettre la semaine en question en gras […]. (EC 2)

Ces résultats confirment ceux de Nielson et Loranger (2013) :

> Small text sizes and dense text make reading difficult. Combine these elements with poor ergonomics and you have a prescription for fatigue and errors.

3.2 La mise en page

Les résultats de la question 5 (voir annexe) montrent que les étudiants préfèrent une page bien aérée et bien démarquée, ce qui explique leur choix pour les présentations 3 et 1. Dans ces présentations, les différentes rubriques ont été éloignées par un saut de ligne et séparées par un trait horizontal selon la loi de la Gestalt (la manière dont notre cerveau procède au décodage et à la perception de formes sur une interface) et la loi de Fitts (Boucher, 2007).

La question 6 s'intéresse au planning intégré à l'espace de cours. Le planning 2 (voir annexe) indique clairement avec une couleur de police rouge la semaine dans laquelle les apprenants se trouvent. Ils l'ont choisi à 57 % car cela leur permettrait de se retrouver par rapport aux autres semaines et aux activités passées et futures.

Nous avons remarqué à maintes reprises dans les entretiens que les étudiants pointent souvent ce problème de repérage des semaines. C'est donc un problème récurrent comme le souligne un des étudiants :

> […] moi j'ai du mal au début, je confonds souvent la semaine d'avant avec la semaine d'après parce que vu qu'on a une semaine pour les cours […] en fait ce qui est arrivé par exemple, imaginons que ce soit la semaine 4, bah dès que nous on va regarder chez nous, on aura déjà la semaine 5 affichée. (G1)

Dans le même ordre d'idée, un des concepteurs de cours au CRAL ajoute :

> […] sur le plan ergonomique et présentation, les étudiants pour les premières semaines, ils galèrent parce que […], en gros, ils vont parfois réviser pour la semaine d'après et quand ils viennent pour les ateliers, ils trouvent que ce n'est pas le bon chapitre […]. (C2)

Les notes d'un enseignant-chercheur viennent corroborer ces propos :

> […] difficulté à comprendre le tableau semainier d'organisation et le lien entre la partie autonomie et la partie atelier. Le décalage d'une semaine n'est pas évident si on ne s'appuie que sur les informations en ligne. (EC-A)

Si les résultats de la question 26 montrent que 20 % d'étudiants n'utilisent pas le planning car : ils « n'y pensent pas », le planning n'est « pas clair » et il n'est « pas utile », les 80 % autres affirment en faire usage (il offre une vision d'ensemble (51 %), il permet de consulter les devoirs (21 %), et « pour vérifier tout simplement » (8 %) (Yibokou, 2014 : 75).

Pour justifier le choix des 80 %, la directrice du CRAL assure que la présence et l'importance du planning est principalement de :

> […] rappeler aux étudiants où ils en sont, c'est important pour eux qu'ils sachent s'ils sont en chapitre un ou deux ou trois et ça permet aussi d'avoir une vision globale sur le semestre c'est-à-dire quand est ma prochaine évaluation aussi et qu'est-ce que je dois faire en travail en autonomie pour préparer tel atelier, suivant qu'ils sont en première heure ou en deuxième heure pour l'atelier […]. (C3)

Les questions 13 à 20 du questionnaire reproduit en annexe concernent les couleurs du texte et de surbrillance. Les apprenants semblent ne pas avoir de problèmes majeurs sauf pour le jaune, le rose, le violet et l'orange. Les raisons qu'ils ont avancées sont entre autres le fait qu'il y a « trop de couleurs flashy/vives », qui « fatiguent les yeux », « induisent des difficultés de lectures » et « embrouillent le message » (Yibokou, 2014 : 76). Selon un répondant :

> [...] Pas forcément d'autres couleurs mais peut-être employer d'autres codes pour qu'elles soient moins agressives, un peu plus douces ou plus foncées, les ternir par exemple [...]. (G2)

Les tests, faits à partir du vérificateur de couleurs (*color check*), corroborent les réponses des étudiants.

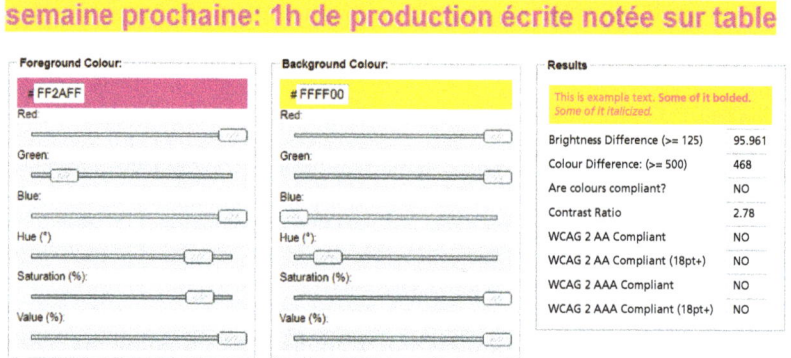

Figure 1 : Vérification de contraste de couleurs.

Sur la figure 1, l'outil met d'abord un exemple typique : d'un texte normal, gras et italique, avec la couleur de police (*foreground colour*) et la couleur du fond (*background colour*) choisies. La différence de luminosité entre le fond et le premier plan, selon les normes du W3C, doit être supérieure ou égale à 125 (95,96 dans notre exemple). Pour ce qui est de la différence de tonalité entre deux couleurs, elle devrait être supérieure ou égale à 500 (468 dans notre exemple). Le ratio de contraste, qui doit être supérieur à 4,5 (2,78 dans notre exemple) est également fourni, suivi par les quatre normes du *Web Content Accessibility Guidelines* (toutes négatives dans notre exemple).

Dans l'entretien avec un des créateurs de cours, le choix des couleurs n'a pas de signification particulière :

L'ergonomie pour l'apprentissage en ligne, le cas d'un centre de langues 165

> [...] je ne pense pas que les couleurs soient associées à un sens [...] je ne pense pas qu'il y aurait une association avec quelque chose [...]. (C1)

Mais plutôt, la raison en est que :

> [...] il faut que la couleur soit lisible, donc le jaune pâle, le vert pâle, ça va être très bien, autrement c'est pour essayer d'attirer l'attention immédiatement sur certaines choses, par exemple les « news of the week » en rose pétant pour qu'on puisse le voir tout de suite. Le surlignage en jaune, je trouve que c'est ce qui ressort le mieux sur une page [...]. (C3)

Les indications sur la figure 1 montrent que la combinaison de la couleur rose sur un fond jaune n'est pas adéquate (selon les règles du W3C). Cet exemple de combinaisons de couleurs, parmi tant d'autres, est souvent présent sur la page principale et sur la page d'activités. Les réponses à la question 24 nous confirment et nous indiquent que, la page principale et la page d'activité sont les moins présentées. La page d'évaluation a été choisit à 82 % (question 11) comme étant la mieux présentée.

Les pourcentages des réponses à la question 47 (figure 2) montrent comment les étudiants reconnaissent un lien hypertexte. 67 % confirment que les mots soulignés leur font penser à un lien, et ils affirment que :

> ...Comment on sait que c'est des liens ? Et ben on clique dessus voir [...] il faudrait mettre un truc spécifique pour les liens, il y a des couleurs mais on sait pas pourquoi il y a ces couleurs. Celui-là est en gris et celui-là il n'est pas en gris, on ne sait pas. (G2)

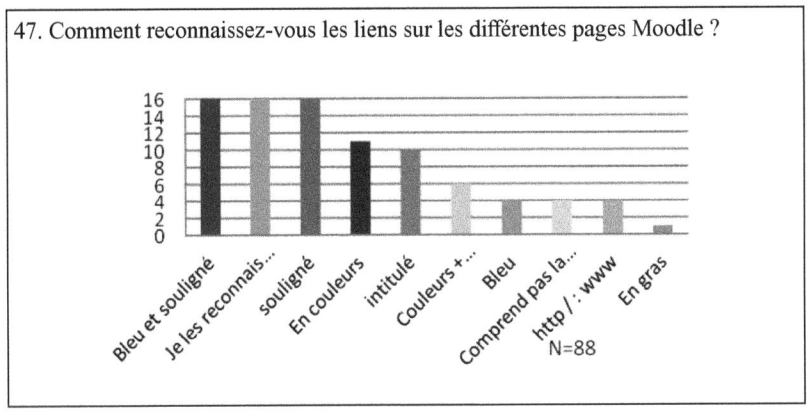

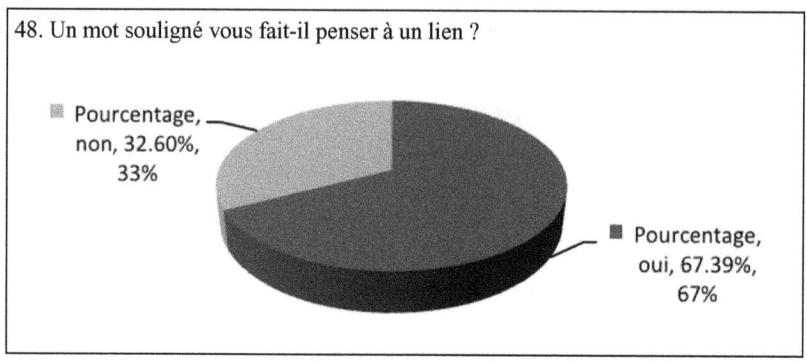

Figure 2 : Reconnaissance des liens hypertexte.

Il est également important de remarquer que la réponse « Je ne les reconnais pas » a un même pourcentage que « les soulignés » (16 %), ceci s'explique par les différentes formes que prennent les liens sur les pages. Cette pratique (le fait de souligner un mot qui n'est pas un lien) va à l'encontre de la loi de l'affordance qui suggère qu'il ne faut jamais souligner un mot qui n'est pas un lien (Boucher, 2007).

3.3 L'organisation

Selon les résultats de la question 7, les étudiants préfèrent une page principale avec la rubrique des évaluations qui vient en première position. Cette réponse a été retrouvée dans les questions 34 à 43 où ils affirment consulter les évaluations en premier lieu.

Les réponses aux questions 8 et 9 nous indiquent que les étudiants préfèrent qu'on leur signale qu'il n'y a pas d'activités dans les rubriques vides :

> [...] quand il y a un truc qui est vide, ne pas mettre le titre [...] Par exemple il est souvent écrit évaluation et y'a rien. Moi au début je ne comprenais pas, je voyais évaluation et je croyais qu'il y avait évaluation [...]. (G2)

Selon les réponses à la question 34, il paraît clair que les évaluations attirent en premier l'attention des apprenants (49 %) puis les ateliers (26 %), les devoirs (15 %), et les *News of the week* (10 %). Les raisons avancées sont entre autres : « le degré d'importance », « l'obligation »,

« se tenir informé » et « pas intéressé » respectivement. Ces résultats montrent que, malgré l'ordre d'apparition des rubriques sur la page principale (1. News of the week, 2. Atelier, 3. Devoir et 4. Evaluation) les apprenants ont développé leur propre ordre de consultation des rubriques. Les raisons qu'ils ont fournies nous permettent de déduire qu'il pourrait s'agir de la préoccupation des notes, pour pourvoir valider leur semestre. Alors que les ateliers et les devoirs sont indispensables pour passer à un niveau supérieur, les News of the week, contenant les invitations aux rencontres avec les étudiants américains de Syracuse, les intéressent moins. Cette observation est confirmée par le faible taux de présence lors ces rencontres.

Tableau 1 : Tableau récapitulatif, ordre de consultation des rubriques.

Première rubrique	Deuxième rubrique	Troisième rubrique	Dernière rubrique
Évaluations (49 %)	Ateliers (26 %)	Devoirs (15 %)	News of the week (10 %)

Quand il leur a été demandé s'ils se perdaient dans leur navigation (questions 44 à 46), 26 % ont dit ne pas se perdre ; (43 %), (17 %), et (13 %) se perdent parfois, rarement et tout le temps respectivement. Leurs raisons étant : le repérage des semaines (41 %), trop d'informations (27 %), les liens et les couleurs 16 % et 8 %. Par contre, ceux qui ne se perdent pas, sont ceux qui exploitent le planning (63 %). Certains pensent que c'est grâce à leurs connaissances en informatique (19 %) et enfin seuls 19 % ont reconnu que le site était simple d'utilisation.

Les réponses aux questions 49 et 50 portant sur la navigation, montrent que seulement 9 % utilisent le fil d'Ariane, 50 % appuient sur le bouton « revenir en arrière ». 22 % font un clic droit et ouvrent le lien dans un nouvel onglet. 5 % font un copier-coller de l'URL dans un nouvel onglet. 15 % recommencent tout depuis le début. 83 % ne connaissaient pas le fil d'Ariane contre 17 % qui connaissent son existence mais ne l'utilisent pas. À la fin du questionnaire, une légende détaillant le fil d'Ariane en capture d'écran a été prévue. Les étudiants, pour ceux qui ne le connaissaient pas, semblaient étonnés que cela s'appelle le fil d'Ariane et servait à naviguer et à se retrouver dans une page.

89 % savaient ouvrir un lien dans un nouvel onglet, contre 11 % qui ne le savaient pas (questions 51 à 53). 80 % préféraient que les liens externes s'ouvrent dans un nouvel onglet, 4 % dans le même onglet et 16 % restaient indifférents et les raisons étaient exprimées à travers les mots : « claire » ; « rapide » ; « simple »; « facile »; « pratique » (Yibokou 2014 : 76). 49 % des apprenants préféreraient « avoir les instructions et à côté le document de travail » comme nous pouvons le remarquer dans leur propos :

> Pour les liens externes, ça serait bien d'avoir la page d'instruction avec les questions et la page de ressources à coté, sinon on fait le va et vient à chaque fois et c'est pénible […]. (G2)

Nous pouvons déduire de ces résultats que les évaluations sont très importantes pour les apprenants. Ils préfèrent également un espace de cours moins chargé et souhaiteraient être informés sur le fonctionnement de la plateforme. Les apprenants du CRAL savent quelle information se trouve dans une rubrique écrite avec telle ou telle couleur (Devoir, Atelier, Evaluation etc.). Ainsi, à chaque fois qu'ils se connectent sur Moodle, sans perdre de temps, ils commencent directement leurs tâches. Néanmoins, le fait de changer l'aspect d'un élément (information, couleur, position, taille, etc.) les induit en erreur (réponses 45). La clarté et la consistance contribuent en ce sens aux facteurs rassurants ; il est important pour les étudiants de voir les objets se comporter toujours de la même façon. Cela motivent les apprenants à aller au bout de leurs tâches parce que :

> Consistency is one of the most powerful usability principles: when things always behave the same, users don't have to worry about what will happen. Instead, they know what will happen based on earlier experiences. Every time you release an apple over Sir Isaac Newton, it will drop on his head. That's good. (Nielsen, 2011)

4. Interprétations en rapport avec les résultats

Les pratiques ergonomiques non adéquates peuvent avoir des conséquences multiples sur les apprenants, non seulement du point de vue pédagogique mais aussi par rapport à la manière d'apprendre de ces apprenants. Les interprétations qui suivent découlent des réponses du questionnaire et des entretiens.

Premièrement, le fait que les apprenants se perdent dans la navigation, à cause du décalage dans les semaines, peut entrainer selon nous, un effet négatif sur l'implication des étudiants dans l'exercice de réalisation des tâches. En effet, les étudiants préparent parfois des ateliers pour d'autres semaines et par conséquent, viennent en classe sans être prêts pour l'atelier de la semaine en cours.

Deuxièmement, les problèmes liés aux liens peuvent entraîner un ralentissement de la part des apprenants : un lien non opérationnel, le fait de cliquer sur un lien avant de se rendre compte que ce n'est qu'un mot souligné, le fait de cliquer plusieurs fois sur le bouton 'revenir en arrière' pour retrouver une page initiale, etc. Cela fait perdre du temps aux apprenants.

Troisièmement, le choix de certains liens/ressources externes peut constituer un blocage dans la réalisation effective des tâches. Cela passe par des textes/thèmes/vidéos etc. trop difficiles pour des niveaux concernés. Nous abordons ici l'ergonomie aux sens de Nielson (2011), dont l'objectif est de faciliter l'utilisation d'une 'chose', en passant par le choix de ressources pédagogiques adéquates/appropriées, facilement utilisables par les apprenants. Dans certaines vidéos, les acteurs parlaient trop vite et avec un accent trop peu compréhensible pour un niveau plus bas (surtout pour les niveaux A1). Parfois il n'est pas évident de trouver tout de suite des textes à lire sur une page externe car le site en question présente beaucoup d'autres ressources textuelles. Nous rappelons que l'ergonomie sert à faciliter l'utilisation d'un produit (utilisabilité) et que le choix de ressources lisibles, exploitables et compréhensibles etc. relève des préoccupations de l'ergonomie.

Quatrièmement, la répétition peut induire les apprenants en erreur et peut les dérouter. Notre remarque qui a été confirmée par des concepteurs de cours est le fait que les trois rubriques (travail en autonomie, Atelier et Devoir) réfèrent souvent à la même chose. Sur une page d'une semaine par exemple, la rubrique « travail en autonomie » contient l'atelier à préparer pour la semaine prochaine. Dans la rubrique « devoir », le plus souvent, les apprenants sont rappelés de faire ou de ne pas oublier l'atelier alors que la rubrique « atelier » rappelle juste le thème de l'atelier préparé la semaine d'avant.

5. Propositions

Les interprétations et analyses des données collectées ont permis de dresser une charte graphique provisoire (document de travail qui contient l'ensemble des règles fondamentales d'utilisation des signes graphiques : police, couleurs, logo, photos, arborescence) pour le CRAL. Cette charte, disponible pour tous les concepteurs-créateurs de cours et les professeurs qui mettent des cours en ligne, serait un guide pour l'harmonisation des éléments graphiques présents sur les pages. Ceci dans le but d'avoir des présentations plus ergonomiques qui facilitent en ce sens la compréhension des instructions.

Parallèlement, un petit guide d'utilisation sera mis à disposition des étudiants, en ligne dans leurs espaces de cours Moodle, en guise d'explication pour l'exploitation des différentes ressources mises à dispositions par le CRAL. Il contient en outre une liste d'abréviations utilisées sur les pages mais également, des méthodes et astuces informatiques pour une utilisation optimale des pages Moodle. Ce guide montre comment se servir du fil d'Ariane, comment se retrouver dans les semaines et l'agrandissement ou le rétrécissement manuel de la taille de la police entre autres.

D'une part, nous avons également pensé mettre à disposition des apprenants une présentation vidéo réalisée avec Camtasia ; dans le but de leur montrer des manipulations des espaces de cours Moodle. Ces vidéos mettront en avant les nouveaux parcours sur Moodle 2 et surtout leur permettrait de mieux s'y retrouver. La réalisation des tâches sera illustrée selon les décalages des semaines.

D'autre part, à la fin de ces présentations vidéo, des questions, quizz et jeux de pistes leur seront proposés afin d'évaluer les connaissances acquises (Abraham / William, 2009).

Ces ressources sont à consulter pendant les premières semaines avant le commencement des activités et seront toujours disponibles dans la semaine zéro (l'espace avant la semaine 1 où sont mises des ressources documentaires, des rappels etc.) pour une consultation ultérieure.

6. Conclusion

Au regard du travail qui a été mené dans cette étude, nous avons pu faire la lumière sur trois facteurs ergonomiques qui posaient problème aux étudiants lors de la réalisation de leurs tâches. Outre les aspects du texte, de la présentation et de l'organisation traités dans ce travail, s'ajoute la question de la cohésion.

Aussi à travers les réponses du questionnaire, et de part leurs retours, il a été possible d'apporter des améliorations à leurs espaces de cours. Nous voyons par là, le rôle de l'ergonomie dans l'apprentissage médiatisé. Cette ergonomie, en tout état de cause, permet de faciliter l'interaction/dialogue Homme-machine, notamment en ligne au travers des plateformes numériques (Moodle dans notre cas). D'autant plus que les apprenants sont « seuls » devant leur ordinateur, il convient aux concepteurs de leur faciliter en amont cette interaction. Celle-ci étant conditionnée par la motivation et la confiance qu'ont ces apprenants de pouvoir manipuler les outils mis à leur disposition, afin d'aboutir aux résultats souhaités (apprentissage efficace).

En guise de continuité de cette étude, nous nous proposons d'apporter une réflexion plus poussée sur ce sujet, en se focalisant sur l'ergonomie didactique et pédagogique. L'accent portera alors plus sur l'objet d'apprentissage linguistique, où la qualité des ressources d'apprentissage (vidéos, textes, exercices/tâches) sera examinée.

Bibliographie

Abraham, Lee / Williams, Lawrence. 2009. *Electronic Discourse in Language Learning and Language Teaching*. Amsterdam, John Benjamins Publishing Company.

Bertin, Jean-Claude. 2003. « L'ergonomie didactique face au défi de la formation ouverte et à distance ». <http://asp.revues.org/1163> (consulté le 23/03/2014).

Boucher, Amelie. 2007. *Ergonomie Web: pour des sites Web efficaces*. Paris, Eyrolles.

Degache, Christian / Nissen, Elke. 2008. « Formations hybrides et interactions en ligne du point de vue de l'enseignant : pratiques, représentations, évolutions ». <http://alsic.revues.org/797> (consulté le 13/04/2014).

Jonathan, Snook. 2005. « Colour Contrast Check ». <http://snook.ca/technical/colour_contrast/colour.html> (consulté le 13/05/2014).

Levy, Michael. 1997. *CALL: context and conceptualization*. Oxford: Oxford University Press.

Liu, Min / Traphagan, Tomoko / Huh, Jin / Koh, Young Ihn / Choi, Gilok / McGregor, Allison. 2008. « Designing Websites for ESL Learners: A Usability Testing Study ». <https://calico.org/memberBrowse.php?action=article&id=690> (consulté le 12/02/2014).

Nielsen, Jacob. 2006. « F-Shaped Pattern For Reading Web Content ». <http://www.nngroup.com/articles/f-shaped-pattern-reading-web-content/> (consulté le 17/06 /2014).

Nielsen, Jacob. 2011. « Top 10 Mistakes in Web Design ». <http://www.nngroup.com/articles/top-10-mistakes-web-design/> (consulté le 17/06 /2014).

Nielsen, Jacob / Loranger, Hoa. 2013. « Teenage Usability ». <http://www.nngroup.com/articles/usability-of-websites-for-teenagers/> (consulté le 17/06/2014).

Phyo, Ani. 2003. *Return on Design: Smarter Web Design That Works*. Indianapolis, New Riders.

Rouet, J.-F. 2012. Ce que l'usage d'internet nous apprend sur la lecture et son apprentissage. *Le Français Aujourd'hui*, 178, L'enseignement des lettres et le numérique.

Techsmith. (2012). Camtasia : logiciel de captures d'écrans dynamiques (utilisé 05/04/2014).

Van Oostendorp, Herre / Mul, de Sjaak. 1996. *Cognitive Aspects of Electronic Text Processing 58*. Norwood, Ablex Publishing Corporation.

World Wide Web Consortium. 2009. « Règles pour l'accessibilité des contenus Web ». <http://www.w3.org/Translations/WCAG20-fr/#meaning> (consulté le 09/05/2014).

Yibokou, K. S. 2014. *Ergonomie et compréhension des consignes : Quels facteurs pour favoriser la réalisation efficace des tâches chez les apprenants dans un système hybride ?* Mémoire de master 2: Université de Strasbourg.

Annexe

Questionnaire en ligne :

1. Dans la série des formats de texte suivants, choisissez celui qui vous facilite la lecture.

Format 1

A company in Phoenix, Arizona, says that it can now clone your cat. "Actually," said Felix Lee, President of Twice Is Nice, Inc., "you don't even have to wait until your beloved cat dies. We already have clients whose clone lives with its donor." The price is steep. A clone of your cat will cost $50,000. First, your veterinarian must do a biopsy of your cat. This is sent to TwIN, Inc., where it is cultured to grow fresh new cells. These new cells are stored in liquid nitrogen until you notify TwIN, Inc., that you are ready for the clone. At this time, you pay half the amount ($25,000). A cultured cell is implanted into a female cat that is in estrus, and if all goes well, a kitten is born about 60 days later. The new kitten is weaned in about eight weeks. TwIN, Inc. delivers the kitten to you after it receives the remaining $25,000."We are a growing company," said Lee. "Our facility can handle about a dozen births a year now, but our goal is to produce about 50 kittens and 50 puppies a year." The company is currently experimenting with stray dogs. Some canine clones seem to be perfect, but some have been bizarre. Nevertheless, Lee believes that they will be successfully cloning dogs

Format 2

A company in Phoenix, Arizona, says that it can now clone your cat. "Actually," said Felix Lee, President of Twice Is Nice, Inc., "you don't even have to wait until your beloved cat dies. We already have clients whose clone lives with its donor." The price is steep. A clone of your cat will cost $50,000. First, your veterinarian must do a biopsy of your cat. This is sent to TwIN, Inc., where it is cultured to grow fresh new cells. These new cells are stored in liquid nitrogen until you notify TwIN, Inc., that you are ready for the clone. At this time, you pay half the amount ($25,000). A cultured cell is implanted into a female cat that is in estrus, and if all goes

Format 3

A company in Phoenix, Arizona, says that it can now clone your cat. "Actually," said Felix Lee, President of Twice Is Nice, Inc., "you don't even have to wait until your beloved cat dies. We already have clients whose clone lives with its donor." The price is steep. A clone of your cat will cost $50,000. First, your veterinarian must do a biopsy of your cat. This is sent to TwIN, Inc., where it is cultured to grow fresh new cells. These new cells are stored in liquid nitrogen until you notify TwIN, Inc., that you are ready for the clone. At this time, you pay half the amount ($25,000). A cultured cell is implanted into a female cat that is in estrus, and if all goes well, a kitten is born about 60 days later. The new kitten is weaned in about eight weeks. TwIN, Inc. delivers the kitten to you after it receives the remaining $25,000."We are a growing company," said Lee. "Our facility

2. Dans la série des formats de texte suivants, choisissez celui qui vous facilite la lecture.

Format 1

First, your **veterinarian** must do a **biopsy** of your cat. This is sent to TwIN, Inc., where it is **cultured** to grow fresh **new cells**. These new cells are stored in **liquid nitrogen** until you notify TwIN, Inc., that you are ready for the **clone**. At this time, you pay half the **amount** ($25,000).

Format 2

First, your VETERINARIAN must do a BIOPSY of your cat. This is sent to TwIN, Inc., where it is CULTURED to grow fresh NEW CELLS. These new cells are stored in LIQUID NITROGEN until you notify TwIN, Inc., that you are ready for the CLONE. At this time, you pay half the AMOUNT ($25,000).

Format 3

First, your veterinarian must do a biopsy of your cat. This is sent to TwIN, Inc., where it is cultured to grow fresh new cells. These new cells are stored in liquid nitrogen until you notify TwIN, Inc., that you are ready for the clone. At this time, you pay half the amount ($25,000).

Format 4

First, your veterinarian must do a biopsy of your cat. This is sent to TwIN, Inc., where it is cultured to grow fresh new cells. These new cells are stored in liquid nitrogen until you notify TwIN, Inc., that you are ready for the clone. At this time, you pay half the amount ($25,000).

Format 5

First, your **veterinarian** must do a **biopsy** of your cat. This is sent to TwIN, Inc., where it is **cultured** to grow fresh **new cells**. These new cells are stored in **liquid nitrogen** until you notify TwIN, Inc., that you are ready for the **clone**. At this time, you pay half the **amount** ($25,000).

L'ergonomie pour l'apprentissage en ligne, le cas d'un centre de langues   175

3. Dans la série des formats de texte suivants, choisissez celui qui vous facilite la lecture.

Format 1

> First, your veterinarian must do a biopsy of your cat. This is sent to TwIN, Inc., where it is cultured to grow fresh new cells. These new cells are stored in liquid nitrogen until you notify TwIN, Inc., that you are ready for the clone. At this time, you pay half the amount ($25,000)

Format 2

> First, your veterinarian must do a biopsy of your cat. This is sent to TwIN, Inc., where it is cultured to grow fresh new cells. These new cells are stored in liquid nitrogen until you notify TwIN, Inc., that you are ready for the clone. At this time, you pay half the amount ($25,000)

Format 3

> First, your veterinarian must do a biopsy of your cat. This is sent to TwIN, Inc., where it is cultured to grow fresh new cells. These new cells are stored in liquid nitrogen until you notify TwIN, Inc., that you are ready for the clone. At this time, you pay half the amount ($25,000).

Format 4

> First, your veterinarian must do a biopsy of your cat. This is sent to TwIN, Inc., where it is cultured to grow fresh new cells. These new cells are stored in liquid nitrogen until you notify TwIN, Inc., that you are ready for the clone. At this time, you pay half the

5. Dans la série de différentes présentations de la page principale de cours suivante, choisissez celui qui vous facilite la lecture.

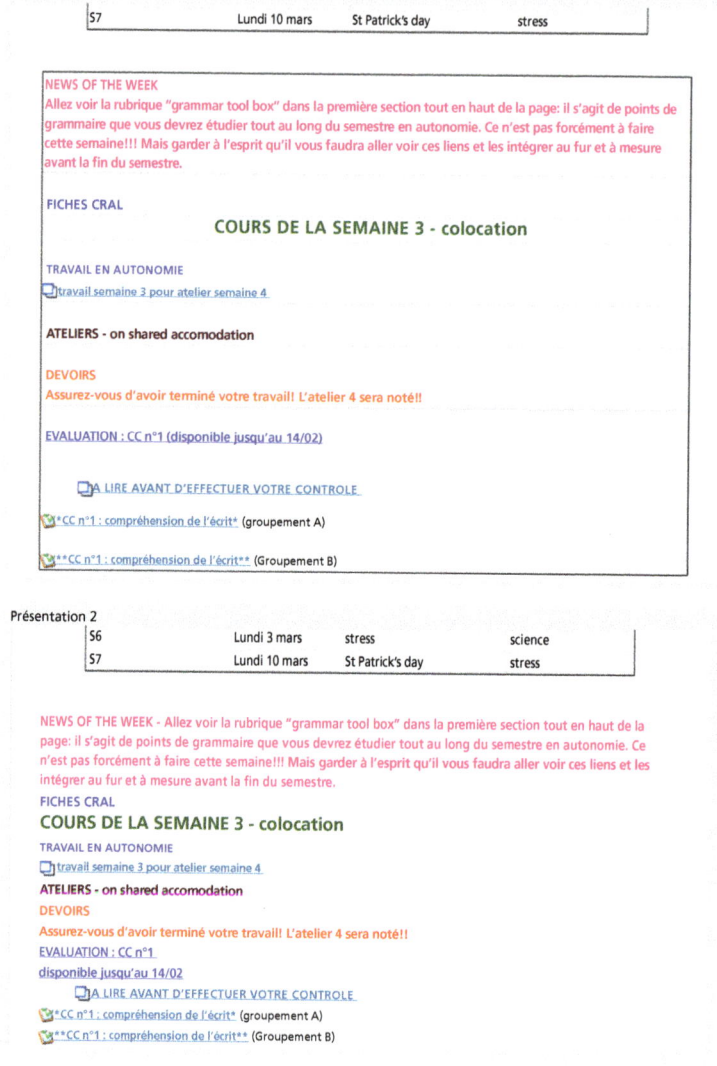

L'ergonomie pour l'apprentissage en ligne, le cas d'un centre de langues   177

Présentation 3

| S7 | Lundi 10 mars | St Patrick's day | stress |

NEWS OF THE WEEK
Allez voir la rubrique "grammar tool box" dans la première section tout en haut de la page: il s'agit de points de grammaire que vous devrez étudier tout au long du semestre en autonomie. Ce n'est pas forcément à faire cette semaine!!! Mais garder à l'esprit qu'il vous faudra aller voir ces liens et les intégrer au fur et à mesure avant la fin du semestre.

FICHES CRAL

COURS DE LA SEMAINE 3 - colocation

TRAVAIL EN AUTONOMIE
 travail semaine 3 pour atelier semaine 4

ATELIERS - on shared accomodation

DEVOIRS
Assurez-vous d'avoir terminé votre travail! L'atelier 4 sera noté!!

EVALUATION : CC n°1 (disponible jusqu'au 14/02)
 A LIRE AVANT D'EFFECTUER VOTRE CONTROLE
 CC n°1 : compréhension de l'écrit (groupement A)
 CC n°1 : compréhension de l'écrit (Groupement B)

6. Choisissez le planning que vous souhaiterez avoir en début de chaque page principale (hebdomadaire) de cours.

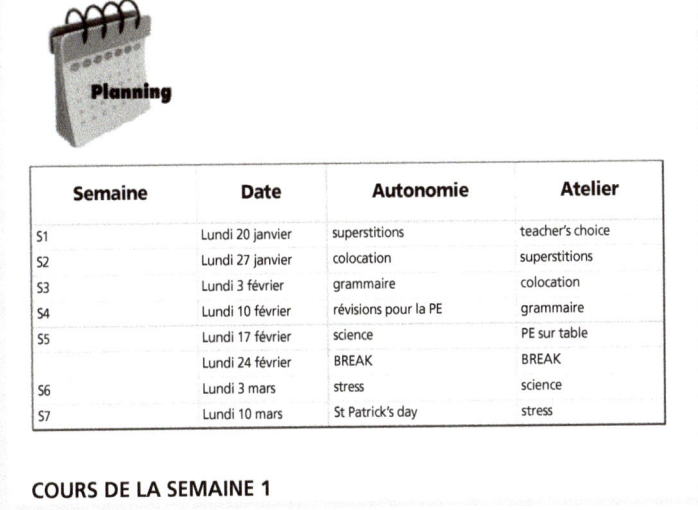

Planning 1

Semaine	Date	Autonomie	Atelier
S1	Lundi 20 janvier	superstitions	teacher's choice
S2	Lundi 27 janvier	colocation	superstitions
S3	Lundi 3 février	grammaire	colocation
S4	Lundi 10 février	révisions pour la PE	grammaire
S5	Lundi 17 février	science	PE sur table
	Lundi 24 février	BREAK	BREAK
S6	Lundi 3 mars	stress	science
S7	Lundi 10 mars	St Patrick's day	stress

COURS DE LA SEMAINE 1

planning 2

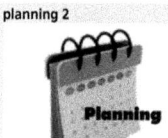

Semaine	Date	Autonomie	Atelier
S1	Lundi 20 janvier	superstitions	teacher's choice
S2	Lundi 27 janvier	colocation	superstitions
S3	Lundi 3 février	grammaire	colocation
S4	Lundi 10 février	révisions pour la PE	grammaire
S5	Lundi 17 février	science	PE sur table
	Lundi 24 février	BREAK	BREAK
S6	Lundi 3 mars	stress	science
S7	Lundi 10 mars	St Patrick's day	stress

COURS DE LA SEMAINE 1

Planning 3

Liens directs vers les semaines:

① ② ③ ④ ⑤ ⑥ ⑦ ⑧ ⑨ ⑩ ⑪ ⑫

SEMAINE 1: lundi 20 janvier au vendredi 24 janvier 2004

L'ergonomie pour l'apprentissage en ligne, le cas d'un centre de langues 179

7. Choisissez parmi ces présentations (ordre des rubriques) celle qui vous permet une meilleure compréhension.

Ordre 1

NEWS OF THE WEEK
Allez voir la rubrique "grammar tool box" dans la première section tout en haut de la page: il s'agit de points de grammaire que vous devrez étudier tout au long du semestre en autonomie. Ce n'est pas forcément à faire cette semaine!!! Mais garder à l'esprit qu'il vous faudra aller voir ces liens et les intégrer au fur et à mesure avant la fin du semestre.

FICHES CRAL

COURS DE LA SEMAINE 3 - colocation

TRAVAIL EN AUTONOMIE
📄 travail semaine 3 pour atelier semaine 4

ATELIERS - on shared accomodation

DEVOIRS
Assurez-vous d'avoir terminé votre travail! L'atelier 4 sera noté!!

EVALUATION : CC n°1 (disponible jusqu'au 14/02)

📄 A LIRE AVANT D'EFFECTUER VOTRE CONTROLE

📄 *CC n°1 : compréhension de l'écrit* (groupement A)

📄 **CC n°1 : compréhension de l'écrit** (Groupement B)

Ordre 2

COURS DE LA SEMAINE 3 - colocation

NEWS OF THE WEEK
Allez voir la rubrique "grammar tool box" dans la première section tout en haut de la page: il s'agit de points de grammaire que vous devrez étudier tout au long du semestre en autonomie. Ce n'est pas forcément à faire cette semaine!!! Mais garder à l'esprit qu'il vous faudra aller voir ces liens et les intégrer au fur et à mesure avant la fin du semestre.

EVALUATION : CC n°1 (disponible jusqu'au 14/02)

📄 A LIRE AVANT D'EFFECTUER VOTRE CONTROLE

📄 *CC n°1 : compréhension de l'écrit* (groupement A)

📄 **CC n°1 : compréhension de l'écrit** (Groupement B)

TRAVAIL EN AUTONOMIE
📄 travail semaine 3 pour atelier semaine 4

ATELIERS - on shared accomodation

DEVOIRS
Assurez-vous d'avoir terminé votre travail! L'atelier 4 sera noté!!

> Ordre 3
>
> **COURS DE LA SEMAINE 3 - colocation**
>
> ATELIERS - on shared accomodation
>
> TRAVAIL EN AUTONOMIE
> ▯travail semaine 3 pour atelier semaine 4
>
> DEVOIRS
> Assurez-vous d'avoir terminé votre travail ! L'atelier 4 sera noté !!
>
> **EVALUATION : CC n°1 (disponible jusqu'au 14/02)**
>
> ▯A LIRE AVANT D'EFFECTUER VOTRE CONTROLE
>
> ▯*CC n°1 : compréhension de l'écrit* (groupement A)
>
> ▯**CC n°1 : compréhension de l'écrit** (Groupement B)
> NEWS OF THE WEEK
> Allez voir la rubrique "grammar tool box" dans la première section tout en haut de la page: il s'agit de points de grammaire que vous devrez étudier tout au long du semestre en autonomie. Ce n'est pas forcément à faire cette semaine!!! Mais garder à l'esprit qu'il vous faudra aller voir ces liens et les intégrer au fur et à mesure avant la fin du semestre.

8. Choisissez parmi ces présentations (rubriques vides) celle qui vous convient le mieux.

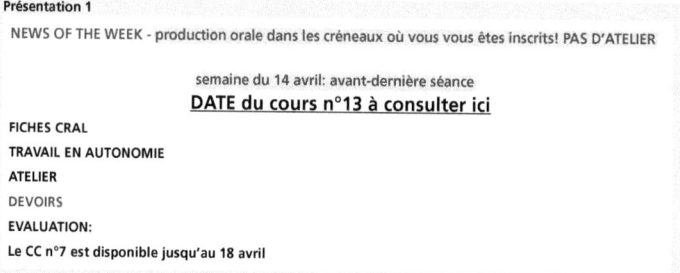

> **Présentation 3**
> NEWS OF THE WEEK - production orale dans les créneaux où vous vous êtes inscrits! PAS D'ATELIER
>
> semaine du 14 avril: avant-dernière séance
>
> **DATE du cours n°13 à consulter ici**
> EVALUATION (pas d'évaluation mais le CC n°7 est disponible jusqu'au 18 avril)

9. Choisissez la présentation (couleur des polices) qui vous convient le mieux.

Présentation 1
NEWS OF THE WEEK - production orale dans les créneaux où vous vous êtes inscrits! PAS D'ATELIER

semaine du 14 avril: avant-dernière séance.
DATE du cours n°13 à consulter ici
FICHES CRAL
TRAVAIL EN AUTONOMIE
ATELIER
DEVOIRS
EVALUATION:
Le CC n°7 est disponible jusqu'au 18 avril

Présentation 2
NEWS OF THE WEEK - production orale dans les créneaux où vous vous êtes inscrits! PAS D'ATELIER

semaine du 14 avril: avant-dernière séance
DATE du cours n°13 à consulter ici
FICHES CRAL
TRAVAIL EN AUTONOMIE
ATELIER
DEVOIRS
EVALUATION
Le CC n°7 est disponible jusqu'au 18 avril

Présentation 3
NEWS OF THE WEEK - production orale dans les créneaux où vous vous êtes inscrits! PAS D'ATELIER

semaine du 14 avril: avant-dernière séance
DATE du cours n°13 à consulter ici
FICHES CRAL
TRAVAIL EN AUTONOMIE
ATELIER
DEVOIRS
EVALUATION
Le CC n°7 est disponible jusqu'au 18 avril

13. Avez-vous des problèmes avec la couleur des polices ?
☐oui ☐non
14. Si oui lesquelles ?
☐rouge ☐jaune ☐bleue ☐violet ☐orange
15. D'autres couleurs ? Précisez :
16. Pourquoi ?
17. Avez-vous des problèmes avec la couleur de surbrillance des textes ?
☐oui ☐non
18. Si oui lesquelles ?
☐rouge ☐jaune ☐bleue ☐violet ☐orange
19. D'autres couleurs ? Précisez :
20. Pourquoi ?
23. Avez-vous déjà été amené à modifier la taille de la police ?
☐oui ☐non
24. A quel endroit ?
☐sur la page principale de cours
☐sur la page d'acitivités
☐sur la page d'évaluation
26. Vous-servez-vous du calendrier (planning) présent dans chaque section hebdomadaire de cours ?
☐oui ☐non
34. Quels éléments attirent en premier votre attention quand vous visitez la page principale de cours?
35. Pourquoi ?
36. Quelle est la première chose que vous regardez quand vous êtes sur votre page principale de cours ? (ex : évaluation, atelier)
37. Pourquoi ?
38. Quelle est la deuxième chose que vous regardez quand vous êtes sur votre page principale de cours ? (ex : évaluation, atelier)
39. Pourquoi ?
40. Quelle est la troisième chose que vous regardez quand vous êtes sur votre page principale de cours ? (ex : évaluation, atelier)
41. Pourquoi ?
42. Quelle est la dernière chose que vous regardez quand vous êtes sur votre page principale de cours ? (ex : évaluation, atelier)
43. Pourquoi ?
44. Vous arrive-t-il de vous perdre dans votre navigation ?
☐oui mais rarement

☐oui tout le temps
☐oui parfois
☐non jamais
45. Si oui pourquoi ?
47. Comment reconnaissez-vous les liens sur les différentes pages Moodle ?
48. Un mot souligné vous fait-il penser à un lien ?
☐oui ☐non
49. Comment faites-vous pour revenir à la page principale de cours ?
☐Je clique sur le bouton « revenir en arrière » du navigateur
☐Je fais un copier-coller de l'URL dans un nouvel onglet
☐Je retourne sur la page d'accueil de Moodle et j'ouvre mon cours
☐Je fais click droit sur le lien et choisis « ouvrir dans un nouvel onglet »
☐Je me sers du « fil d'Ariane »
50. Saviez vous qu'on peut revenir sur page principale de cours en se servant du fil d'Ariane ?
☐oui ☐non

STÉFANIE WITZIGMANN

Zur Nutzung von Unterrichtsvideos bei netzbasierten Lehrerfort- und Weiterbildungen: Umsetzungen und Konzeptionen

Abstract
Die Arbeit mit Unterrichtsvideos erhält dank neuer technologischer Möglichkeiten eine immer größer werdende Bedeutung in der Lehrerbildung und der Unterrichtsforschung. Der vorliegende Beitrag widmet sich dem Einsatz von Unterrichtsvideos insbesondere im Bereich der Fort- und Weiterbildung von Lehrpersonen. Aktuelle Studien zeigen, dass die videogestützte Reflexion und Bearbeitung von (eigenem) Unterricht positiv zur Weiterentwicklung von Unterrichtskompetenzen bei Lehrpersonen beiträgt. Am Besten eignen sich hierfür digitale Anwendungsprogramme, die innerhalb des Beitrags im Einzelnen besprochen werden. Schließlich wird die Konzeption eines Fortbildungsprojekts vorgestellt, dem eine netzbasierte Lehrerfort- und Weiterbildung im Französischunterricht zugrunde liegt.

Schlüsselwörter
Lehrerfort- und Weiterbildung, Einsatz von Unterrichtsvideos, netzbasierte Videoportale, Blended-Learning, Französischlehrkräfte

1. Einleitung

Unterrichtsvideos erfahren großer Beliebtheit in der Unterrichtsforschung, da sie sich vielfältig einsetzen lassen und verschiedene videobasierte Settings ermöglichen. Videodaten haben – im Gegensatz zu Unterrichtsbeobachtungen und -protokollen – den entscheidenden Vorteil, die Komplexität der Unterrichtsprozesse im Ganzen erfassen zu können. Kittelberger & Freisleben (1994) schreiben den Videografien eine hohe Anschaulichkeit, Informationsdichte und Realitätsnähe zu, die einen medienspezifischen Mehrwert gegenüber Selbstberichten ermöglichen.

Unterrichtsvideos bieten somit ein großes Potenzial für die Forschung im schulischen Bildungsbereich.

Dieser Beitrag widmet sich auf theoretischer Ebene dem Einsatz von Unterrichtsvideos in der Aus- und Weiterbildung von Lehrpersonen. Während zunächst Argumente für die Auseinandersetzung mit Unterrichtvideos in der Lehrerbildung erörtert werden, wird der Fokus anschließend gezielt auf den Einsatz von Unterrichtsvideos im Bereich der Lehrerfort- und Weiterbildung gerichtet. Abschließend wird die Konzeption eines Fortbildungs- bzw. Forschungsprojekts zur netzgestützten Unterrichtsreflexion mit Videos für Fremdsprachenlehrkräfte vorgestellt.

2. Lernen mit Videos im schulischen Bildungsbereich

Unterrichtsvideos erlauben eine „authentische Auseinandersetzung" (Krammer / Reusser, 2005: 36) mit dem Unterrichtsgeschehen. Sie bieten per se eine anschauliche „secondhand experience" (Miller / Zhou, 2007: 323), über die ein 'Eintauchen' in den Unterrichtsprozess möglich ist, ohne jedoch die Rolle der Interaktionspartner einnehmen zu müssen. So steht man beim Betrachten der Unterrichtsvideos – anders als inmitten der Unterrichtssituationen und -prozesse – nicht unter Handlungsdruck: „Video provides a window into classroom interactions, but without the immediate pressures that one faces during instruction" (Sherin, 2004: 20). Unterrichtsvideos lassen sich zudem wiederholt zu unterschiedlichen Zeitpunkten und aus verschiedenen Blickwinkeln betrachten. Hier kann wohlüberlegt über die Komplexität unterrichtlicher Prozesse nachgedacht und reflektiert werden.

Miller und Zhou (2007) weisen jedoch zu Recht darauf hin, dass Beobachtungen von videografiertem Unterricht immer auf der Basis von eigenem Vorwissen erfolgen:

> In addition to this familiarity gap, there are many other factors that could potentially affect what viewers attend to in watching a video case, including cultural background, expertise, and educational philosophy. (Miller / Zhou, 2007: 324–325)

Verbunden mit der Möglichkeit Unterrichtsvideos jedoch wiederholt betrachten, darüber diskutieren und reflektieren zu können, kann das bereits 'Bekannte' bzw. das eigene Vorwissen durch neue Erkenntnisse über Lehr-Lern-Prozesse ergänzt und das Wissen über Unterricht gestärkt werden. Der Unterricht wird bewusster wahrgenommen und das eigene Wissen über Unterricht lässt sich erweitern.

Gerade unter dem Gesichtspunkt ‚Objektivität' bei der Analyse von Unterricht spielen Unterrichtsvideos eine wichtige Rolle: Sie können aus verschiedenen Perspektiven betrachtet werden (Pauli / Reusser, 2006). So lassen sich die Unterrichtsprozesse sowohl aus der Innenperspektive (Blickwinkel der unterrichtenden Lehrpersonen) als auch aus verschiedenen Außenperspektiven betrachten. Dies ist bei der Analyse von Videos des eigenen Unterrichts und von Videos fremder Lehrpersonen ganz entscheidend (vgl. u.a. Seidel *et al.*, 2011; Zhang *et al.*, 2011; Kleinknecht / Poschinski, 2014). Doch auch das Reflektieren über Unterrichtsvideos kann aus verschiedenen Blickwinkeln erfolgen. Es können sowohl fachinhaltliche und / oder -didaktische wie auch allgemein- und/ oder bildungswissenschaftliche- Perspektiven herangezogen werden.

Durch das kollektive Reflektieren über Unterrichtssituationen und -handlungen wird eine gemeinsame Sprache über Lehr-Lern-Prozesse entwickelt. Diese Berufssprache erleichtert wiederum die gegenseitige Verständigung von beobachtbarem Verhalten (Krammer / Reusser, 2005).

Für die Aus- und Weiterbildung von Lehrkräften ist die Verknüpfung von Theorie und Praxis bei der Reflexion über Unterrichtsvideos besonders wertvoll. Der videografierte Unterricht kann nicht nur Quelle für allgemeine Fragen und Konzepte der Didaktik sein bzw. beobachtbare Unterrichtssituationen zur theorieangeleiteten Analyse liefern. Die aus der Reflexion erworbenen Erkenntnisse der Lehrpersonen können unmittelbar in die Unterrichtspraxis zurückgeführt und über eine weitere Videografie evaluiert werden.

Der Arbeit mit Unterrichtsvideos sind gewiss auch Grenzen gesetzt, die ich in Abschnitt 3.2 näher erläutern werde. Die Tatsache, dass bereits seit den 60er Jahren mit Videos in der Lehrerbildung gearbeitet wird (Sherin, 2004), zeigt deutlich den Nutzen dieser Analyseform auf. Dabei sind unterschiedliche Arbeitsweisen denkbar, die sich in Bezug auf Format, Inhalt, Lernsetting oder Ziele unterscheiden können (Brophy, 2004; Krammer / Reusser, 2005; Reusser, 2005; Sherin, 2004):

Tabelle 1: Einsatzformen von Unterrichtsvideos in der Lehre (Krammer / Reusser, 2005: 39, verändert).

_		
Format des Videos		
DVD, digitale Videoformate (AVI, MOV, MPEG, WMV…)	vs.	Videos von einem zentralen Streaming-server
Einzelvideos	vs.	Einbettung von Videos in multimedialen Lernumgebungen
Inhalt des Videos		
authentische Unterrichtsaufnahmen	vs.	nachgestellte, gespielte Unterrichtssituation
beispielhaftes Vorzeigen von ausgewählten Fertigkeiten (*How-To-Videos*)	vs.	alltäglicher Unterricht als Diskussionsgrundlagen (*Images of Practice*)
Videos ohne Zusatzmaterialien	vs.	Video mit Zusatzmaterielien (z.B. Arbeitsblätter, Transkripte, Kommentare…)
ganze Lektionen	vs.	Ausschnitte, Sequenzen
eigene Lektionen (Identifikation)	vs.	fremde, öffentliche Lektionen (Distanz)
Lernsetting		
individuelle Arbeit	vs.	Austausch in Gruppen
Grundausbildung	vs.	Weiterbildung
Online-Austausch	vs.	Face-to-Face Diskussion
Ziel der Arbeit mit Videos		
Nachahmen, Aneignen von Verhaltens-weisen	vs.	Reflektieren, Analysieren, Alternativen suchen

Ausschlaggebend für die konkrete Arbeit mit Unterrichtsvideos ist letzten Endes die Absicht, die mit dem Einsatz dieser Videos verfolgt wird. Sollen beispielsweise Videos 'ideale' Verhaltensweisen zeigen, die von den Lehrpersonen angeeignet und nachgeahmt werden können oder steht die Reflexion, das Analysieren mit dem Ziel des Verstehens von Lehr-Lern-Prozessen, die Erweiterung von professionellem Wissen oder der Aufbau weiterführender Kompetenzen im Vordergrund?

Videos sind nur 'Werkzeuge' (Seago, 2004), die in unterschiedlichen Formen eingesetzt werden können: „it is how it is used to promote specific learning goals that can allow for the oppotunity to learn" (a.a.O., 2004: 263). So unterscheidet Reusser (2005) drei Verwendungszwecke zum Einsatz von Videos in der Lehrerbildung:

- „Videobasiertes Lernen am Modell" (Reusser, 2005: 12). Angelehnt an die sozial-kognitive Lerntheorie Banduras (1979) werden Unterrichtsvideos als Modell für Nachahmung verwendet. Durch das Hinzufügen von Kontextinformationen, Kommentaren oder Anhaltspunkten sollen die Lehrpersonen auf bedeutsame Gesichtspunkte aufmerksam gemacht werden und somit die behavioristische Sicht des reinen Imitierens übersteigern.
- „Problemorientierte und fallbasierte Analyse von Unterrichtsvideos" (ebd.). Der alltägliche Unterricht steht hier im Mittelpunkt und wird unter unterschiedlichen Perspektiven und Fragestellungen problemorientiert erarbeitet. Dabei soll im „ko-konstruktiven Austausch" (ebd.) über Unterrichtssituationen diskutiert und Nachgedacht werden.
- „Videogestützte Unterrichtsreflexion und Feedback" (ebd.). Angelegt an die Theorie des „reflektierten Praktikers" von Schön (1987) werden – idealerweise eigene – Unterrichtsvideos bewusst wahrgenommen, aus einer in einer Peer-Gruppe situierten Außenperspektive nachvollzogen und aktiv bearbeitet.

In diesem Beitrag sollen vor allem die zwei letztgenannten Ansätze ausgearbeitet werden. Das einfache Imitieren anhand von Unterrichtsvideos im Sinne des *Best Practice* ist meines Erachtens nicht mehr zeitgemäß. Unterstützt durch den technischen Fortschritt werden in den letzten Jahren Unterrichtsvideos nicht nur im Bereich der Lehrerbildung effektiv eingesetzt, sondern bieten gewinnbringende Verwendungsmöglichkeiten gerade im Bereich der Lehrerfort- und Weiterbildung. So werde ich im Folgenden das Potenzial und die Herausforderungen von Unterrichtsvideos speziell für diesen Bereich erörtern.

3. Einsatz von Videos in der Lehrerfort- und Weiterbildung

Dem Reflektieren und Analysieren von Unterrichtssituationen kann vor allem in der Lehrerfort- und Weiterbildung ein hoher Stellenwert zugeschrieben werden. Allerdings ist die Förderung von Unterrichtskompetenzen bei traditionellen Fortbildungsangeboten nicht immer gegeben, da sie oft praxisfern sind, nicht im täglichen Unterrichtshandeln verankert sind und der Transfer der Fortbildung in Anwendungssituationen ausbleibt (Vohle / Reinmann, 2012: 414). Hier können digitale Medien wie die Arbeit mit Unterrichtsvideos eine wichtige Schlüsselfunktion bei Fort- und Weiterbildungsangeboten übernehmen.

3.1 Potenzial von Videos in der Fort- und Weiterbildung von Lehrpersonen

Als authentisch gelten Unterrichtsvideos die alltägliche, nicht nachgespielte Unterrichtsaufnahmen zeigen. Diese Aufnahmen geben die Komplexität und die Alltagsnähe wieder, die Grundlage für Reflexion und Diskussion innerhalb der Fort- und Weiterbildung darstellen. Die Teilnehmerinnen und Teilnehmer können dank der Videos die Prozesse im Unterricht unmittelbar beobachten und darüber nachdenken (Krammer *et al.*, 2009; 2010).

Wie bereits angemerkt liegt das Potenzial von Unterrichtsvideos in der Verknüpfung von Theorie und Praxis.

> Video records of teaching and learning are attractive to teachers and teacher educators because video is a suitable medium to make the interactions within the instructionnal triangle concrete and vivid and thus connect practice with theory. (Brouwer / Robijns, 2014: 54)

Dieser Aspekt ist besonders für Formate der Lehrerfort- und Weiterbildung sehr bedeutend, möchte man die Praxisnähe und vor allem das anwendungsbezogene Lernen gewährleisten.

Das Reflektieren über videografierten Unterricht regt die professionelle Kommunikation über Unterrichtsprozesse an. Wichtig dabei ist eine „aktiv-produktive Bearbeitung der Videoinhalte" (Vohle /

Reinmann, 2012: 416). Dies bedeutet, dass den Lehrpersonen nicht nur die Möglichkeit gegeben wird über Videos nachzudenken. Mit Hilfe neuer Technologien können die Videoinhalte bearbeitet und/ oder in einen Austausch- und Feedbackprozess eingebunden werden. Dafür eignen sich beispielsweise digitale *tools*, die das Kommentieren, Annotieren oder Hinzufügen von Arbeitsaufträgen zulassen, wie auch Online-Plattformen, die eine soziale Interaktion mit Peers oder Coaches über Videodaten in einem geschützten Raum erlauben (Vohle / Reinmann, 2012).

Das individuelle und gemeinsame Reflektieren und Bearbeiten von videografiertem Unterricht hilft, eigene unterrichtsbezogene Einstellungen bewusster wahrzunehmen, die anschließend überprüft und adaptiert werden können. Professionelles Wissen wird vorzugsweise durch die Integration verschiedener Perspektiven wie auch durch die Vernetzung von empirischen und theoretischen Erkenntnissen bei der Reflexion von Unterrichtssituationen gefördert (Krammer *et al.*, 2010). Dabei unterstützen auch hier die medienspezifischen Möglichkeiten einiger Videoportale die Weiterentwicklung von Unterrichtskompetenzen ausgebildeter Lehrpersonen.

Jüngste Studien und Projekte über die Arbeit mit Unterrichtsvideos in der Lehrerfort- und Weiterbildung zeigen ermutigende Erkenntnisse. Je nachdem, ob es sich um eigene oder fremde Videos handelt, nehmen Lehrpersonen Unterrichtsvideos anders wahr und beurteilen diese (Borko *et al.*, 2008; Sherin / van Es 2009; Seidel *et al.*, 2011; Zhang *et al.*, 2011, Van Es 2012; Kleinknecht / Schneider, 2013). Andere Studien wiederum konnten aufzeigen, dass die Lehrpersonen dank der Analyse von Unterrichtsvideos ein größeres Verständnis für die Lern- und Verstehensprozesse der Lernenden entwickeln können (Sherin / Han, 2004; Kuntze, 2008; Borko *et al.*, 2011).

3.2 Herausforderungen beim Einsatz von Videos in der Fort- und Weiterbildung von Lehrpersonen

Der Einsatz von Unterrichtsvideos in der Lehrerfort- und Weiterbildung ist aber auch mit einigen Herausforderungen verbunden, die bedacht und bewusst verarbeitet werden müssen.

Durch den Fokus der Kameraführung zeigen Unterrichtsaufnahmen immer nur einen begrenzten Ausschnitt der realen Unterrichtssituation. Darüber hinaus verlangt das Interpretieren des Unterrichtsgeschehens eine Vielfalt an Kontextinformationen. Einer der wichtigsten Angaben stellt die Zielsetzung des Unterrichts dar. Doch auch die Rahmenbedingungen (erste vs. letzte Stunde, Raum…), vorangegangenen Ereignisse (Rückgabe von Klassenarbeiten, Streit auf dem Schulhof…) sowie Informationen über die unterrichtende Lehrperson und die Klassenkonstellation können für die Diskussion und Interpretation des Unterrichts sehr hilfreich sein.

Eine weitere Schwierigkeit stellt der Umgang mit der eigenen Subjektivität bei der Betrachtung und Interpretation von Unterrichtssituationen dar. Wie bereits erwähnt werden unsere Eindrücke auf der Basis des eigenen Wissens und der eigenen Erfahrungen geprägt und können verzerrt erfolgen. Krammer & Reusser (2005) fassen die in der Sozialpsychologie untersuchten und beschriebenen Phänomene folgendermaßen zusammen:

- Primacy-Effekt: Der erste Eindruck prägt die weiteren Beobachtungen.
- Halo-Effekt: Eine einzelne Beobachtung bekommt ein so starkes Gewicht, dass sie alle anderen Beobachtungen beeinflusst.
- Stereotypisierung: Vorurteile gegenüber gewissen Menschengruppen (Schicht, Geschlecht, Ethnie…) werden auf die beobachtete Person übertragen.
- Projektion: Einer zu beobachtenden Person werden eigene Mängel oder Bedürfnisse zugeschrieben (Krammer / Reusser, 2005: 43).

Bei der Arbeit mit Unterrichtsvideos gilt es, sich solcher verfälschten Wahrnehmungen bewusst zu werden und das eigene Vorwissen bei der Interpretation kritisch zu reflektieren.

Des Weiteren zeigen Erfahrungen mit Videoarbeiten in der Lehrerfort- und Weiterbildung (vgl. u.a. Seago, 2004; Krammer *et al.*, 2010), dass Lehrpersonen dazu neigen, den beobachteten Unterricht als gut oder schlecht bzw. richtig oder falsch zu bewerten und sich nicht wirklich mit den Unterrichtshandlungen auseinander zu setzen. In Gruppenbesprechungen tendieren Lehrpersonen oft dazu, nur Positives anzumerken. Dem können bewusste Hilfestellungen wie bspw. konkrete Aufgaben oder Beobachtungshilfen entgegenwirken.

Das Führen einer respektvollen und konstruktiven Diskussion im Umgang mit Unterrichtsvideos will jedoch gelernt werden. Es ist wichtig, den Lehrpersonen zu vermitteln, dass die Auseinandersetzung mit Unterrichtsvideos nicht zur Beurteilungen von Lehrpersonen dient, sondern auf das „Analysieren des Lehrverhaltens in Bezug auf seine Gründe und seine möglichen Auswirkungen für das Lernen der Schülerinnen und Schüler abzielt" (Krammer / Reusser, 2005: 44). Die von Altrichter / Posch entwickelte „Leiter des Schließens" (Altrichter / Posch, 2007: 113 f.) kann sich dabei als hilfreich erweisen. Die Zusammenarbeit der Lehrpersonen ist hierbei besonders wichtig sowie – sollte eine netzgestützte Online-Arbeit als Lernsetting gewählt werden – eine gute Begleitung. Doch auch dies ist in der Praxis nicht immer leicht umzusetzen.

Zuletzt ist die Arbeit mit Videos sehr zeitintensiv und das Fortbildungsformat sollte so angelegt werden, dass den Lehrpersonen technische Unterstützung zur Verfügung steht.

4. Netzbasierter Einsatz von Unterrichtsvideos in der Lehrerfort- und Weiterbildung

Die in den letzten Jahren entwickelten neueren technischen Möglichkeiten führten zu einem vermehrten Einsatz von Unterrichtsvideos in der Fort- und Weiterbildung von Lehrpersonen. Vor allem die netzbasierten Lernplattformen für die Arbeit mit Videos werden bevorzugt eingesetzt, da sie ein zeit- und ortunabhängiges Arbeiten erlauben. Verschiedene Videoportale wurden weltweit kreiert, die eine netzbasierte Arbeit mit Unterrichtsvideos in der Aus- und Weiterbildung unterstützen. Doch erst die Publikationen verschiedener Forschungsprojekte in den letzten Jahren machte auch ein breiteres Publikum auf diese neuen netzbasierten Videoportale aufmerksam (s. Übersicht in Helmke, 2014). Diese Übersicht möchte ich durch drei weitere Beispiele aktualisieren bzw. ergänzen. Das schweizerische Videoportal der Universität Zürich hat sein Hosting gewechselt und wird nun vom Institut für Erziehungswissenschaft (IFE) der Universität Zürich und vom Institut für Medien und Schule der Pädagogischen Hochschule Schwyz als „unterrichtsvideos.ch"[1] verwaltet. Die kanadische Lernplattform „Zoom sur l'expertise pédagogique"[2] sowie die amerikanische Lernplattform „Teaching Channel"[3] bieten nicht nur die Gelegenheit, mit einem Fundus an 'fertigen' Unterrichtsvideos arbeiten zu können – auch eigene Videos können auf das Portal hochgeladen werden. Die Videos werden durch verschiedene Arbeitsmaterialien, Arbeitsblätter, Arbeitsaufträge und didaktische Kommentare ergänzt. Dank der übersichtlichen Gruppierung des Arbeitsmaterials bzw. der Videos kann auf bestimmte Fächer bzw. Lehr-Lern-Fertigkeiten schnell zurückgegriffen werden. Bei beiden letztgenannten Videoportalen können Kommentare in einer Art Forum hinterlassen werden. Entscheidend ist zuletzt die Tatsache, dass diese Videoportale für den Einsatz in der Lehreraus- und Weiterbildung nach einer Registrierung kostenfrei genutzt werden dürfen.

Liegt der Schwerpunkt der Lehrerfort- und Weiterbildung auf einem Lernsetting mit eigenen Videos und der videogestützten Reflexion, so ist eine Zeitmarkierungsfunktion innerhalb eines netzbasierten Portals von zentraler Bedeutung. Mit diesem Werkzeug können Videos an einer bestimmten Stelle markiert und mit (eigenen) Kommentarbeiträgen ergänzt werden.

Auch wenn zum heutigen Zeitpunkt die Lernplattform nicht mehr 'aktiv' ist, sollte dennoch die *LessonLab Software Visibility Platform*[TM] (Krammer / Hugener, 2005; Pauli / Reusser, 2006) nicht unerwähnt bleiben. Zusatzmaterial (meist Texte) konnten mit Hilfe der Zeitmarkierungsfunktion (Video-Marker) mit der entsprechenden Videostelle sowie innerhalb der Diskussionsbeiträge verknüpft werden. Vom *Stanford Center for Innovations in Learning* (Stanford University), um Roy Pea, wird das digitale interaktive Videobearbeitungsportal *Driver*[4] verwaltet. Hier sollen vor allem die unterschiedlichen Perspektiven im Vordergrund stehen. Dafür wird mit mehreren Kameras und Mikrofonen sowie mit einer Panoramakamera gearbeitet. Einzelne Szenen können anschließend ausgewählt, analysiert und zu be-

---

1　Online: <http://www.unterrichtsvideos.ch> 21.11.2014.
2　Online: <http://zoom.animare.org/zoom>21.11.2014. Diese authentischen Unterrichtsvideos bedürfen aufgrund der frankokanadischen (Aus-)Sprache beim Einsatz in der Lehreraus- und Fortbildung von Französisch als Fremdsprache einer besonderen Bearbeitung.
3　Online: <http://www.teachingchannel.org> 21.11.2014.
4　Online: <http://diver.stanford.edu/> 26.11.2014.

stimmten Themen zusammengefasst werden. Auch der Austausch von Kommentaren untereinander wird ermöglicht. Das Schlüsselkonzept ist dabei *guided noticing*: hier sollen interessante Szenen ausgesucht, diese markiert sowie nach Interesse hervorgehoben und schließlich kommentiert werden. Eine speziell für die Lehreraus- und Fortbildung netzwerkbasierte kommerzielle Plattform stellt „Iris Connect"[5] dar. Es handelt sich um ein passwortgeschütztes, webbasiertes Lehr-Lernportal, wo Unterricht videografiert (Videokamera oder bspw. Tablets) und anschließend direkt auf die Plattform hochgeladen wird. Das Unterrichtsvideo kann zur Selbstreflektion genutzt werden oder mit 'eingeladenen' Kollegen geteilt und reflektiert werden oder auch der sog. *Community* (alle Plattform-NutzerInnen) für weitere Reflektionen zugänglich gemacht werden. Außerdem bietet die Plattform eine Reihe von Werkzeugen an, die für Feedbacks bzw. Analyse von Lehr- und Lernprozessen verwendet werden und zur Bereicherung der Diskussionen beitragen können. Bei technischen Fragen oder Problemen steht ein Support zur Verfügung.

Für den deutschsprachigen Raum gibt es nicht viele Portale, die das Bearbeiten und Kommentieren von eigenen Videos erlauben. Für den netzbasierten berufsbegleitenden Weiterbildungsstudiengang E-Lingo (Legutke / Schocker-von-Ditfurth, 2008) wurde das Plugin „v-share"[6] (Huppertz / Massler / Plötzner, 2005) angewendet. Hier können nicht nur Videosequenzen hochgeladen, sondern auch Beiträge verfasst und bearbeitet sowie andere Beiträge beantwortet werden. Zudem wird die Möglichkeit eröffnet, Sequenzen als Videolink in die Beiträge einzubauen. So kann durch einfaches Klicken auf den Videolink die entsprechende Videosequenz abgespielt werden. Ein weiteres und meiner Ansicht nach vielversprechendes netzbasiertes Videoportal stellt das um Frank Vohle entwickelte Lehr-Lernportal „Edubreak©CAMPUS"[7] (Vohle / Reinmann, 2012; Vohle, 2013) dar. EdubreakCAMPUS ist eine videogestützte Online-Lernumgebung, die speziell für Blended-Learning-Szenarien entwickelt wurde. Die Besonderheit liegt vor allem im Videoplayer und der Möglichkeit der Videokommentierung mit einer sehr präzisen Zeitmarke, die

---

5   Online: <http://irisconnect.co.uk> (für die englische Version) und <http://irisconnect.com> (für die amerikanische Version) 26.11.2014.
6   Online: <http://www.v-share.de> 23.11.2014.
7   Online: <http://edubreak-campus.de> 26.11.2014.

in verschiedenen Formaten abgebildet werden kann (Text, Audio, Grafik). Den Benutzern stehen außerdem verschiedene Werkzeuge und Bereiche zur Verfügung (Annotationswerkzeuge[8], Weblog, E-Portfolio[9], Aufgabenbereich, Mitgliederbereich). Sehr hilfreich ist das „Feedback-Cockpit" (Vohle, 2013: 168), indem der/die Moderator(en) sich einen schnellen Überblick über die Nutzer-Aktivitäten verschaffen kann/können (Videokommentare können nach Ampelfarben oder nach Autorennamen sortiert werden) und einzelne Nutzer mit Aufgaben- oder Hilfestellungen zur Erarbeitung bzw. Reflexion persönlich unterstützen kann/können. Durch die Freischaltung[10] aller Nutzer innerhalb einer Fort- und Weiterbildungsgruppe entsteht eine Art 'Blog-Konversation' auf der Grundlage von Videos. Wie auch bei *Iris Connect* steht dem EdubreakCAMPUS Portal in der Mitbuchung des Hostings ein Fachsupport bei technischen Fragen oder Problemen zur Verfügung (Vohle, 2013).

5. Konzeption einer netzbasierten Lehrerfortbildung anhand von Unterrichtsvideos für Fremdsprachenlehrkräfte

Obwohl die Bildungspolitik der Europäischen Union für die Mehrsprachigkeit ihrer Bürger plädiert, finden in Deutschland weder für die Primar- noch für die Sekundarstufe I/II ausreichend Fort- oder Weiterbildungsmaßnahmen in der Zielsprache Französisch statt. Der Unterricht wird oft von einer Lehrperson erteilt, die zwischen hohem Wissensvorsprung und ‚Nichtwissen' schwankt. Das Lehr-Lernschema kennzeichnet sich meistens durch geringe Schülersprechleistungen und einen grammatiklastigen Frontalunterricht (Minuth, 2008: 77–78). Zu Recht

---

8 Zu den Annotationswerkzeuge zählen je nach Einsatzszenario u.a. eine Ampel mit roter (kritisch), gelber (unsicher) oder grüner (gelungen) Auswahloption oder visuelle Schlagworte (Kreis, Quadrat…) die einen schnellen Zugriff bspw. auf bestimmte Gesten erlauben.
9 Beim E-Portfolio können individuelle oder kollaborative Beiträge verfasst werden.
10 Eine bestimmte Szene (z.B. rote Ampel) kann mit einem Klick angesehen und die vorhandene Kommentare können durch meine eigene ergänzt werden.

weist Caspari (2003: 271) hier auf die Bedeutung der reflexiven Lehrerbildung hin. Zudem ist beispielsweise aus der DESI-Studie (DESI-Konsortium 2006 für den Englischunterricht) bekannt, dass eine Korrelation von 16,87 % zwischen der Selbsteinschätzung der Sprechzeit durch die Lehrpersonen und dem realen Unterrichtskontext existiert: „Insgesamt, d.h. über alle Klassen hinweg, unterschätzen Lehrpersonen ihre eigene Sprechzeit" (DESI-Konsortium, 2006: 48). Aus diesem Grund ist die Erforschung von Lehrerfort- und Weiterbildungsformaten insbesondere für die romanische Sprache Französisch ein wichtiges Forschungsdesiderat.

Eine erfolgversprechende Maßnahme setzt eine längerfristig angelegte Aktionsforschung voraus, die den Lehrenden die Möglichkeit gibt, ihren eigenen Unterrichtskontext problemorientiert zu befragen und zu erforschen. Schon 1995 stellt Hayes in diesem Zusammenhang fest, dass Lehrpersonen eher langfristig bereit sind, Ihre Einstellungen zu ändern, wenn sie selbst innovative Prozesse erleben. Dafür bieten sich Fort- und Weiterbildungsformate an, welche die Lehrpersonen dabei unterstützen, ihre eigene Praxis zu begutachten, kritisch zu hinterfragen und im Rahmen einer *professional community* (Ingvarson *et al.*, 2005) zu reflektieren.

Doch Forschungsansätze, die die Effekte von Fort- und Weiterbildungsformaten anhand von Unterrichtsvideos auf das Professionswissen sowie auf Einstellungen und Haltungen von Lehrpersonen selbst, aber auch auf die Lehr-Lernprozesse von Schülerinnen und Schülern untersuchen, sind im deutschsprachigen Raum kaum vorhanden (vgl. u.a. Krammer / Hugener, 2005; Lipowsky, 2010; Vohle / Reinmann, 2012). So soll im Rahmen einer empirischen Studie eine heterogene Gruppe von Französischlehrkräften (Primar- oder Sekundarstufe I/II) über ein gesamtes Schuljahr die komplexen Bedingungsfaktoren ihres individuellen Fremdsprachenunterrichts verstehen und hinsichtlich einer Steigerung der fremdsprachlichen Redeanteile ihrer Schülerinnen und Schüler weiterentwickeln.

Zu diesem Zweck werden die Teilnehmer und Teilnehmerinnen in ihren realen Unterrichtskontexten mehrfach videografiert. Die Fort- und Weiterbildung soll als Blended-Learning-Arrangement konzipiert werden mit der Kombination von Präsenz und Online-Phasen. Um nachhaltig unterrichtsbezogene Überzeugungen aufzubauen und zu verändern, ist eine langfristige Teilnahme an der Fortbildung unabdingbar. Somit soll die Dauer dieses Fort- und Weiterbildungsformats mindestens ein Jahr betragen.

Ausgehend von den vorgestellten Erkenntnissen zu den Bedingungen einer wirksamen Fortbildung verfolgt das Projekt folgende Zielsetzungen:

- Etablierung eines konstruktiven Diskurses über Unterrichtsvideos,
- Aufbau einer differenzierten Wahrnehmung des Unterrichtsgeschehens,
- Reflexion und Adaption der Unterrichtsbezogenen Kognitionen und Überzeugungen,
- Erweiterung des Wissens über Möglichkeiten der mündlichen fremdsprachlichen Aktivierung der Lernenden im Unterricht.

Die Präsenz- und Online-Phasen sollen einander abwechseln. Im ersten Workshop soll die netzbasierte Lernplattform erklärt werden. Dieser Workshop ist sehr wichtig, da die weitgehend selbstgesteuerte Arbeit hohe Anforderungen von den Lehrpersonen an sich selbst verlangt. Auch ist es wichtig, dass sich die Teilnehmer und Teilnehmerinnen kennenlernen, da das gegenseitige Vertrauen als Grundlage für den respektvollen und konstruktiven Austausch über (eigene) Unterrichtsprozesse dient (Krammer *et al.*, 2010). Hierbei kommt der Moderation eine zentrale Rolle zu. Die Lehrpersonen müssen in ihrer Zusammenarbeit angeleitet und schließlich begleitet werden. Am Ende des ersten Workshops sollen Kleingruppen bzw. Tandems gebildet werden. Eine Unterrichtsstunde wird anschließend vom Forschenden oder von den teilnehmenden Lehrpersonen selbst aufgezeichnet und auf die Lernplattform hochgeladen. Die Lehrpersonen werden anschließend aufgefordert das eigene und/oder das Video des Tandempartners bzw. die Videos der Kleingruppe im Hinblick auf die Sprachproduktion der Lernenden zu kommentieren. Die selbstständige Arbeit mit den Videos wird bei Bedarf durch Hinweise oder Aufgaben bereichert. In der darauf folgenden Präsenz-Phase werden wichtige Punkte – auch Probleme (technische, interaktionale…) – angesprochen. Mit Unterstützung der Moderation werden neue Denkanstöße bzw. theoretische Bezüge erarbeitet, die die mündliche Aktivierung der Schüler und Schülerinnen im Fremdsprachenunterricht zum Ziel hat. Im Sinne des forschenden Lernens sollen die Lehrpersonen die Anwendung ihres erweiterten Wissens über Lehr-Lern-Prozesse im Unterricht erproben, erneut reflektieren und Schlüsse für die eigene Sprachlehrpraxis ziehen. Dies ermöglicht, den Transfer in den eigenen Unterricht anzubahnen.

Diese Fort- und Weiterbildungsstudie anhand von Unterrichtsvideos soll im Sinne eines konstruktiv-entwickelnden Forschungsansatzes der Aktionsforschung (Schocker-von Ditfurth, 2001; Altrichter / Posch, 2007; Legutke / Schocker-von Ditfurth, 2008; Zehetmeier, 2010; Burns, 2011) analysiert werden. In diesem forschungsmethodischen Ansatz wird die Konzeption und Implementierung dieser praxisnahen und longitudinalen Lehrerfort- und Weiterbildung evaluiert und in mehreren Zyklen optimiert. So erhalten die Lehrpersonen im Blended-Learning-Arrangement Zeit, die neu erworbenen Wissens- und Reflexionsbestände im Unterricht zu erproben und die Ergebnisse bzw. Erkenntnisse dieser Erprobungen wiederum in Tandems bzw. Kleingruppen (Online-Phase) sowie kollektiv (Präsenz-Phase) zu hinterfragen. Hierbei soll von folgenden Fragestellungen ausgegangen werden:

– Welche Defizite der eigenen Unterrichtspraxis werden von Lehrenden als belastend benannt und welche Rolle spielen hier Fortbildungsmaßnahmen?
– Welche Effekte hat dieses spezielle Fortbildungsformat auf das Professionswissen von Französischlehrkräften?
– Welche Effekte hat dieses Fortbildungsformat auf die Absichten der Lehrpersonen, die inhaltlich-thematische Ausrichtung ihres Unterrichts stärker auf die mündliche Sprachproduktion ihrer Lernenden zu fokussieren?
– Wie beurteilen die Lehrpersonen das Fortbildungsprojekt selbst?

Durch die videogestützten und retroaktiven Zyklen sowie ddie immer wieder neu orientierte Fragengenerierung sollen Handlungskompetenzen entwickelt und optimiert werden. Zur Auswertung sollen Unterrichtsvideos – videogestützte Unterrichtsreflexion –, Interviews bzw. Fragebögen herangezogen und im Sinne eines *mixed methods*-Ansatzes beschrieben und analysiert werden.

Diese Studie soll Rückschlüsse auf ein praxisinnovatives Projekt zulassen und gezielte Auswirkungen eines solchen Lernsettings aufzeigen.

Literaturverzeichnis

Altrichter, Herbert / Posch, Peter. 2007. *Lehrerinnen und Lehrer erforschen ihren Unterricht. Unterrichtsentwicklung und Unterrichtsevaluation durch Aktionsforschung*. 4. Aufl. Bad Heilbrunn, Klinkhardt.

Bandura, Albert. 1979. *Sozial-kognitive Lerntheorie*. Stuttgart, Klett-Gotta.

Borko, Hilda / Jacobs, Jennifer / Eiteljorg, Eric / Pittman, Mary Ellen. 2008. "Video as a tool for fostering productive discussions in mathematics professional development". *Teaching and Teacher Education*, 24/2, 417–436.

Borko, Hilda / Koellner, Karen / Jacobs, Jennifer / Seago, Nanette. 2011. "Using video representations of teaching in practice-based professional development programs". *ZDM Mathematics Education*, 43/1. 175–187.

Brophy, Jere E. (Hg.). 2004. *Using video in teacher education*. New York, Elsevier.

Brouwer, Niels / Robijns, Fokelien. 2014. "In search of effective guidance for pre-service teachers' viewing of classroom video". In: Brendan Calandra und Peter J. Rich (Hg.): *Digital Video for Teacher Education: Research and Practice*. New York, Routledge, 54–68.

Burns, Anne. 2011. "Action research in the field of second language teaching and learning". In: Eli Hinkel (Hg.): *Handbook of research in second language teaching and learning*. New York, Routledge, 237–253.

Caspari, Daniela. 2003. *Fremdsprachenlehrerinnen und Fremdsprachenlehrer. Studien zu ihrem beruflichen Selbstverständnis*. Tübingen, Narr.

DESI-Konsortium. 2006. *Unterricht und Kompetenzerwerb in Deutsch und Englisch. Zentrale Befunde der Studie Deutsch-Englisch-Schülerleis-tungen-International (DESI); eine Studie im Auftrag der Kultusminister der Länder in der Bundesrepublik Deutschland*. Frankfurt/Main, Deutsches Institut für Internationale Pädagogische Forschung.

Hayes, David. 1995. "In-service teacher development: some basic principles". *ELT Journal,* 49/3, 252–261.
Helmke, Andreas. 2014. *Unterrichtsqualität und Lehrerprofessionalität. Diagnose, Evaluation und Verbesserung des Unterrichts*; Franz Emanuel Weinert gewidmet. (Anhang: Übersicht über unterrichtsrelevante Videos, Stand: 05.08.2013, Zugriff am 22.11.2014 unter <http://andreas-helmke.de/buchanhang/>). Seelze, Klett-Kallmeyer. 5. Aufl. Seelze-Velber, Klett Kallmeyer.
Huppertz, Peter / Massler, Ute / Plötzner, Rolf. 2005. "v-share – Videobased analysis and reflection of teaching experiences in virtual groups". In: Koschmann, Timothy D. / Suthers, Dan / Chan, Tak-Wai (Hg.): *Proceedings of the International Conference on Computer supported collaborative learning 2005. The next 10 years!* Mahwah, N.J: Lawrence Erlbaum Associates, 245–253.
Ingvarson, Lawrence / Meiers, Marion / Beavis, Adrian. 2005. "Factors affecting the impact of professional development programs on teachers' knowledge, practice, student outcomes & efficacy". *Epaa,* 13/10, 1–28.
Kittelberger, Rainer / Freisleben, Immo. 1994. *Lernen mit Video und Film.* 2. Aufl. Weinheim, Basel, Beltz (Beltz Weiterbildung, 5).
Kleinknecht, Marc / Poschinski, Nina. 2014. „Eigene und fremde Videos in der Lehrerfortbildung. Eine Fallanalyse zu kognitiven und emotionalen Prozessen beim Beobachten zweier unterschiedlicher Videotypen". *Zeitschrift für Pädagogik,* 60/3, 471–490.
Kleinknecht, Marc / Schneider, Jürgen. 2013. "What do teachers think and feel when analyzing videos of themselves and other teachers teaching?". *Teaching and Teacher Education,* 33, 13–23.
Krammer, Kathrin / Hugener, Isabelle. 2005. „Netzbasierte Reflexion von Unterrichtsvideos in der Ausbildung von Lehrpersonen – eine Explorationsstudie". *Beiträge zur Lehrerinnen- und Lehrerbildung,* 23/1, 51–61.
Krammer, Kathrin / Reusser, Kurt. 2005. „Unterrichtsvideos als Medium der Aus- und Weiterbildung von Lehrpersonen". *bzl-online,* 23/1, 35–50.
Krammer, Kathrin / Schnetzler, Claudia L. / Pauli, Christine / Ratzka, Nadja / Lipowsky, Frank. 2009. „Kooperatives netzgestütztes Lernen mit Unterrichtsvideos". In: Maag Merki, Katharina (Hg.):

Kooperation und Netzwerkbildung. Stategien zur Qualitätsentwicklung in Schulen. Stuttgart, Seelze-Velber, 40–52.

Krammer, Kathrin / Schnetzler, Claudia L. / Pauli, Christine / Reusser, Kurt / Ratzka, Nadja / Lipowsky, Frank / Klieme, Eckhard. 2010. „Unterrichtsvideos in der Lehrerfortbildung: Konzeption und Ergebnisse einer einjährigen netzgestützten Fortbildungsveranstaltung". In: Florian H. Müller *et al.*, (Hg.): *Lehrerinnen und Lehrer lernen. Konzepte und Befunde zur Lehrerfortbildung.* 1. Aufl. Münster, Waxmann Verlag GmbH, 227–243.

Kuntze, Sebastian. 2008. „Zusammenhänge zwischen allgemeinen und situiert erhobenen unterrichtsbezogenen Kognitionen und Überzeugungen von Mathematiklehrkräften". *Unterrichtswissenschaft,* 36/2, 167–192.

Legutke, Michael / Schocker-von Ditfurth, Marita (Hg.). 2008. *E-Lingo. Didaktik des frühen Fremdsprachenlernens; Erfahrungen und Ergebnisse mit Blended Learning in einem Masterstudiengang.* Tübingen, Narr.

Lipowsky, Frank. 2010. „Lernen im Beruf. Empirische Befunde zur Wirksamkeit von Lehrerfortbildung". In: Florian H. Müller *et al.*, (Hg.): *Lehrerinnen und Lehrer lernen. Konzepte und Befunde zur Lehrerfortbildung.* 1. Aufl. Münster, Waxmann, 51–70.

Miller, Kevin / Zhou, Xiaobin. 2007. "Learning from classroom video: What makes it compelling and what makes it hard". In: Ricki Goldman, Roy Pea, Brigid Barron und Sharon J. Derry (Hg.): *Video Research in the Learning Sciences*: Routledge, 321–334.

Minuth, Christian. 2008. „PRACs – Projets de recherche action en classe: Klassenforschungsprojekte im Französischunterricht". In: Michael Legutke und Marita Schocker-von Ditfurth (Hg.): *E-Lingo. Didaktik des frühen Fremdsprachenlernens; Erfahrungen und Ergebnisse mit Blended Learning in einem Masterstudiengang.* Tübingen, Narr, 77–83.

Müller, Florian H. / Eichenberger, Astrid / Lüders, Manfred / Mayr, Johannes (Hg.). 2010. *Lehrerinnen und Lehrer lernen. Konzepte und Befunde zur Lehrerfortbildung.* 1. Aufl. Münster, Waxmann Verlag GmbH.

Pauli, Christine / Reusser, Kurt. 2006. „Von international vergleichenden Video Surveys zur videobasierten Unterrichtsforschung und -entwicklung". *Zeitschrift für Pädagogik,* 52/6, 774–798.

Reusser, Kurt. 2005. „Situiertes Lernen mit Unterrichtsvideos". *Journal für Lehrerinnen- und Lehrerbildung*, 5/2, 8–18.

Schocker-von Ditfurth, Marita. 2001. *Forschendes Lernen in der fremdsprachlichen Lehrerbildung. Grundlagen, Erfahrungen, Perspektiven*. Tübingen, Gunter Narr.

Schön, Donald A. 1987. *Educating the reflective practitioner. Towards a new design for teaching and learning*. San Francisco, Jossey-Bass.

Seago, Nanette. 2004. "Using Videos as an Object of Inquiry for Mathematics Teaching and Learning". In: Jere E. Brophy (Hg.): *Using video in teacher education*. New York, Elsevier, 259–286.

Seidel, Tina / Stürmer, Kathleen / Blomberg, Geraldine / Kobarg, Mareike / Schwindt, Katharina. 2011. "Teacher learning from analysis of videotaped classroom situations: Does it make a difference whether teachers observe their own teaching or that of others?". *Teaching and Teacher Education*, 27/2, 259–267.

Sherin, Miriam Gamoran. 2004. "New perspectives on the role of video in teacher education". In: Jere E. Brophy (Hg.): *Using video in teacher education*. New York, Elsevier, 1–27.

Sherin, Miriam Gamoran / Han, Sandra Y. 2004. "Teacher learning in the context of a video club". *Teaching and Teacher Education*, 20/2, 163–183.

Sherin, Miriam Gamoran / van Es, Elizabeth A. 2009. "Effects of Video Club Participation on Teachers' Professional Vision". *Journal of Teacher Education*, 60/1, 20–37.

van Es, Elizabeth A. 2012. "Examining the development of a teacher learning community: The case of a video club". *Teaching and Teacher Education*, 28/2, 182–192.

Vohle, Frank. 2013. „Relevanz und Referenz. Zur didaktischen Bedeutung situationsgenauer Videokommentare im Hochschulkontext". In: Gabi Reinmann (Hg.): *Hochschuldidaktik im Zeichen von Heterogenität und Vielfalt. Doppelfestschrift für Peter Baumgartner und Rolf Schulmeister*. Unter Mitarbeit von Peter Baumgartner und Rolf Schulmeister. Norderstedt: Books on Demand, 166–181.

Vohle, Frank / Reinmann, Gabi. 2012. „Förderung professioneller Unterrichtskompetenz mit digitalen Medien: Lehren lernen durch Videoannotation". In: Renate Schulz-Zander, Birgit Eickelmann,

Heinz Moser, Horst Niesyto und Petra Grell (Hg.): *Jahrbuch Medienpädagogik 9*. Wiesbaden, VS Verlag für Sozialwissenschaften, 413–431.

Zehetmeier, Stefan. 2010. „Aktionsforschung in der Lehrerfortbildung: Was bleibt?". In: Florian H. Müller *et al.* (Hg.): *Lehrerinnen und Lehrer lernen. Konzepte und Befunde zur Lehrerfortbildung*. Münster, Waxmann, 197–211.

Zhang, Meilan / Lundeberg, Mary / Koehler, Matthew J. / Eberhardt, Jan. 2011. „Understanding affordances and challenges of three types of video for teacher professional development". *Teaching and Teacher Education*, 27/2, 454–462.

MERYL KUSYK

An introduction to the online informal learning of English: Perspectives on second language development through leisure habits

Abstract
The online informal learning of English (OILE) refers to the participation by non-native speakers of English in a wide variety of leisure activities on the Internet that allow exposure to and interactions in English. Recent studies have shown that OILE participants have a personalized and unique relationship with the language, and that acquisition can occur as a result of frequent interactions. The present article provides a brief introduction to this nascent field of research, outlining recent and ongoing studies as well as some of the main methodological and pedagogical issues that OILE researchers must confront.

Keywords
Online informal learning of English, complex and dynamic systems, research methodology, second language development

1. Introduction

Increases in broadband connection speed and the prolific content available to today's Internet users make for an online experience that differs drastically from even ten years ago. For the foreign language user[1], the Internet allows unrestricted access to a world of authentic foreign language material. In the domain of second language acquisition / learning it is nowadays common to study the effect of

---

1 We choose to use the term foreign language user in addition to the more traditional foreign language learner when referring to OILE participants, as they are often not enrolled in formal language courses and choose to use and interact with the language of their own volition.

online and computer-mediated formal activities on language learner development, for example within the realm of Computer Assisted Language Learning (CALL) or Blended Learning curricula. Less common, however, is the study of interactions with and in the target language in an informal or leisure context, and the type of learning or acquisition that may take place as a result of such interactions. This article discusses the 'online informal learning of English' (OILE), a relatively new field of research that explores language users' use of English on the Internet in a leisure context and the impact that this use has on their language development. After a presentation of OILE, its theoretical framework and an overview of recent and ongoing studies, several issues are addressed that have important implications for the domain.

2. The origin of OILE

The decision to investigate language learners' English usage habits in an online, informal context arose in part from recurrent observations that students in English as a foreign language (EFL) classrooms tended to produce linguistic structures and lexicon acquired from sources outside of the official course curriculum (Kusyk, 2012; Kusyk / Sockett, 2012). Researchers at the University of Strasbourg have explored online informal language learning practices since 2009 and have primarily studied them with regard to a French university student demographic. OILE is defined as *the participation by non-native speakers in a wide variety of leisure activities that involve the exposure to and / or use of English* (Toffoli / Sockett, 2010; Sockett, 2011). Common OILE activities include listening to music, watching television series, films or videos with or without subtitles, reading articles or forums, playing video games and interacting on social network sites like Facebook. The following two sections present additional background information about OILE, including its theoretical foundation and a summary of recent OILE studies.

3. Theoretical approach

The online informal learning of English is situated within a dynamic and complex systems framework. This constructionist approach emphasizes the nonlinear, unpredictable and constantly changing nature of language development, and the emergence of system behavior from the various interactions between interconnected elements. The following subsection describes this approach as well as its application to the study of OILE.

3.1 A complex and dynamic systems approach

Complex and dynamic systems theory[2] (CDST), originally applied to hard sciences such as physics and mathematics but more recently to social science fields such as psychology and applied linguistics, constitute an approach to system growth and development that takes into account a variety of environmental and cognitive factors. A dynamic system itself is considered to be two or more variables that change over time, while 'complex' refers the nonlinear behavior that emerges from the different interactions of its components (Larsen-Freeman / Cameron, 2008a). These variables are said to be in constant interaction and have not only an influence on the overall system, but also an influence on each other (which in turn, has a subsequent impact on the system) (de Bot / Lowie / Verspoor, 2007). As CDST considers the continual and evolving influences of system variables, it does not advocate for direct cause and effect measurements. That is, more traditional methodologies that seek the identification and isolation of causative variable 'A' which produces system behavior 'B', are not favored (de Bot, 2008). (The specific methodologies employed in OILE studies, and the challenges encountered while acting within a CDST framework, are discussed below.) Rather, it is the specific amalgam of variables, each with its own unique impact, which produces an overall system behavior. Language learning / acquisition (both first and second) is considered to be a dynamic process, while language users / learners, language learning communities

---

2   Like de Bot *et al.* (2013), the term 'complex and dynamic systems theory' refers here to a group of theories including complexity theory and dynamic systems theory, which focus on the development of complex systems over time.

(such as learners in a classroom) and the psychological processing and functioning within the minds of language users all constitute examples of dynamic and complex systems (Cameron / Larsen-Freeman, 2007).

In addition to the interconnectedness (mutual influence) of system parts and ongoing flux both within the system and in its global behavior, further defining CDST features include the notions of 'self-organization', 'initial conditions' and 'attractor states'. Similar to the rise and fall of sand piles in an hourglass, dynamic systems are believed to spontaneously self-organize in ways that are not often predictable (Larsen-Freeman / Cameron, 2008b). The initial conditions of the system are important in that each point of departure is unique and personalized. Finally, although nonlinearity, unpredictability and ongoing fluctuation are characteristic qualities of dynamic systems, periods of stability are nevertheless common and can be explained through the settling of systems in strong attractor states (de Bot *et al.*, 2012; de Bot / Larsen-Freeman, 2011; de Bot *et al.*, 2013). An attractor is a state or a pattern of changes between states to which a system or its components are "attracted" (Nowak *et al.*, 2005). The more a system convenes in a given state, the greater the likelihood of future convergence on this state, thus leading to system stability and (relative) predictability (*ibid.*).

The above notions lend themselves well to an application within the context of OILE, in viewing the language user as a complex and dynamic system. (For the purpose of the following analysis, an average OILE language user profile is considered, that is, a student at a French university that participates in a non-specialist English course.) Firstly, OILE language users come into contact with English not just online during their leisure time but also during their weekly course and, quite possibly, in additional contexts such as traveling or personal relationships. In this way it is important to keep in mind the interconnectedness between environmental elements and to be wary of attributing system behavior to causality between just two variables. All language users' starting points are different, as each individual has a very personalized, foreign language biography with which he / she is equipped. The variability inherent in dynamic systems corresponds well to the fluctuations that occur during one's years spent at university: participation habits in online, informal activities may vary considerably according to the time of year (during vacation, exam period or the semester) and type of activity (reading articles, interacting on social media, watching television series or movies). Finally, frequent participation in a given OILE activity may allow for certain aspects of a user's language system to settle into an attractor state. Depending on the strength of this attractor, and consequently, the frequency of participation, this may provoke predictable or stabile behavior from the language system.

4. OILE studies: past and present

Research into the nature, scope and impact of language users' participation in online informal activities in English dates to 2009, when researchers at the University of Strasbourg first decided to inventory French university students' online informal activity usage habits. In their first OILE study, Toffoli and Sockett (2010) surveyed students' participation habits in order to determine if OILE was a worthy research venture, or rather just the preferred pastime of a handful of students. As a follow-up study, Sockett (2011) conducted a linguistic analysis on a corpus of popular American television series in an effort to shed light on the lexical constructions (4-grams) that are most frequently heard when watching these series. Kusyk and Sockett (2012) then studied university students' oral comprehension of these lexical chunks and found that frequent series viewers scored higher on comprehension tests than non-frequent viewers. Shifting the focus to written production, Sockett (2014) again examined the use of these chunks in a study that involved language users creating works of fan fiction. Those who watched series in English with some regularity had a higher rate of chunk reproduction as those who didn't. Finally, in a study that sought to link, to some extent, both the formal and informal, Toffoli and Sockett (2015) surveyed teachers of English at French universities in order to gain insight into their perceptions and understanding of OILE. Results indicate that the teachers are aware that their students may be exposed to authentic input online, but know little about the specifics of students' activity usage, and the majority do not make use of or try to incorporate OILE activities into their English courses.

Present OILE studies include two ongoing dissertations projects. The author is currently studying the long-term language development of French and German university students that frequently participate in OILE activities (University of Strasbourg, Pädagogische Hochschule Karlsruhe) while Kossi Seto Yibokou (University of Strasbourg) accompanies the study of OILE into the realm of phonetics, analyzing the type of English accent acquired by French university students that frequently watch television series in English on the Internet.

5. Central questions and issues

5.1 Methodology

A central issue in the study of OILE is the establishment of different methodological protocols that can best address the field's main research questions. These questions revolve primarily around determining how frequent participation in OILE activities may have an impact on language users' linguistic development. Until now, methods that have been employed include both small and large-scale questionnaires aiming to address participants' OILE usage habits, a fan fiction study that analyzed learner written production and a vocabulary test that focused on oral comprehension. Ongoing methods include case study interviews and subsequent linguistic analyses that seek to track participants' language development over several months, as well as interviews that will be analyzed for their phonetic variations.

OILE studies are designed and operated within the theoretical framework of complex and dynamic systems theory, which presents several methodological challenges. Namely, that researchers must depart from the traditional, reductionist approach of trying to isolate variables and correlate a particular behavior to the influence of a single causative factor. Researchers must instead consider that multiple variables exert impacts of varying weight on learners' developmental language trajectories. However, the complex and dynamic systems researcher is then confronted by two consequential methodological challenges: if everything is interconnected, how can research be conducted on any individual parts of the system? Similarly, how should a system be studied when the interconnectivity of variables is emphasized, but it is impossible to inventory all of the potential factors that play some kind of role in the system's functioning? De Bot and Larsen-Freeman (2011) recognize the difficulty these questions pose when designing and carrying out research projects, but maintain that the alternative (isolating cause and effect variables) is also not a viable solution because in doing so we would no longer be dealing with a complex and dynamic system. When studying language usage, for example, one must consider the intrinsic dynamics of the learner as well as the external resources and context that the usage takes place in. For the OILE language user, the importance of taking context into consideration rings especially true, as the context in which the language interactions transpire is one of the defining aspects of OILE. Intrinsic elements such as motivation or desire are paired with external resources (the online activities), which, when combined together, allow for the actual taking part in online informal activities in English.

In order to overcome these methodological challenges, de Bot and Larsen-Freeman (2011) offer some specific methods that researchers can adopt when studying language from a dynamic and complex systems perspective: Firstly they suggest that investigating a focal point of a system could be a fruitful venture, as long as the researcher remains open to explanations outside of the focus and makes claims relevant only to the focus area and not the whole system (p. 18–19). These explanations can be referred to as tendencies or patterns, but should not be universally generalized.

Secondly, a 'retrodictive' method of explaining language behavior may be employed. This entails explaining the "after by before" (van Geert / Steenbeek, 2005). After a change has taken place in the system, the researcher traces back and describes the trajectory of the system in an effort to identify which elements of the preceding phases may have allowed the unfolding of each subsequent phase. In the same way that geologists may be able to explain earthquakes due to knowledge of plate tectonics but still cannot precisely predict when they will occur (de Bot / Larsen-Freeman, 2011: 20), dynamic systems researchers may be able to describe in great detail the developmental trajectory of a language learner without however being able to predict with certitude the exact nature of his or her subsequent system phases.

A third element for consideration when studying second language development from a dynamic and complex systems perspective includes a unique type of causality called coadaptation, which is the reciprocal causality that occurs when one factor changes and influences another (*ibid.*). An oft-cited example of coadaptation within applied linguistics is the interaction between a native and non-native speaker of a given language, or, similarly, between a parent and young child. The native speaker (or adult) adapts his or her language in function to the non-native speaker's (or child's) comprehension level, while the latter is also adjusting their language to best accommodate the dialogue at hand. Coadaptation (causal interconnections) thus allows researchers to "study patterns that emerge from interactions" rather than focusing solely on single variables, and to investigate "real people in their human contexts and interactions, rather than aggregating and averaging across individuals as happens in experimental and quantitative studies" (*ibid.* p. 21).

Focusing on the variability around attractor states may also be a fruitful endeavor that sheds light on the changes that the system is about to undergo. This variability should not be dismissed as data anomalies; as Larsen-Freeman (2006) has shown it is important to emphasize intra-variability and not let individual trajectories become hidden through group averaging.

The application of a dynamic and complex systems framework to the study of second language development, and by extension, to the study of OILE, is still in its early stages, as evidenced by the relative lack of concrete methodological protocols available. Different approaches and methods are still being tested out. De Bot and Larsen-Freeman (2011) suggest that in a dynamic systems approach it is especially important to describe "the system, its constituents, their contingencies and also their interactions" and that "teasing out the relationships and describing their dynamics for systems at different levels of scale are key tasks" of researchers adopting a complex and dynamic systems framework (p. 23).

5.2 The formal and informal spheres

OILE studies often involve students that are enrolled in an English course as an elective, in order to gain access to research subjects. Therefore, one of the main questions surrounding the study of OILE is the implication(s) it may have for the formal sector, that is, formal English courses. Toffoli and Sockett (2015) conducted the first OILE-teacher survey in an effort to discover teachers' perceptions about their students' OILE usage, but more data are needed in order to properly reflect on any kind of potential reconciliation between the informal and formal spheres. Anecdotal evidence from colleagues attending didactics and applied linguistics conferences indicates that some teachers are worried about the "kind of English" their students acquire through OILE activities, as homework assignments may be riddled with inappropriate slang or curse words. Though such "misapplications" of the language fall under the sociolinguistic and pragmatic purview of which register to use according to the situation at hand, without clearer communication between students and teachers regarding which activities students partake in, English learned from an OILE context could be relegated to a "second-class" status in comparison to the English taught in formal courses. However, it also remains unclear as to whether students would be willing to share with teachers what they do online in an informal context. As these activities are all carried out in the private sphere, students may indeed not even be interested in any type of association between their online leisure habits and their formal English classes.

5.3 The online informal learning of other languages

While the team of researchers from the University of Strasbourg that founded OILE has until recently focused primarily on the learning of English, studies are also needed on the extent to which language users participate in the online informal learning of other languages. For OILE users, enjoying the entertainment or leisurely aspects of the activities is a central motivator in their participation. This is not surprising, given the exorbitant amount of films, television series and music exported from Anglophone countries. It remains to be seen, however, if users of other foreign languages participate similarly in online informal activities in French, Spanish, German, Chinese, etc., and whether such activities vary from the most popular OILE activities.

As a foray into this area of study, Mónica Fierro (University of Strasbourg, 2014), wrote her master's thesis on French university students' participation in online informal activities in Spanish. Studying both Spanish majors as well students taking a Spanish elective class (majoring in other subjects), she found that for both groups, participation in online *informal* activities in Spanish was higher than participation in online *formal* activities in Spanish. Fierro inventoried her subjects' participation habits and found that the most popular activity was listening to music in Spanish, while watching television series and movies in Spanish was a much less frequent activity.

6. Conclusion

This article provided a brief introduction to a relatively new field of research, the online informal learning of English, and touched on its theoretical foundation and recent findings, as well as some of the main questions and issues that the field currently faces. OILE is a vast research domain, though it has until now primarily focused on language acquisition and development as a result of frequent OILE participation. Studies are also needed on motivational and pedagogical aspects in order to provide the scientific community with a more complete understanding of this contemporary phenomenon and the implications it may have for the formal sphere.

References

Cameron, Lynne / Larsen-Freeman, Diane. 2007. "Complex systems and applied linguistics". *International Journal of Applied Linguistics*, 17/2, 226–240.
de Bot, Kees. 2008. "Introduction: Second Language Development as a Dynamic Process". *The Modern Language Journal*, 92/2, 166–178.
de Bot, Kees / Chan, HuiPing / Lowie, Wander / Plat, Rika / Verspoor, Marjolijn. 2012. "A dynamic perspective on language processing and development". *Dutch Journal of Applied Linguistics*, 1/2, 188–218.

de Bot, Kees / Larsen-Freeman, Diane. 2011. "Researching second language development from a dynamic systems theory perspective". In: M. Verspoor / K. D. Bot / W. Lowie (Eds.), *A Dynamic Approach to Second Language Development: Methods and Techniques*. Amsterdam / Philadelphia, John Benjamins Publishing, 5–23.

de Bot, Kees / Lowie, Wander / Thorne, Steven L. / Verspoor, Marjolijn. 2013. "Dynamic systems theory as a comprehensive theory of second language development". In: M. Mayo / M. Gutiérrez Mangado / M. Adrián, *Contemporary Approaches to Second Language Acquisition*. Amsterdam, John Benjamins, 199–220.

de Bot, Kees / Lowie, Wander / Verspoor, Marjolijn. 2007. "A dynamics systems theory approach to second language acquisition". *Bilingualism: Language and Cognition*, 10/1, 7–22.

Fierro, Mónica. 2014. *Pratiques informelles des étudiants de l'Université de Strasbourg pour l'apprentissage de l'espagnol*. Mémoire de master, Université de Strasbourg, Strasbourg, France.

Kusyk, Meryl. 2012. *L'acquisition incidente de l'anglais à travers le visionnement de séries américaines : une analyse quantitative*. Mémoire de master, Université de Strasbourg, Strasbourg, France.

Kusyk, Meryl / Sockett, Geoffrey. 2012. "From informal resource usage to incidental language acquisition: language uptake from online television viewing in English". *ASp, La Revue du GERAS*, 62, 45–65.

Larsen-Freeman, Diane. 2006. "The Emergence of Complexity, Fluency, and Accuracy in the Oral and Written Production of Five Chinese Learners of English". *Applied Linguistics*, 27/4, 590–619.

Larsen-Freeman, Diane / Cameron, Lynne. 2008a. *Complex Systems and Applied Linguistics*. Oxford, Oxford University Press.

Larsen-Freeman, Diane / Cameron, Lynne. 2008b. "Research Methodology on Language Development from a Complex Systems Perspective". *The Modern Language Journal*, 92/2, 200–213.

Nowak, Andrzej / Vallacher, Robin R. / Zochowski, Michal. 2005. "The emergence of personality: Dynamic foundations of individual variation". *Developmental Review*, 25, 351–385.

Sockett, Geoffrey. 2011. "From the cultural hegemony of English to online informal learning: Cluster frequency as an indicator of relevance in authentic documents". *ASp, La Revue Du GERAS*, 60, 5–20.

Sockett, Geoffrey. 2014. *The Online Informal Learning of English*. Houndmills, Basingstoke, Hampshire, Palgrave Macmillan.

Toffoli, Denyze / Sockett, Geoffrey. 2010. "How non-specialist students of English practice informal learning using web 2.0 tools." *ASp, La Revue du GERAS*, 58, 125–144.

Toffoli, Denyze / Sockett, Geoffrey. 2015. "University teachers' perceptions of Online Informal Learning of English (OILE)". *Computer Assisted Language Learning*, 28/1, 7–21.

van Geert, Paul / Steenbeek, Henderien. 2005. "Explaining after by before: Basic aspects of a dynamic systems approach to the study of development". *Development as Self-Organization: New Approaches to the Psychology and Neurobiology of Development*, 25/3–4, 408–442.

Martin Remmele / Andreas Martens

Stereoscopic 3D visualizations as templates to pictorially represent a human organ

Abstract
Learning biological concepts goes in hand with computing various representations. Currently, stereoscopic 3D visualizations are available to display human organs. However, there is a lack of research concerning the effectiveness of stereoscopic 3D visualizations in comparison with 2D for the appropriation of biological content. Hence, applying an e-learning environment to the learning of the nasal cavity, we investigated a stereoscopic 3D impact compared to 2D in constructing a hands-on representation of the displayed organ. Research subjects were 64 eighth grade middle school students. While discovering the nasal cavity by using a software application (visualization type 2D or stereoscopic 3D) the students were asked to construct a representation displaying the nasal cavity using modelling clay. The 3D cohort succeeded better in forming the nasal cavity down to the last detail.

Keywords
Stereoscopic 3D representations, hands-on representations, science education, e-learning, human-computer interface

1. Introduction

The interior structure of the human body is invisible in everyday life. Thus it can be hard to imagine how a human organ like the nasal cavity, with its special anatomy, is structured. To provide help for such conceptualizations, visualizations are needed in order to facilitate students' understanding. Moreover, being able to imagine the different proportions of a human organ may be useful to understanding its physiology. For instance, within the nasal cavity, a process such as the warming of the air by mucosa takes place within a three-dimensional space consisting of complicated structures like meatus of the nose. This means that providing depictive information, including relevant depth cues, is necessary for learning about structures and proportions that are in accordance with physiological aspects such as meatus of the nose. In general, for learning science topics a lot of effort is spent in investigating the benefit of constructing external representations in science learning (Prain / Tytler, 2013; Prain / Tytler, 2012; Yore / Hand, 2010; Tytler / Peterson / Prain, 2006). To date, a common subject of inquiry in science education is the impact of pictures displaying an object or a structure in detail on learners' achievement (Bivall / Ainsworth / Tibell, 2011; Schönborn / Bivall / Tibell, 2011; Rundgren / Tibell, 2010). These pictures are called realistic pictures. Constructing such realistic pictures is acknowledged to be useful for showing structural understanding (Ainsworth / Prain / Tytler, 2011).

Because the nasal cavity consists of several meatuses structured in a complicated manner within a three-dimensional space, it seems to be appropriate to search for a medium that would best provide depth-related information. Stereoscopic 3D visualizations seem to be suitable to provide such depth-related cues: stereoscopic display technologies work with an imitation of stereoscopic viewing in everyday life and thus we expect them to provide enhanced information about spatial structures. Both variations of stereoscopic vision function as follows: due to the interocular distance while watching something around us in everyday life, humans' eyes display two overlapping retinal pictures. Fusing these two pictures within the brain is the cue to gain spatial information. For stereoscopic multimedia applications there is a simple way to imitate stereoscopic vision in everyday life. This consists of using shutter glasses, polarizer glasses or autostereoscopic displays (Urey *et al.* 2011). In this context, research in disciplines outside of science education has revealed stereoscopic 3D visualizations' benefit for spatial structure recognition (McIntire / Havig / Geiselman, 2012; van Beurden / Ijsselsteijn / Juola, 2012; Neubauer / Bergner / Schatz, 2010; Aitsiselmi / Holliman, 2009; Ware / Mitchell, 2005). Studies on the human body from the medical domain have provided relevant information about the impact of stereoscopic 3D visualizations on depth-related tasks. In the case of estimating structures of veins and arteries Abildgaard *et al.* (2010) and Faubert (2001) highlight the benefit of stereoscopic 3D visualizations compared to 2D visualizations. Interestingly, stereoscopic 3D visualizations appear to be rather useful for young medics lacking experience in surgical contexts (Pietrabissa *et al.* 1994). The studies cited above focused on static pictures. Because moving pictures are said to provide enhanced depth information, several studies have focused on the application of moving and rotating stereoscopic 3D visualizations and underline research subjects' enhanced performance when working with stereoscopic 3D visualizations (van Beurden *et al.*, 2012; van Beurden / Kuijsters / Ijsselsteijn, 2010; Rosenbaum *et al.* 2000). Combining 2D representations with the depth cue object motion parallax may be also useful in obtaining enhanced transfer of spatial information in the context of discovering the human body (Luursema *et al.* 2008; Luursema *et al.* 2006). In general, it appears that studies outside of science education focusing on adults as research subjects reveal that stereoscopic applications seem to be advisable for anatomical structure recognition. However, there is lack of studies focusing on the impact of stereoscopic 3D visualizations compared to 2D visualizations in science education. To our knowledge most schools in Europe do not yet use stereoscopic multimedia applications for learning biological content. Most common are 2D pictures like those in conventional multimedia applications or printed versions. The current lack of studies in this domain thus served as the impetus to evaluate the impact of different visualization types, for example 2D versus stereoscopic 3D, on creating representations in the form of realistic pictures.

2. Research aims

Because human organs consist of spatial structure it is important to be able to estimate their spatial proportions. However, the studies mentioned above focusing on stereoscopic 3D visualizations dealt with the interpretation of given representations, not with the actual forming of depictive ones. This means that it has not yet been investigated if – and if so, how – stereoscopic 3D visualizations impact the forming of representations. Thus, with a large-scale study (Remmele / Weiers / Martens, 2015) applying different depth cue settings in combination with 2D / stereoscopic 3D visualizations, we aimed to compare the impact of stereoscopic 3D visualizations in contrast to 2D visualizations on representing the nasal cavity in its spatial proportions. Within the present study we aimed to investigate this comparison by forming the nasal cavity out of modelling clay. Therefore in order to represent students' estimation of spatial depth as well as of spatial structures, the construction of real spatial structures appears to be relevant. Hence, our study tackles the construction of tangible hands-on representations displaying the nasal cavity for investigating the impact of the visualization type. With the sample we report in the present study our aim was to experiment with our measuring instruments and to gain information about the prospects for success of a comparison between the impact of stereoscopic 3D visualizations and 2D visualizations on constructing a tangible hands-on representation and thus the prospects of success of the large-scale study. Therefore with the present sample we only focused on the application of a static picture condition without possibility to move those pictures and thus to exclude the depth cue object motion parallax.

3. Materials and methods

For our study we chose a module called CyberClassroom (Visenso GmbH) providing both hardware (Tarox Computer, Intel Core i5 processor, 3.20 GHz, 4 GB Ram, NVIDIA Quatro 600 graphics card, 47" LCD monitor type 47LD950, polarizer glasses) and software. The learning application could be displayed in a stereoscopic as well as in a non-stereoscopic version. The e-learning module depicting the nasal cavity contained several screen pages (Figure 1). On each screen page information about the nasal cavity and its mucosa was given visually and as well descriptively by written language. To estimate the nasal cavity's proportions and anatomical details as well as possible the nasal cavity was presented in a lateral positioning turned at a small angle towards the learner on each screen page. Three screen pages turned the left and two screen pages turned the right cavity in front (Table 1). Within all screen pages the nasal cavity's depth was strongly masked by either the right or the left part of the cavity. The nasal cavity's length was masked a small amount and the nasal cavity's height could clearly be observed within every screen page. Hence, we expected that the nasal cavity's depth would be the hardest to estimate and in contrast that its height would be the easiest to estimate. For navigating between the screen pages a remote was used.

Stereoscopic 3D visualizations as templates to pictorially represent a human organ 221

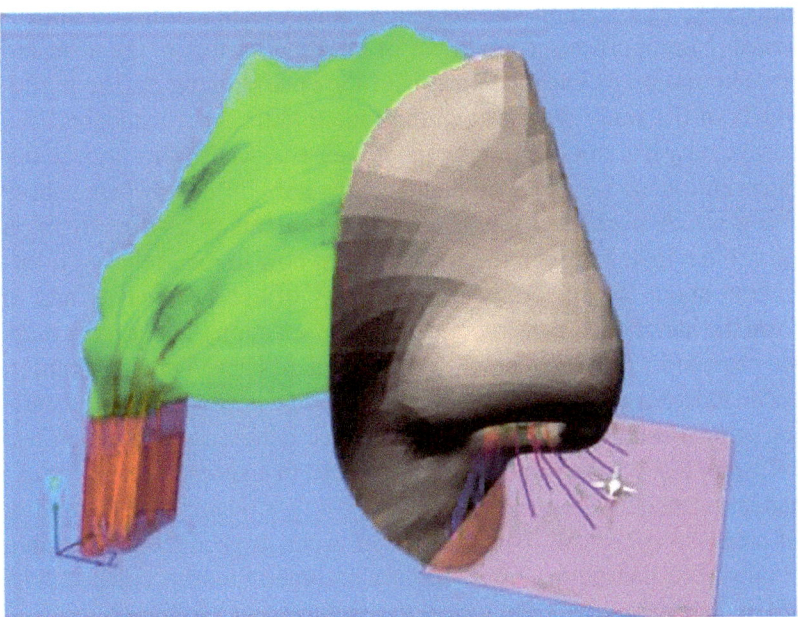

Figure 1: Screenshots of the e-learning environment offering depictive information (Remmele *et al.*, 2015).

Table 1: Content-related design of the e-learning application dealing with the nasal cavity.

Screen page	Content	Nasal cavity's positioning
1	Introduction	Turned about 35° towards the student, left cavity in front
2	The nasal mucosa	Turned about 20° towards the student, left cavity in front
3	Breathing air's moistening	Turned about 20° towards the student, right cavity in front
4	Breathing air's warming	Turned about 20° towards the student, right cavity in front
5	Summary	Turned about 35° towards the student, left cavity in front

In the present study the contrast between two visualization types, 2D versus stereoscopic 3D, was the single factor explored. Our research measures focused on students' formed representation of the nasal cavity consisting of kneading mass (modelling clay) calculating (a) dimensions, (b) proportions, (c) number of kneaded meatus of the nose and (d) elaboration of kneaded meatus of the nose (Figure 2). The participants of the study were 64 eighth grade middle school students. The nasal cavity had not been a content of their science lessons prior to our intervention, so we expected them to have only little knowledge about this topic. A worksheet was given to the students to instruct them on how to navigate between the screen pages, how to read relevant information about the anatomy and physiology of the nasal cavity and to form the hands-on reconstruction and representation. As kneading mass we provided "Pluffy" modeling clay (Eberhard Faber Vertrieb GmbH); each student received half a package (= 120 g / package). Before starting any working phase students completed a stereoscopic vision test ('Titmus Test', Stereo Optical Company 2011 (manufacturer), (Fricke / Siderov, 1997). We wanted to ensure that only students with the ability of stereoscopic vision participated, in order to produce comparable results. The instructor then randomly assigned them to either cohort 2D or stereoscopic 3D. Subsequently, each student had twenty minutes on a single work station to discover the anatomy and physiology of the nasal cavity and to form the hands-on representation of the nasal cavity as a solid body.

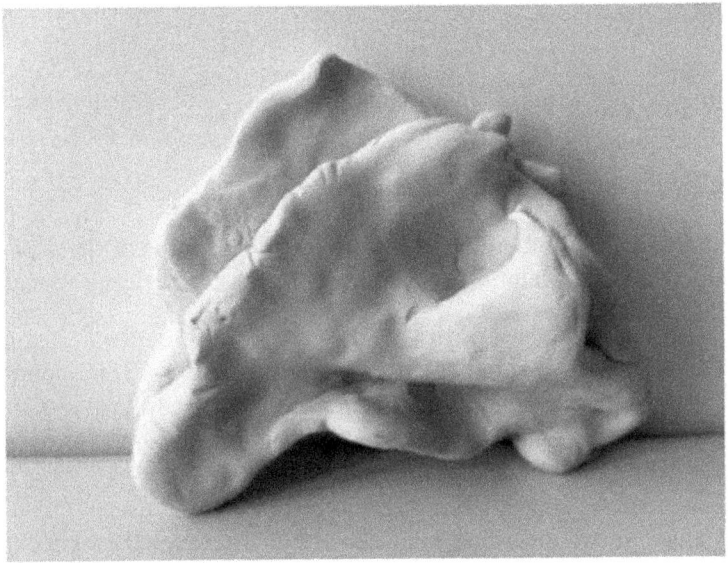

Figure 2: The nasal cavity formed by a research subject (Remmele *et al.*, 2015).

4. Data analysis

To determine the representations' dimensions depth, length and height, one person who was familiar with the application of a caliper measured all molded representations. A caliper is suitable to obtain precisely metric results in a range of 0.1 mm and was thus necessary to analyze the students' representations. In addition they were hardened in an oven to be preserved. For each dimension means and standard errors were calculated. To investigate the representations' proportions in relation to the template's proportions we proceeded as follows:

- Calculation of the proportion quotients depth/length, height/length and depth/height for each representation and as well of the template.
- Calculation of each representation's deviations from the template using the following formulas:

$$((\text{depth}_{\text{template}}/\text{length}_{\text{template}} - \text{depth}_{\text{representation}}/\text{length}_{\text{representation}})^{0.5})^2$$
$$((\text{height}_{\text{template}}/\text{length}_{\text{template}} - \text{height}_{\text{representation}}/\text{length}_{\text{representation}})^{0.5})^2$$
$$((\text{depth}_{\text{template}}/\text{height}_{\text{template}} - \text{depth}_{\text{representation}}/\text{height}_{\text{representation}})^{0.5})^2$$

- Calculation of means and standard errors.

For judging the number and elaboration of the meatus of the nose we recruited as expert raters eight university students in science education and proceeded as follows:

- Development and application of a 4-point-scale (0–3) for counting the mean number of meatus of each side of the nasal cavity.
- Development and application of a 6-point-scale (0–5) for judging the elaboration of meatus of the nose.
- Calculation of means and standard errors.
- Calculation of the average deviation (AD_M) between the eight expert raters (Burke / Finkelstein / Dusig, 1999; Burke / Dunlap, 2002) using the formula

$AD_M = \sum_{k=1}^{N} \lvert x - \bar{x} \rvert / N$	x_k = judgment of k-th rater x = mean of all raters' judgments N = number of all judgments

For comparing the 2D cohort with the stereoscopic 3D cohort ANOVAs were calculated on each category mentioned above.

5. Results

5.1 Dimensions

Findings for the representations' dimensions (Table 2) reveal differences between the visualization types (Fig. 3). Concerning depth, there was a significant effect (F (1,63) = 9.41, p < .003, pη2 = .132). Regarding height, a significant effect could also be detected (F (1,63) = 8.47, p < .005, pη2 = .120). Analysis of length revealed no effect of vision modus (F (1,63) = 0.51).

Table 2: Representations' mean dimensions (and standard errors) in relation to the cohorts' vision modus 2D / 3D.

	Vision modus 2D		Vision modus 3D	
Dimensions in cm	M	SE	M	SE
Depth	**2.95**	0.13	**3.60**	0.15
Height	**6.50**	0.32	**5.38**	0.23
Length	**10.23**	0.41	**10.66**	0.42
	N = 27		N = 37	

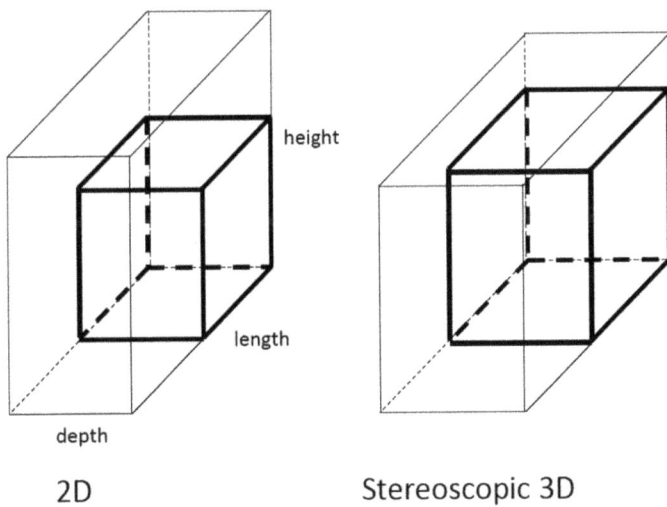

2D   Stereoscopic 3D

Figure 3: Cuboids showing the cohorts' representations' mean dimensions. The cuboid representing the template's dimensions (bold) adjusted to the cohorts' representations.

5.2 Proportions

Different deviations from the templates' quotients in relation to the factor examined were found (Table 3 and Fig. 3). Analysis of depth/height revealed a significant effect of the vision modus ($F(1,63) = 12.98$, $p < .001$, $_p\eta^2 = .173$). Concerning the depth/length ratio, there was no significant effect ($F(1,63) = 2.19$). Regarding the height/length ratio, results reveal an effect of vision modus ($F(1,63) = 7.93$, $p < .006$, $_p\eta^2 = .113$).

Table 3: Representations' quotients' mean deviations (and standard errors) from the templates' quotients in relation to the cohorts' vision modus 2D / 3D.

Deviation template	Vision modus 2D		Vision modus 3D	
	M	SE	M	SE
Depth/Height	**0.42**	0.03	**0.25**	0.03
Depth/Length	**0.33**	0.02	**0.29**	0.02
Height/Length	**0.14**	0.02	**0.24**	0.03
	N = 27		N = 37	

5.3 Number and elaboration of shaped meatus of the nose

For the numbering of shaped meatus (Fig. 4.), a significant effect of vision modus was found ($F(1,63) = 4.06$, $p < .048$, $_p\eta^2 = .061$). Concerning the elaboration of shaped meatus (Fig. 5.) there was also a significant effect ($F(1,63) = 4.25$, $p < .043$, $_p\eta^2 = .064$). For judging numbers and elaboration of meatus of the nose we found low average deviations of $AD_{Number} = 0.50$ and $AD_{Elaboration} = 0.61$ between the raters.

Stereoscopic 3D visualizations as templates to pictorially represent a human organ 227

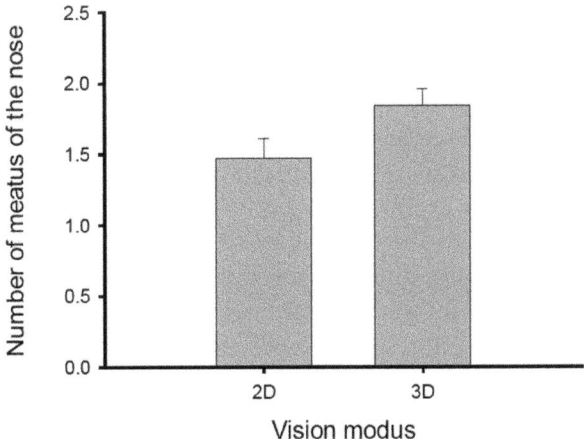

Figure 4: Number (means and standard errors) of shaped meatus of the nose within the representations in relation to the cohort's visualization type (2D N = 27, 3D N = 37), rated on a four-point scale (raters N = 8).

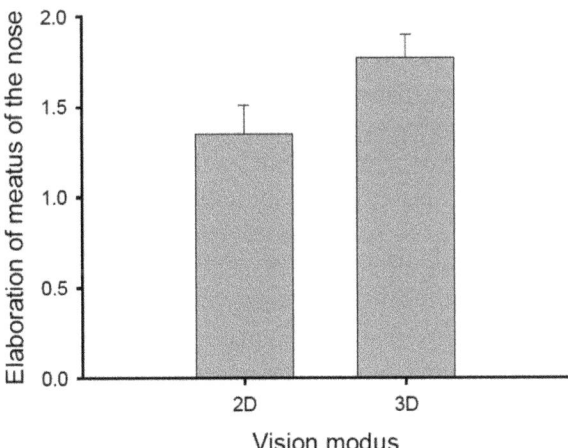

Figure 5: Elaboration (means and standard errors) of shaped meatus of the nose within the representations in dependency to the cohort's visualization type (2D N = 27, 3D N = 37) rated on a six-point scale (raters N = 8).

6. Discussion

The stereoscopic 3D cohort and the 2D cohort significantly differ in representing the nasal cavity's dimension. As expected the 3D cohort represented significantly increased absolute depth. This points out the relevance of stereoscopic 3D visualizations for depth perception. Interestingly, height as a dimension that could be directly observed on the screen template was strongly pronounced within the 2D cohorts' representations. However these dimensions measures should be brought into relation with each other in order to obtain meaningful results concerning the representation's proportions, especially in comparison with the template's proportions. Comparing the quotient depth/height containing most spatial effort ('depth') in contrast to least spatial effort ('height'), the stereoscopic 3D cohort's representation appear significantly closer to the template's proportion. The result for the quotient containing expected least cognitive affordances to abstract spatial information (height/length) is however vice versa. The interpretation may be obvious: For representing proportions with 2D appearance, stereoscopic 3D visualizations provide no useful information. In the worst case it may confuse students and thus lead to decreased performance. For physiological learning, e.g. learning about the warming and moistening of breathing air, the recognition of anatomical structures which accompany these processes may be important in a special way. Hence regarding the number and elaboration of formed meatus of the nose, the benefit of stereoscopic 3D visualizations appears to be evident. The stereoscopic 3D cohort's students constructed the meatus more successfully. However, the p-values 0.048 for number of meatus of the nose and 0.043 for elaboration of meatus of the nose barely reach statistical significance. Maybe this can be explained by the small group of research subjects. Further research conducted on a bigger sample was therefore needed. Hence, by carrying out further investigations (Remmele *et al.*, 2015) we enlarged the sample size from 64 on 110 to reach a larger scale and could confirm our findings. Obviously stereoscopically depictive information containing details about anatomical structures as well as anatomical spatial relations can be interpreted more successfully and can be transferred to create a spatial hands-on representation, which is closer to the template's structures. Thus on the one hand our findings are in accordance with research from the medical domain for interacting with and interpretation of given depictive information (Abildgaard *et al.*, 2010; Getty / Green, 2007; Hernandez *et al.*, 1998). On the other hand with the aspect of creating a concrete representation, our findings highlight some new aspects of stereoscopic 3D visualizations' benefits which go beyond the perspective of interaction with given pictures. We provided an e-learning environment applying static pictures without the ability to move them or to induce object motion parallax. In addition to the desire to have an increased number of research subjects, the application of a setting with the possibility of increased interaction, e.g. to rotate the pictures might be useful too (Remmele *et al.*, 2015). In addition further research is needed concerning the use of such self-formed tangible representations in deeper learning contexts. It could be interesting to which degree these models may be used to explain physiological contexts. This means that it would be important to know if a more elaborated formed representation could be better used to explain a concept like the nasal cavity's physiology. Hence this would mean that stereoscopic 3D visualizations could also benefit conceptual understanding. After all, we must emphasize that the present investigation was conducted with novices as participants. The impact of stereoscopic 3D visualizations on students' enhanced skills to understand anatomical structures and relations seems to be important for science education at middle school level in general. Hence most of the students are assumed to be novices concerning concrete anatomical and as well physiological concepts. This means students' learning of spatial proportions might also be facilitated by applying stereoscopic 3D visualizations that deal with content other than the nasal cavity. Thus further inquiry should involve other human biological topics to verify this assumption.

7. Conclusion

In this article we examined stereoscopic 3D visualizations utilized in a human biological e-learning setting, focusing specifically on the nasal cavity. Our findings underline the positive impact of stereoscopic imagery on learners' abilities to recognize anatomical details and to transfer given representations into their own depictive representations more successfully. These findings might be relevant for other disciplines, too. Here we focused on measuring task performance by having students recreate the nasal cavity with modelling clay. However, it would be meaningful to test whether the quality or quantity of output evaluated also increases descriptively. Thus, it appears to be relevant to carry out research in fields out of science education e.g. in the field of linguistics, as it focuses on descriptive information. In this context the didactical value of stereoscopic 3D imagery includes a potential accurateness and detail of students' descriptive expressions, which could help them use language more elaborately.

References

Abildgaard, Andreas / Witwit, Alaa K. / Karlsen, Jörn S./ Jacopsen, Eva A. / Tennoe, Björn/ Ringstad, Geir / Due-Tonnessen, Paulina 2010. "An autostereoscopic 3D display can improve visualization of 3D models from intracranial MR angiography". *International Journal of Computer Assisted Radiology and Surgery*, 5, 549–554.

Ainsworth, Shaaron / Prain, Vaughan / Tytler, Russell. 2011. "Drawing to learn in science". *Science*, 333/6046, 1096–1097.

Aitsiselmi, Yacine / Holliman, Nicolas S. 2009. "Using mental rotation to evaluate the benefits of stereoscopic displays". *Proceedings of SPIE-IS&T Electronic Imaging, Stereoscopic Displays and Applications* XX, 7237, 72370Q-1.

Bivall, Petter / Ainsworth, Shaaron / Tibell, Lena A.E. 2011. "Do Haptic Representations Help Complex Molecular Learning?". *Science Education*, 95/4, 700–719.

Burke, Michael J. / Dunlap, William P. 2002. "Estimating interrater agreement with the average deviation index: A user's guide". *Organizational Research Methods*, 5, 159–172.

Burke, Michael J. / Finkelstein, Lisa M. / Dusig, Michelle S. 1999. "On average deviation indices for estimating interrater agreement". *Organizational Research Methods*, 2, 49–68.

Faubert, Jocelyn. 2001. "Motion parallax, stereoscopy, and the perception of depth: practical and theoretical issues". *Proceedings of SPIE* CR76, 168–191.

Fricke, Timothy R. / Siderov, John. 1997. "Stereopsis, stereotests, and their relation to vision screening and clinical practice". *Clinical and Experimental Optometry*, 80/5, 165–172.

Getty, David J. / Green, Patrick J. 2007. "Clinical applications for stereoscopic 3-D displays". *Journal of the Society for Information Display*, 15/6, 377–384.

Holliman, Nicolas. 2005. "3D displays systems". *Technical Report, Department of Computer Science*, University Durnham.

Luursema, Jan-Maarten / Verwey, Willem B. / Kommers, Piet A. / Annema, Jan-Henk. 2008. "The role of stereopsis in virtual anatomical learning". *Interacting with Computers*, 20/4–5, 455–460.

Luursema, Jan-Maarten / Verwey, Willem B. / Kommers, Piet A. / Geelkern, Robert H. / Vos, Hans J. 2006. "Optimizing conditions for computer-assisted anatomical learning". *Interacting with Computers*, 18, 1123–1138.

McIntire John P. / Havig, Paul R. / Geiselman, Eric E. 2011. "What is 3D good for? A Review of Human Performance on Stereoscopic 3D Displays". *Proceedings of SPIE*, 8383 83830X-13.

Neubauer, Aljoscha C. / Bergner, Sabine / Schatz, Martina. 2010. "Two- vs. three-dimensional presentation of mental rotation tasks: Sex differences and effects of training on performance and brain activation". *Intelligence*, 38/5, 529–539.

Pietrabissa, Andrea / Scarcello, Eleonora / Carobbi, Andrea / Mosca, Franco. 1994. "Three-dimensional versus two-dimensional video system for the trained endoscopic surgeon and the beginner". *Endoscopic Surgery and allied Technologies*, 2/6, 315–317.

Prain, Vaughan / Tytler, Russell. 2012. "Learning through constructing representations in science: a framework of representational construction affordances". *International Journal of Science Education,* 34/17, 2751–2773.

Prain, Vaughan / Tytler, Russell. 2013. "Representing and Learning in Science". In: Tytler, R., Prain, V., Hubber, P. / Waldrip, B. (eds), *Constructing Representations to Learn in Science*, Rotterdam, Sense Publishers, 1–14.

Prain, Vaughan / Waldripp, Bruce G. 2006. "An exploratory study of teachers' and students' use of multi-modal representations of concepts in primary science". *International Journal of Science Education*, 28/15, 1843–1866.

Remmele, Martin / Weiers, Katharina / Martens, Andreas. 2015. "Stereoscopic 3D's impact on constructing spatial hands-on representations". *Computers & Education*, 85, 74–83.

Rosenbaum, Arthur E. / Huda, Walter / Lieberman, Kristin A. & Caruso, Ronald D. 2000. „Binocular three-dimensional perception through stereoscopic generation from rotating images". *Academic Radiology*, 7/1, 21–26.

Rundgren, Carl-Johan / Tibell, Lena A.E. 2010. "Critical features of visualizations of transport through the cell membrane – An empirical study of upper secondary and tertiary students' meaning-making of still images and animation". *International Journal of Science and Mathematics Education*, 8/2, 223–246.

Schönborn, Konrad J. / Bivall, Petter / Tibell, Lena A.E. 2011. "Exploring relationships between students' interaction and learning with a haptic virtual biomolecular model". *Computers and Education*, 57/3, 2095–2105.

Tytler, Russell / Peterson, Suzanne / Prain, Vaughan. 2006. "Picturing evaporation: Learning science literacy through a particle representations". *Teaching Science*, 52/1, 12–17.

Urey, Hakan / Chellepan, Kishore V. / Erden, Erdem / Surman, Phil. 2011. "State of the Art in Stereoscopic and Autostereoscopic Displays". *Proceedings of the IEEE*, 99/4, 540–555.

van Beurden, Maurice / Ijsselsteijn, Wijnand / Juola, James. 2012. "Effectiveness of Stereoscopic Displays in Medicine: A Review". *3D Research*, 3, 01(2012)3.

van Beurden, Maurice / Kuijsters, André / Ijsselsteijn, Wijnand. 2010. "Performance of a path tracing task using stereo and motion based depth cues, Quality of Multimedia Experience (QuoMEX)". *2010 Second International Workshop*, 176–181.

Ware, Colin / Mitchell, Peter. 2005. "Reevaluating stereo and motion cues for visualizing graphs in three dimensions". *Proceedings of the 2nd Symposium on Applied Perception in Graphics*, APGV '05.

Yore, Larry D. / Hand, Brian. 2010. "Epilogue: Plotting a research agenda for multiple representations, multiple modality and multi-modal representational competency". *Research in Science Education*, 40/1, 93–101.

Yecheng Gu / Carsten Ullrich

Intelligent virtual reality tutoring for child pedestrians

Abstract
This article describes a novel approach for practical child pedestrian training. Instead of exposing children to the dangers and limitations of real roadside training, this approach utilizes an intelligent, Virtual Reality (VR) based training system called *SafeChild*. It provides a realistic open-ended training environment in which children can practice traffic safety exercises. We describes notable features of the system, such as support for different interface setups, interchangeable environments and the use of an Intelligent Tutoring System (ITS), as well as preliminary findings.

Keywords
Virtual reality training, natural user interface, intelligent tutoring, child pedestrian education, traffic safety

1. Motivation

Children, especially between the ages of five and nine, are an endangered group of traffic participants (Snyder / Knoblauch, 1971). Not only are their sensor and motor skills not yet fully developed, but they also lack the knowledge and experience about how to behave correctly in traffic. Further, they are fragile and hard to see for other traffic participants. Therefore, effective traffic education is extremely important for this age group which must include teaching theoretical knowledge as well as a fair amount of practical exercises (Percer, 2009). However, practical training in this domain is associated with a number of difficulties. Letting children practice in real traffic environments exposes them to potential danger and therefore certain prerequisites must be ensured before training can be conducted. For instance, traffic density and speed need to be sufficiently low at the time and place of training and specialized personnel must be present to organize and overlook the procedure. This makes it hard for educational institutions to provide a sufficient amount of practical traffic safety training to their students. In order to deal with this problem, Virtual Reality (VR) Training seems like a promising solution. In this setting, the real road is substituted by a realistic but safe virtual environment and previous studies have confirmed great potential of this approach (McComas et al., 2002; Thomson et al., 2005). The *SafeChild*[1] system presented in this article builds on the success of the these studies and aims at bringing VR training one step closer to actual use in schools and kindergartens by using state-of-art technology from the entertainment industry and research in technology-enhanced learning.

2. Related Work

There are several studies about the use of VR as a tool for child pedestrian safety training. In 2002 McComas *et al.* report a study with fourth to sixth grade students attending urban and suburban schools. Through a VR intervention, the participants were supposed to learn several pedestrian safety behaviors. As a result of the intervention, children showed significant improvement within the VR application and those from the suburban school transferred improved behavior into real-world behavior. The VR system used consisted of three monitors, a simulation with eight different crossings and a head tracking device to determine head movement. A later study published by Thomson *et al.* in 2005 focused on the skill of finding appropriate gaps in traffic to cross a road. Study participants were 7, 9 and 11 years old and the training was conducted using a VR system that let the user examine traffic and decide the moment to initiate crossing. The results were also very positive and showed, for instance, that children crossed faster, were able to estimate their crossing times better

---

1 The system was developed in the SafeChild project (2013–2015) which was funded by the BMBF (grant 01IS12050) within the frame of the Software-Campus program. Further information can be found under the following URL <http://scweb.celtech.de>.

and improved in finding safe opportunities to cross after training in VR. Another study was published by Schwebel *et al.* in 2008. Instead of focusing on learning results, the goal of this study was to proof the validity of a specific VR system as a tool to understand and prevent child pedestrian injury. The system consisted of three monitors that showed one road with traffic (Figure 1). The user could initiate crossing by either shouting or taking two steps forward. The actual crossing is then performed automatically without further influence of the user. The outcome of their study indicates that behavior in the real world validly matches behavior in their VR system. As described by Schwebel *et al.* (2014), the authors have also started to study a similar, internet-based VR system.

Figure 1: VR environment used Schwebel *et al.*, 2008.

In summary, it can be concluded that the above mentioned studies all confirm the great potential of VR for child pedestrian safety. However, the VR systems that were used served mainly as simulators while the tutoring task was carried out by human tutors. Moreover, those systems trained different aspects of traffic safety and offered a fixed set of exercises that are the same for every user. In the case of Schwebel *et al.* (2008) Schwebel *et al.* (2014) and Thomson *et al.* (2005), interaction was also very limited. We believe that by increasing flexibility while decreasing dependence on human assistants would greatly benefit a broader dissemination of VR training. With this in mind, the next section presents the *SafeChild* system and how these principles have been implemented in the software.

3. SafeChild

Following the idea to create a VR training system that is highly flexible and mostly independent of human tutors, *SafeChild* offers an open environment, a wide range of exercises, different interface setups as well as an Intelligent Tutoring System (ITS) that conducts and adapts the teaching task within the system (Corbett *et al.*, 1997). This section will first present the overall architecture of the system and subsequently describe the individual components.

3.1 Architecture

The *SafeChild* architecture consists in general of three major components. The city simulation including traffic and an urban neighborhood is the core of the architecture and generates the virtual training environment. The interface component connects the user to the city simulation and supports different hardware setups, varying in degree of immersion, availability and cost. On the other side, the city simulation is also connected to the ITS. The ITS analyzes information from the city simulation and adapts the training to the individual needs of the user. Figure 2 shows the architecture graphically.

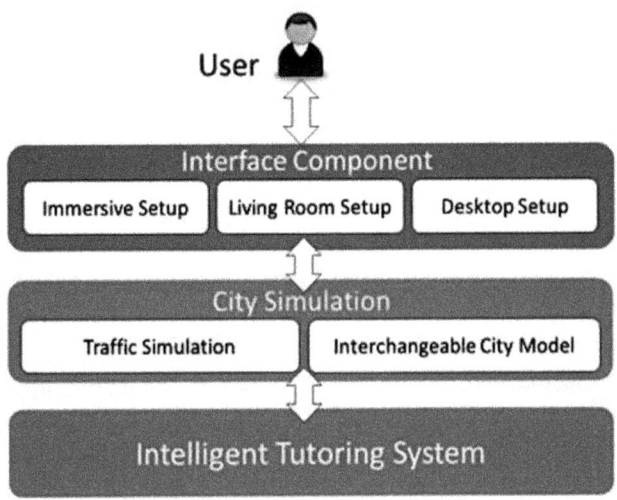

Figure 2: *SafeChild* System Architecture.

3.2 City Simulation

The city simulation was developed using the popular Game Engine Unity and consists of a Multi-Agent traffic simulation as well as realistic 3D models of urban architecture (Figure 3a). A waypoint system is placed along the roads of the virtual city to direct and control traffic (Figure 3b). Cars are generated at dedicated waypoints with a certain degree of randomness in terms of waiting period, type of car and speed. Because of the randomness, each time the simulation is started, the user will encounter different traffic situations, just as in the real world. After a car is generated, it is controlled by an artificial intelligence agent. The default behavior of the agent is to simply get from one waypoint to the next. However, it will react to traffic facilities such as traffic lights and zebra crossings, adapt its speed if the car in front of it is slower and choose at random between different subsequent waypoints if there are multiple waypoints connected to its current goal. The movement of the cars is based on the physics simulation of Unity in order to achieve realistic acceleration and braking behavior.

 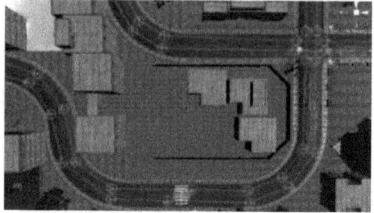

3a Virtual City   *3b Waypoint System*

Figure 3: *SafeChild* City Simulation.

The traffic simulation is not restricted to work with only one urban environment, but can be adapted to different environments and road networks. Therefore, the appearance of the virtual training environment can be altered by changing the 3D models. For this project we utilize not only third party models of stereotypical urban architecture to create virtual cities, but are also working together with the surveying office of Saarbrücken, Germany, to integrate models based on real measurements of the city. While artificial cities can be used to create specific training situations, using real city models increases the degree of realism and allows children to practice routes from everyday life, such as their actual route to school.

3.3 Interface

With the advances of the digital entertainment industry, there are nowadays a wide range of display and input devices on the consumer market that can be used for interactive real-time 3D applications to achieve different levels of immersion. In theory, a high level of immersion leads to more natural behavior and thus promises better learning results (Coulter et al., 2007). However, due to temporal, spatial and budget restrictions, the requirements for a highly immersive interface cannot always be met. Therefore, *SafeChild* supports different kinds of interface setups.

3.3.1 Immersive Setup

The display component of the immersive setup in *SafeChild* consists of three active stereoscopic monitors arranged in a semi-circle which

Intelligent Virtual Reality Tutoring for Child Pedestrians 241

enables a 3D view into the virtual world in a visual angle of 180 degrees. As interaction device a Microsoft Kinect Sensor is used, which performs full body tracking of the user. A powerful computer with high-end video hardware is required to run this setup and although only consumer products are used, it is still considerably more costly than the other setups listed below. Furthermore, this setup is time-consuming to install and therefore also difficult to move. Because of these properties, the immersive setup fits best in large educational facilities such as schools or kindergartens. Figure 4 shows a picture of this setup.

The user experiences the virtual training environment in a natural way and can move within the virtual world with body gestures. A total of four different gestures have been implemented in *SafeChild*: one for rotation and three for translatory movement. Depending on user preference, the gesture for translatory movement can be chosen and selected during runtime. A brief overview of the gestures are given below, while a detailed description can be found in Rump, 2014.

Figure 4: *SafeChild* Immersive Setup.

Rotation

The forward orientation vector is orthogonal to the line that goes through both shoulders of the user. Therefore, by turning the shoulders, rotation in the virtual world can be achieved. As depicted in Figure 5, the degree of rotation is controlled by the angle λ between the original orientation V_0 and the new orientation V_1.

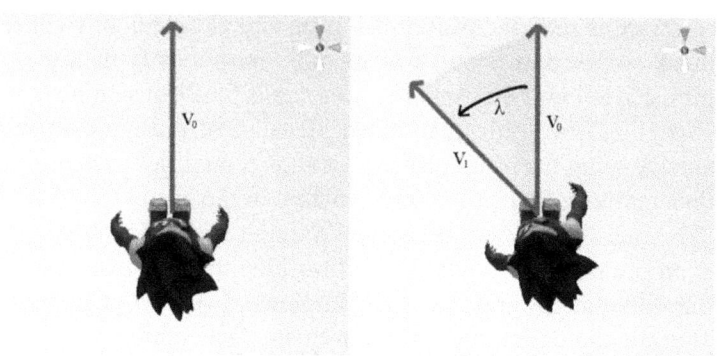

Figure 5: Rotation Gesture in *SafeChild* (Rump, 2014).

Translation

For translational movement, there are three different gestures which requires the user to either lean forward, walk in place or to move a certain distance from a predefined center point.

LEAN: As depicted in Figure 6, forward movement is achieved through leaning forward and speed of movement is controlled by the magnitude of leaning angle λ.

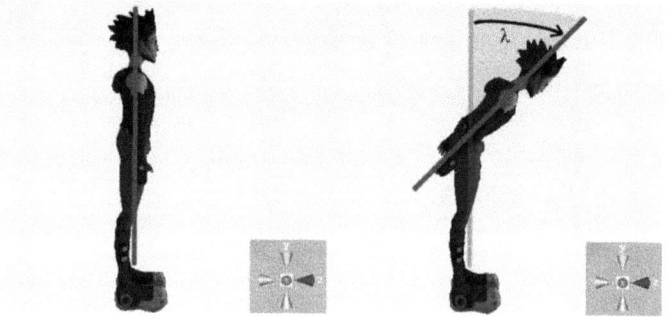

Figure 6: LEAN (Rump, 2014).

Walking-In-Place: To move forward, the user walks in place by raising left and right leg alternately. As Figure 7 shows, a certain height threshold must be achieved.

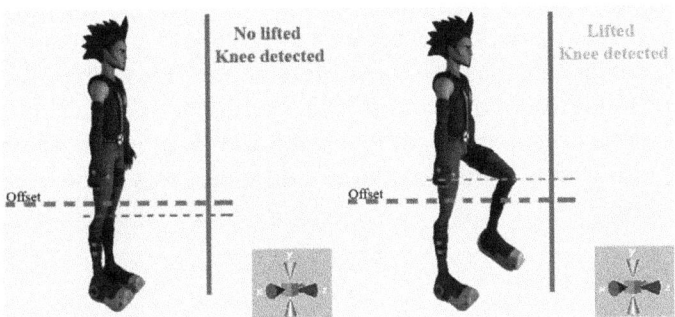

Figure 7: Walking-In-Place (Rump, 2014).

Distance-To-Velocity: for this gesture, the user needs to define an initial position first. Afterwards, movement is controlled by stepping away from the initial position as indicated by vector V_0 in Figure 8. Distance and direction of the vector controls the actual movement in the virtual world.

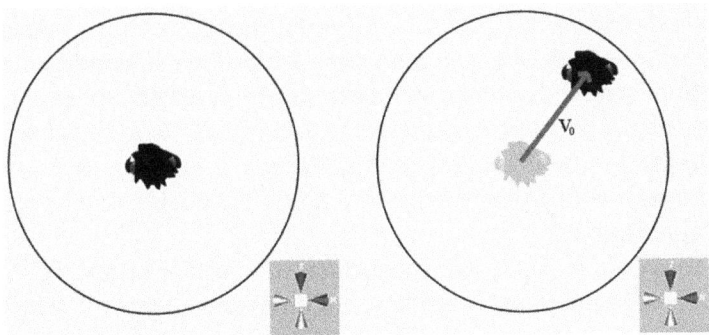

Figure 8: Distance-To-Velocity (Rump, 2014).

3.3.2 Living Room Setup

In the living room setup the three active stereoscopic monitors are replaced by a single television screen, while the interaction is still handled by a Microsoft Kinect sensor. Although the display component is less immersive compared to the above mentioned setup, it still provides the natural way of interaction. This setup fits in an average living room and a mid-level computer is sufficient to run it. Since most components of this setup can be found in an average household, it only requires minor additional costs to be used in a home setting.

3.3.3 Desktop Setup

The desktop setup uses a standard monitor or notebook screen as display with keyboard and mouse as interaction devices. The degree of immersion is inferior compared to the other setups in terms of visual representation and interaction. Instead of being surrounded by the virtual world, this setup is more of a window into it and instead of interacting directly through body gestures, keys and buttons are used. However, the vast majority of computers are operated using these devices and thus in most cases no additional costs are required to run *SafeChild* in this setup. Also, since notebooks have built-in keyboards and pointing devices, the mobility of this setup is superior. Furthermore, *SafeChild* can run in this setup either as stand-alone application or directly from a standard web-browser. In the latter case, an Internet connection is sufficient to access *SafeChild*. In summary, the desktop setup is a light-weight alternative for such cases where the immersive or living room setup are not available due to cost or spatial reasons.

To conclude, *SafeChild* supports three interface setups that differ in terms of requirements and degree of immersion. Figure 9 illustrates the different setups next to each other. Further research is required to determine the differences in learning results for each interface setup and the trade-off between effectiveness of learning and cost.

Intelligent Virtual Reality Tutoring for Child Pedestrians 245

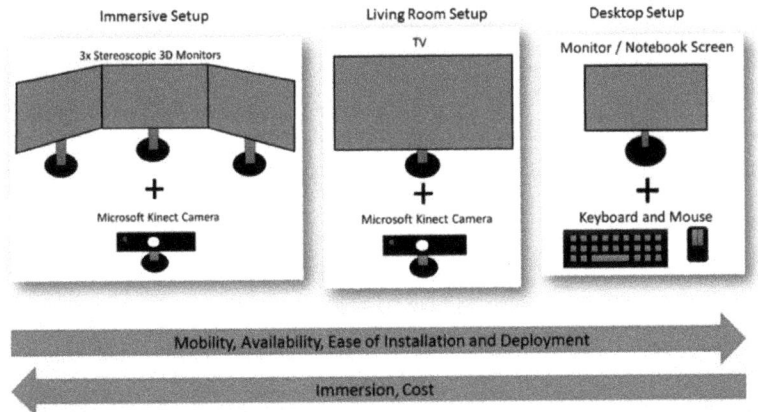

Figure 9: *SafeChild* Interface Setups.

3.4 Intelligent Tutoring System

In order to reduce the need for presence of human tutors while conducting VR training, the *SafeChild* system provides build-in tutoring capabilities. It offers a set of different exercises for various traffic situations. An Intelligent Tutoring System (ITS) is employed to adapt these exercises automatically in a way that should optimize learning results. However, in order to verify the effect of adaptation to learning performance, long-term interdisciplinary research is required with experts from psychology, pedagogy, traffic safety and computer science. *SafeChild* has not yet reached this level of maturity and therefore the functionalities described here should be regarded as preliminary and as basis for further research and development. In particular, functionalities associated with Student Modeling and exercise customization will be described below.

3.4.1 Student Modeling

Student Modeling is the term for User Modeling within ITS literature (VanLehn, 1999) and describes the process of building up a model of the current level of knowledge and skills of the user based on interaction data with the system. The Student Modeling approach used in *SafeChild* is a subject of ongoing research (Gu / Sosnovsky, 2014). It first creates a dynamic model of the users' perception using ray casting (Figure 10) and subsequently employs a rule-based system to derive higher-level cognitive traits of the user, such as awareness or exploration strategy.

Figure 10: Raycasting to Determine Object Visibility.

3.4.2 Exercise Customization

The general task in each exercise is to walk safely to a goal position, which is clearly indicated to the user. Besides changing start and goal location, the exercises can also be customized by adding additional objects, changing the type of crossings, changing traffic parameters such as density or speed and weather conditions such fog. In this way, the degree of difficulty as well as the required skills within an exercise can be altered. Two examples are given here. Figure 11 shows two traffic light exercises. While in one exercise (Figure 11a) it is sufficient to apply the rules for crossing at a traffic light, the other requires the user to find the traffic light and to walk there first (Figure 11b).

11a Traffic Light Exercise 1 *11b Traffic Light Exercise 2*

Figure 11: *SafeChild* Traffic Light Exercises.

The second example is illustrated in Figure 12. Here two exercises for crossing without supervision are shown. While the field of vision is clear in the first exercise (Figure 12a), there is a garbage truck blocking the vision to the left in the second one. This requires the user to first find a place where his/her vision is not blocked before starting to observe traffic for crossing.

12a Unsupervised Road Exercise 1 *12b Unsupervised Road Exercise 2*

Figure 12: *SafeChild* Unsupervised Road Exercises.

Based on information given by Student Modeling and by using the customization possibilities within exercises, several exemplary adaptation functionalities have been identified and will be implemented in the next iteration of the system:

- If the user does not see an important object, display a warning.
- If the user does not use the traffic light to cross although he/she saw it, consider exercise outcome as failure.

- If the user takes too long to complete an exercise, reduce traffic density and speed.
- If the user fails an exercise, choose an easier one next.

As discussed in the subsequent section, the value of these adaptation functionalities to learning has yet to be determined and at this point they are mainly to demonstrate technical possibilities.

4. Discussion

As presented above, *SafeChild* is already at an advanced state from a technological point of view. However, there is still a long way to go before the system can be used by children on a regular basis. Because of the novelty of the system, a variety of open research questions from psychology and pedagogy need to be addressed to determine how and when to utilize the system to benefit child pedestrian education in the best way. Therefore, no formal evaluation has been performed yet to determine the impact of *SafeChild* to knowledge or skill acquisition. Instead, the system was displayed at exhibitions such as the CeBIT 2014 and presented individually to parents, teachers and traffic safety experts. The feedback obtained through these discussions indicates that the general attitude towards the approach is positive. The simulated environment was perceived as realistic and the potential to train different traffic scenarios, especially dangerous ones, was well received. At the same time the need for further research on training design was also confirmed. For instance there were different opinions about the degree of danger that children should be allowed to encounter in the simulated environment. While some argue that they should not be exposed to virtual traffic accidents, others believe that they would help children in understanding the importance of safe behavior. Further questions include which age range is appropriate for this kind of training and how well knowledge or skills acquired in the virtual world can be transferred to the real world.

Based on this preliminary feedback, the future work will focus on developing curricula for traffic safety education together with domain experts that incorporate the *SafeChild* system. At the same time, these curricula will guide the further development of the system itself and especially the ITS component. Depending on the eventual success of *SafeChild* for child pedestrian training, the system can be expanded to other related domains such as pedestrian safety for elderly or driving safety.

5. Conclusion

This article presented *SafeChild*, a novel system to teach practical traffic safety skills to young children using an intelligent VR based training application. In comparison to previous approaches of VR pedestrian training, it aims at improving flexibility in terms of interface setup and simulated environment while reducing the dependence on human tutors through the use of an ITS. Despite the fact that *SafeChild* is a prototype and certain components are still in an immature state, the first results are promising and the system provides a solid technical foundation for further interdisciplinary research and development. This includes research towards integration of VR training into child pedestrian safety curricula, definition of adaptive functionalities for this domain and overall understanding of the capabilities of modern IT technology to create intelligent VR training applications for a broad range of users.

References

Corbett, Albert T. / Koedinger, Kenneth R. / Anderson, John R. 1997. "Intelligent Tutoring Systems". *Handbook of Human-Computer Interaction*, Elsevier Science B. V.

Coulter, Robert / Saland, Linda / Caudell, Thomas P. / Goldsmith, Timothy E. / Alverson, Dale C. 2007. "The effect of degree of immersion upon learning performance in virtual reality simulations for medical education". *Medicine Meets Virtual Reality 15: In Vivo, in Vitro, in Silico: Designing the Next in Medicine*, 125–155.

Gu, Yecheng / Sosnovsky, Sergey. 2014. "Recognition of student intentions in a virtual reality training environment". In: *Proceedings of the companion publication of the 19th international conference on Intelligent User Interfaces, ACM*, 69–72.

McComas, Joan / MacKay, Morag / Pivik, Jayne. 2002. "Effectiveness of virtual reality for teaching pedestrian safety". *CyberPsychology & Behavior*, 5/3, 185–190.

Percer, Jenny. 2009. "Child pedestrian safety education: Applying learning and developmental theories to develop safe street-crossing behaviors". *Technical Report DOT HS 811 190, U.S. Department of Transportation, National Highway Traffic Safety Administration, Washington DC*.

Rump, Patrick. 2014. "Evaluation of Gesture-Based 3D Navigation Techniques". *Virtual Reality*. Master's thesis, Universität des Saarlandes.

Schwebel, David C. / Gaines, Joanna / Severson, Joan. 2008 "Validation of virtual reality as a tool to understand and prevent child pedestrian injury". *Accident Analysis & Prevention*, 40/4, 1394–1400.

Schwebel, David C. / McClure, Leslie A. / Severson, Joan. 2014. "Usability and feasibility of an internet-based virtual pedestrian environment to teach children to cross streets safely". *Virtual reality*, 18/1, 5–11.

Snyder, Monroe B. / Knoblauch, Richard L. 1971. "Pedestrian safety: The identification of percipitating factors and possible countermeasures". *Technical Report FH-11-7312, U.S. Department of Transportation, National Highway Traffic Safety Administration, Washington DC*.

Thomson, James A. / Tolmie, Andrew K. / Foot, Hugh C. / Whelan, Kirstie M. / Sarvary, Penelope / Morrison, Sheila. 2005. "Influence of virtual reality training on the roadside crossing judgments of child pedestrians". *Journal of Experimental Psychology: Applied*, 11, 175–186.

VanLehn. Kurt. 1988. "Student modeling". *Foundations of intelligent tutoring systems*, 55–78.

Présentation des auteurs

Dominique Bechmann est Professeure des Universités en informatique à l'Université de Strasbourg. Elle dirige l'équipe « Informatique Géométrique et Graphique » du laboratoire ICube. Ses recherches s'inscrivent dans le domaine de l'Informatique Géométrique et Graphique, elles portent plus spécifiquement sur la modélisation géométrique et l'interaction en réalité virtuelle.
bechmann@unistra.fr

Antonio Capobianco is an associate professor at the University of Strasbourg and member of the IGG Team ine the ICube Laboratory. As a researcher he is interested in virtual reality, with a particular interest on 3D interaction and cognitive aspects of virtual experiences. He teaches ergonomics, UI/UX design and web developpement at the Haguenau Institute of Technology.
a.capobianco@unistra.fr

Perrine Collas est titulaire d'un Master de Français Langue Etrangère de l'université Stendhal Grenoble III. Dans le cadre du projet EVEIL-3D, elle a travaillé à la PH Karlsruhe.

Anemone Geiger-Jaillet est Professeure des Universités en sciences du langage à l'Université de Strasbourg, à l'ESPE (Ecole supérieure du professorat et de l'éducation). Elle s'occupe de la formation des futurs enseignants à l'enseignement bilingue français-allemand. Ses activités de recherche concernent la didactique des disciplines enseignées en langue 2 (DEL 2), l'acquisition et l'apprentissage précoce en milieu familial ou institutionnel, les contacts de langue ou encore les politiques linguistiques éducatives (surtout le long de frontières linguistiques). Elle est membre de EA 1339 de l'Université de Strasbourg, composante GEPE.
geiger-jaillet@unistra.fr

Hans W. Giessen ist apl. Professor an der Universität des Saarlandes, Saarbrücken, Fachrichtung Informationswissenschaft. Akademische Tätigkeiten u.a. an der Ruprecht Karls-Universität Heidelberg, am University College of Social Sciences, Częstochowa, Polen, und an der Unicersität Helsinki, Finnland.
h.giessen@gmx.net

Yecheng Gu is a researcher of the Centre for e-Learning Technology (CeLTech) at the German Research Center for Artificial Intelligence (DFKI GmbH), and a PhD candidate at Saarland University. His research focuses on student modeling and intelligent learning support in Virtual Reality based learning environments.
yecheng.gu@googlemail.com

Meryl Kusyk is a PhD candidate in a joint doctoral program between the University of Education Karlsruhe and the University of Strasbourg. Her research focuses on the dynamics of second language development as well as online, informal learning environments.
kusykmeryl@ph-karlsruhe.de

Andreas Martens is professor of biology and biology didactics at the Institute of Biology and School Gardening at the University of Education Karlsruhe, Germany. His research interests are environmental education, aquatic biodiversity and 3D imagery.
andreas.martens@ph-karlsruhe.de

Mohammed Mediani is a PhD student at the Institute for Anthropomatics at Karlsruhe Institute of Technology. His research interests are concerned with statistical machine translation. In particular, he is interested in efficient training of robust models from large noisy data.
mohammed.mediani@kit.edu

Laurent Perrot est professeur certifié d'anglais actuellement en poste au Centre de Ressources en Langues à l'Université de Strasbourg. Dans le cadre de son doctorat, il est membre de l'unité de recherche EA4071 EDA (Education et Apprentissages) de l'Université Paris Descartes ainsi que de l'unité de recherches EA1339 LiLPa (Linguistique, Langues, Parole) de l'Université de Strasbourg. Ses recherches portent sur l'ap-

prentissage des langues médiatisé par les technologies, la pédagogie actionnelle et les apprentissages informels de l'anglais.
laurent.perrot@unistra.fr

Martin Remmele is research associate and PhD candidate at the Institute of Biology and School Gardening at the University of Education Karlsruhe, Germany. His research interests focus on multiple external representations and human perception of biodiversity.
martin.remmele@ph-karlsruhe.de

Mickaël Roy est doctorant en sciences du langage, en cotutelle de thèse franco-allemande à l'Université de Strasbourg (unité de recherche EA1339 Linguistique, Langues, Parole) et à l'École Supérieure de Pédagogie de Karlsruhe (département de français). Il enseigne l'allemand et le français en Lycée Professionnel, dans l'académie de Strasbourg (France). Ses travaux portent sur l'apprentissage des langues médiatisé par les technologies numériques.
mickael.roy@ac-strasbourg.fr

Gérald Schlemminger est Professeur des Universités en sciences du langage, à l'École Supérieure de Pédagogie de Karlsruhe (département de français). Il dirige le Centre de recherche en bilinguisme scolaire. Ses recherches s'inscrivent dans le domaine la linguistique acquisitionnelle et interactionnelle. Elles portent également sur la didactique des disciplines enseignées en langue 2 (DEL 2) ainsi que sur l'apprentissage des langues médiatisé par les technologies. Il participe à la formation des futurs professeurs de français en Allemagne.
gerald.ingo.schlemminger@ph-karlsruhe.de

Laurence Schmoll, docteure en sciences du langage, est professeure certifiée de Lettres modernes et enseigne la didactique des langues à l'Université de Strasbourg. Elle est associée à l'unité de recherche EA1339 LiLPa (Linguistique, Langues, Parole). Ses domaines de spécialité sont l'apprentissage des langues médiatisé par les technologies et sa gamification. Ses recherches portent plus particulièrement sur la conception de *Learning games* pour l'enseignement / apprentissage des langues.
lschmoll@unistra.fr

Sebastian Stüker is research group leader at the Institute for Anthropomatics at Karlsruhe Institute of Technology. He researches in the areas of automatic speech recognition, speech translation and human-machine interaction. One of his special interests is the application of natural language processing techniques to applications that support human learning.
sebastian.stueker@kit.edu

Carsten Ullrich, Ph.D., is the associate director of the Centre for e-Learning Technology (CeLTech) at the German Research Center for Artificial Intelligence (DFKI GmbH), and an associate researcher at the e-learning lab of Shanghai Jiao Tong University, China. His research covers technology-supported learning, with a focus on personalization and learner-support, applied in various domains such as mathematics, language learning and smart manufacturing.
carsten.ullrich@dfki.de

Manuel Veit received his Ph.D. in Computer Science at the University of Strasbourg in 2010. He is currently working as a CTO-Lead developper at Ka-Ra, contributing to the development of TwinMotion. He was previously an engineer in Research and Development at Holo3 and worked on Human – Computer Interaction and Visualisation in Virtual Reality, conceiving and developing the core software at Holo3.
mveit@ka-ra.fr

Alexander Waibel, Ph.D., is a Professor of Computer Science at Carnegie Mellon University, Pittsburgh and at the Karlsruhe Institute of Technology (KIT) Germany. He directs InterACT, the International Center for Advanced Communication Technologies at both Universities with research emphasis in speech recognition, language processing, speech translation, multimodal and perceptual user interfaces. At Carnegie Mellon, he also serves as Associate Director of the Language Technologies Institute and holds joint appointments in the Human Computer Interaction Institute and the Computer Science Department. Prof. Waibel's team developed and demonstrated the first speech translation systems in Europe and the USA (1990/1991 (ICASSP'91)), the world's first simultaneous lecture translation system (2005), and Jibbigo, the world's first commercial speech translator on a phone (2009).
alexander.waibel@kit.edu

Joshua Winebarger received his Master of Science degree in Electrical Engineering from the Georgia Institute of Technology in Atlanta (Georgia Tech) as well as an M2 Master's degree from École Supérieure d'Électricité (Supélec) in Gif-sur-Yvette France, both in 2011. Mr. Winebarger started working in speech processing with two internships at INRIA in Bordeaux, France in 2010 and 2011. He pursued his interest in speech and language processing as a scientific worker at the Karlsruhe Institute of Technology in Karlsruhe, Germany from 2011 to 2014, where he worked on the Quaero and Eveil-3D projects. As of 2016 he works as an embedded software developer near Stuttgart, Germany.
josh.winebarger@gmail.com

Stéfanie Witzigmann, Dr. phil., ist Dozentin für Französische Sprache und ihre Didaktik an der Pädagogischen Hochschule Heidelberg. Ihre Forschungsschwerpunkte liegen in der empirischen Fremdsprachen- und Unterrichtsforschung, der Didaktik der Mehrsprachigkeit und der videobasierten Unterrichtsforschung.
witzigmann@ph-heidelberg.de

Kossi Seto Yibokou est doctorant en didactique des langues/phonétique au sein de l'équipe de recherche Linguistique Langue et Parole (LiLPa), EA 1339, Université de Strasbourg. Ses recherches portent sur l'enseignement/l'apprentissage des langues par les TICE, l'ergonomie web et la phonétique. Il s'intéresse également aux dispositifs hybrides d'enseignement de langues et dispense des cours d'anglais au Centre de Ressources et d'Apprentissage de Langues (CRAL, Université de Strasbourg).
kossi-seto.yibokou@etu.unistra.fr

MEHRSPRACHIGKEIT IN EUROPA
MULTILINGUALISM IN EUROPE

Edited by
Demeter Michael Ikonomu & Ernst Kretschmer &
Gérald Schlemminger

Vol. 1   Demeter Michael Ikonomu
         Regeln und kein Ende
         Mehrsprachigkeit funktioniert anders: Plädoyer gegen die
         Künstlichkeit im Fremdsprachenunterricht
         2010. ISBN 978-3-0343-0383-5

Vol. 2   Anemone Geiger-Jaillet (Hrsg.)
         Lehren und Lernen in deutschsprachigen Grenzregionen
         2010. ISBN 978-3-0343-0399-6

Vol. 3   Béatrice Giribone-Fritz, Renate Krüger & Chantal Muller
         Europa in Sagen und Märchen
         Ein anderer Zugang zu europäischen Kulturen und Sprachen
         für den Fremdsprachenunterricht der Grundschule
         2010. ISBN 978-3-0343-0398-9

Vol. 4   Stéphane Borel
         Langues en contact – Langues en contraste
         Typologie, plurilinguismes et apprentissages
         2012. ISBN 978-3-0343-1060-4

Vol. 5   Julia Putsche
         *Spracheinstellungen von Grundschülerinnen und Grundschülern
         in einer Grenzregion*
         Qualitative Untersuchung in zwei paritätisch unterrichteten
         ersten Klassen mit Zielsprache Französisch
         2011. ISBN 978-3-0343-1052-9

Vol. 6   Alain Kamber & Carine Skupien Dekens (éds)
         Recherches récentes en FLE
         2012. ISBN 978-3-0343-1129-8

Vol. 7   Francisco Javier Díaz-Pérez, María Belén Díez-Bedmar,
          Paula García-Ramírez & Diego Rascón-Moreno (eds)
          Global Issues in the Teaching of Language, Literature and Linguistics
          2013. ISBN 978-3-0343-1255-4

Vol. 8   Sabine Ehrhart
          Europäische Mehrsprachigkeit in Bewegung: Treffpunkt Luxemburg
          Des plurilinguismes en dialogue: rencontres luxembourgeoises
          2014. ISBN 978-3-0343-1400-5

Vol. 9   Demeter Michael Ikonomu
          Bindungsqualität zwischen Eltern und Kind in der zweisprachigen Erziehung
          2014. ISBN 978-3-0343-1610-1

Vol. 10   Michael Langner & Vic Jovanovic (Hg.)
          Facetten der Mehrsprachigkeit / Reflets du plurilinguisme
          Die Wahl der Sprachen: Luxemburg in Europa / Le choix des langues :
          le Luxembourg à l'heure européenne
          2016. ISBN 978-3-0343-1688-0

Vol. 11   Alicia Yllera et Julián Muela Ezquerra (éds.)
          Plurilinguisme dans la littérature française
          2016. ISBN 978-3-0343-2021-4

Vol. 12   Mickaël Roy, Meryl Kusyk, Gérald Schlemminger et
          Dominique Bechmann (éds.)
          Environnements numériques et interactions en langue étrangère : du formel
          à l'informel, du réel à la réalité virtuelle
          Fremdsprachliches Handeln in digitalen Umgebungen: vom formellen zum
          informellen Lernen, real und virtuell
          Digital Environments and Foreign Language Interaction: Formal and
          Informal Learning in Real and Virtual Worlds
          2016. ISBN 978-3-0343-2028-3

www.ingramcontent.com/pod-product-compliance
Ingram Content Group UK Ltd.
Pitfield, Milton Keynes, MK11 3LW, UK
UKHW022122230426
12048UKWH00011BA/657

9 783034 320283